华侨大学博士科研启动基金　项目编号：10BS117

LIANG'AN HEZUO
GOUZHU CHANYE JINGZHENG NENGLI

两岸合作
构筑产业竞争能力

两岸产业合作的原理、技术与应用研究

张义龙◎著

知识产权出版社
全国百佳图书出版单位

图书在版编目（CIP）数据

两岸合作构筑产业竞争能力：两岸产业合作的原理、技术与应用研究／张义龙著．—北京：知识产权出版社，2014.4

ISBN 978－7－5130－2696－3

Ⅰ．①两…　Ⅱ．①张…　Ⅲ．①产业－市场竞争－研究－中国　Ⅳ．①F121.3

中国版本图书馆 CIP 数据核字（2014）第 065098 号

责任编辑：陈　璐　　**责任校对：**董志英

特约编辑：路卓亚　　**责任出版：**刘译文

两岸合作构筑产业竞争能力

两岸产业合作的原理、技术与应用研究

张义龙　著

出版发行：知识产权出版社有限责任公司　　网　　址：http://www.ipph.cn

社　　址：北京市海淀区马甸南村1号　　邮　　编：100088

责编电话：010－82000860 转 8344　　责编邮箱：liujiang@cnipr.com

发行电话：010－82000860 转 8101/8102　　发行传真：010－82000893/82005070/82000270

印　　刷：保定市中画美凯印刷有限公司　　经　　销：各大网上书店、新华书店及相关专业书店

开　　本：720mm×960mm　1/16　　印　　张：19.5

版　　次：2014 年 9 月第一版　　印　　次：2014 年 9 月第一次印刷

字　　数：286 千字　　定　　价：48.00 元

ISBN 978－7－5130－2696－3

前　言

21 世纪，可以说发达国家以及一些发展中国家已经进入金融服务、信息技术等高速发展的后工业化社会。在这些领域美国一直处于领先地位并因此主导这个时代。一方面，美国在此基础上保持经济的繁荣景象；另一方面，其他国家也想要从工业化中脱离出来，急切地效仿美国进入这些领域谋求经济发展。

然而，2008 年美国雷曼冲击以及 2010 年的欧洲债务危机，给世界经济带来沉重打击，许多国家经济陷入困境。日本、美国以及欧洲债券市场和股票市场萎靡不振，虚拟经济受到严重冲击。人们开始质疑这种脱离实体经济的虚拟经济的未来，认为虚拟经济离开实体经济就会成为无源之水，无本之木，不可能长期保持经济增长，而且虚拟经济往往会带来投机风潮，给整体经济带来不可预测的风险。

随着更多的资本投向信息技术领域，由信息技术的发展造成的快速的、范围广泛的变革，在带来机遇的同时也使企业陷入管理的困境，人们被淹没在海量的信息中，决策变得更加困难，而将这种技术应用于从事金融衍生商品的交易对经济产生的不可估量的风险，在雷曼冲击后更引起全球的关注。美国已经意识到，金融服务与信息技术的发展只有与实体经济相结合，才能推动经济持续稳定地增长。以美国为代表的发达国家也开始吸引外资和鼓励本国企业回归本土，振兴制造业。

在亚洲，中国一直保持世界制造业大国地位，经济在制造业与投资拉动下保持稳定增长，这无疑引起发达国家的注意。学者们也开始探讨实体经济对经济长期增长所发挥的重要作用。本书就是想探求中国经济是否能够继续保持稳定增长，具体地说，形成改革开放后30多年的快速增长的动态机制到底能否持久。正好我在做一个关于两岸产业合作的研究项目，加之在这期间我到日本做访问学者，有机会参观了丰田汽车公司总部并参加了有关振兴日本产业的学术研讨会，受到很大启发。回来后开始重新思考上述研究课题，通过调研和对相关资料的分析研究，我提出，如果两岸产业特别是制造业方面实现合作，就可以优势互补提升两岸的产业竞争能力，进而可以推动两岸经济持续稳定地增长。为了论述这一问题，就必须分析研究本书所提出的两岸合作构筑产业竞争能力这一核心主张。毋庸讳言，中国改革开放积极开展产业合作，引进外资直接为这些领域所属企业带来了“制造方面的竞争优势”，但与此同时也造成资源和环境的过度透支，显然这种情况不具有持久性。因此，要保持未来中国经济持续稳定地增长，调整产业结构势在必行，产业升级迫在眉睫。如果两岸产业合作实现优势互补，就可实现本书主张的观点。

一般来说，一个国家、一个产业在某一个时段的竞争力水平，会受到经济、社会、技术和管理等各种条件的影响。但是，即使拥有相同的条件，在展开激烈的能力构筑竞争的国家和产业中，其提高制造业的组织水平和竞争能力的压力也会更大一些，因此，竞争与改革也会促使企业努力创造。无论作为理论还是一般经验，“竞争产生竞争力”这一说法都不是什么新鲜事物，但问题是此时的“竞争”到底是一种什么样的竞争。至少，按照经济学方面的竞争所说的“价格竞争”，是无法让中国产业继续发挥持久竞争力的。原因很简单，过去中国产品的价格优势大都来自资源的廉价，随着资源变得稀缺，以及劳动力成本的上升，单纯的“价格竞争”显然是不可持续的。因此，必须通过合作，通过技术和管理与资源的结合，提高资源利用率，创造附加价值并建立新的价值体系才能构筑新的产业竞争能力。

两岸产业合作可采取多种形式的产业联合，如通过创新技术和管理建立虚拟企业来开展合作。由于信息和网络技术的不断发展，两岸产业合作可转变传统合作观念。信息技术使得企业能够在保持各部门相对独立自主的前提下，发展成一个完整的高效经济实体，并且与外部企业建立新型伙伴关系，成为一个“广延发展的企业”（见图0－1）。

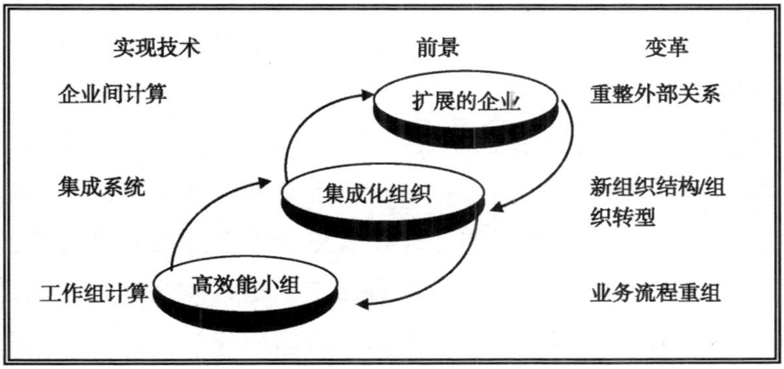

图0－1　产业新型合作的效果

应用信息技术可从三个方面实现合作观念的转变，下面进行简单概括与说明。

转变一：从单个企业到行业合作

过去合作都是单个企业间的合作，主要采取的方式是合资经营，利润按股份分配。然而，这种形式现在来说并不完美，有时会产生利益方面的矛盾，而且带来与其他企业的激烈竞争。其主要局限在于它无法进行企业间群体协作。在新的环境下，企业越来越重视群体之间的协作这个产业结构基石的重要作用，以及它在经济决策职能方面的重要意义。

转变二：从孤立制造到联合制造

传统上，制造企业通常自己分配三种资源——物资设备、财务资源和人力资源进行制造生产。现在应运而生的是外包业务的兴起和共同制造，通过资源共享达到实现优势互补，构筑整体竞争能力。

转变三：从本地到跨地区合作实现资源最优配置

在两岸合作初期，由于企业和行业之间的壁垒，资源被看作是企业内部能力要素。在合作中眼光相对狭小，构筑共同的核心能力就变得相当困难。但随着经济全球化与区域化的融合加深，以及竞争加剧，两岸产业要获得竞争优势就必须大大拓宽合作范围，把企业与供应商、销售商、研发与批量定制以及客户紧密地联系起来，节省时间与资金，使竞争对手无隙可乘，创造合作共赢，构筑两岸产业竞争能力。这要求两岸通过产业合作推动经济一体化的融合，实现共同目标——构筑产业竞争能力和大中华区域经济持续稳定地增长。

《孙子兵法》有云："知己知彼，百战不殆。"这句话至今仍然在企业竞争中实践着。要想完全准确地把握自身优势和发展机遇，并使得这种优势得到最大限度的发挥，两岸产业合作就应该在上述战略理论的基础上开始做起。大中华的未来必须由中国人自己来创造，从这个意义上讲，两岸合作不是仅需要相关的人员、政治家和学者们的关注，而是需要两岸全体人民的共同努力，来实现中华民族的伟大复兴，这也是本书研究的主要目标之一。

本书能够得到出版，要感谢华侨大学博士启动基金和经济与金融学院学术科研基金的赞助；同时，也感谢出版社的同人们的鼎力支持。我还想重申撰写本书的动机和背景：一是在日本做访问学者期间调查研究和参观丰田公司的感受；二是调查核实在大陆的台湾企业创业者的心路历程；三是想引起两岸有识之士的共鸣，共同推动两岸向更深层次的合作迈进，实现相互了解与信任，在一定历史条件下实现中华复兴之梦！

目　　录

第一章　全球化下制造业面对的挑战

当今世界的制造业面临着越来越大的挑战，随着全球性市场的推进，市场不确定性不断增加，客户需求和时尚潮流的变化在加快。虽然产品的种类根据客户的要求越来越丰富，但是产品的生命周期在不断缩短。企业必须不断采取新的措施来维持企业活力并取得进一步发展壮大。在改革开放之初，企业将原材料加工成为最终产品并投放市场获得收益就可以了，其功能相对简单。进入 21 世纪后，信息产业发展带动管理方式和生产方式的转变，对制造业发展产生强烈影响。如今，人们不再仅仅关心单一进程，而是关注相互交错的网络系统的进程。此后，没有任何进程会是一成不变的，它们将会不断发展和演化，制定一个有竞争能力的进程需要从整体上加以考虑，系统工程思想形成新的制造意识。合作制造理念作为一个最重要的环节，越来越受到产业界的重视。

企业间合作面临的迷思和难点需要学术界思考和探索，全新的合作制造意识的形成将导致众多企业加入进来，共同致力于提高整体绩效。目前固定的产业分式合作仍是制造业合作的主要方式，要想在未来产生竞争优势，必然要产生更多可变化的合作方式。

当前，商业竞争环境的特点是不确定性的不断增加——包括需求和潮流的变化在加快，市场需求也在不断增加。产品的种类越来越丰富，然而产品的生命周期在缩短，快速反应的时间总体上在缩短。制造业企业必须不断采取多种应变形式来保持企业活力并加快发展。制造业产品的优化参数包括：质量、价格、投放市场所需时间以及产品研发与创新程度。

根据系统论，偏离平衡的现实系统总是呈现出模糊现象。随着不确定性的增加，系统会出现各种各样新的问题。在未来事务的可预测性急剧下降的同时，市场需求变化的速度却在加快。在这种情况下，两类组织为了共同的利益而相互依存是企业生存和发展的法宝。现实系统的发展将具有相互竞争和相互合作的特点，并且会伴随新系统的产生和对原有系统的适应或修正。❶

R. W. Gerard 在系统的三元论中指出："真正的转变在于从专注于组织形式转向专注于行动，从个体的存在转向个体的行为，从外在形式转向内在功能，从系统模式转向系统过程，从永恒转向短暂。'存在'是个体与时间相交的部分，也成为在一个时间点上似乎保持相对不变的组织机构的本质结构。通过时间不变的特性，可以识别成熟机构的重要部分。相反地，从大的时间跨度来看，那些短暂的和可逆转的变化频繁发生，从而表现出系统的种种行为和功能；而那些长期的、不可逆转的变化渐渐发生，从而推动系统进化和发展。这种时间不变特性也引起了人们对于个体的关注角度的转变——从表征空间中的物质形态的单个物体转向表征沿时间轴发生的事件序列的物体行为。"❷ 因此，系统要想生存和发展，必须保持同一性，以便适应外部环境的变化（见图 1－1）。企业间建立合作系统以后，可以提升企业适应环境变化的能力。而且系统可以通过适应性变化来简化它对环境的调节工作。❸

随着全球化的不断推进，越来越多的世界型企业表现出与其他伙伴建立亲密无间合作关系的愿望。在这种重压下，两岸企业之间更应该注重建立合作关系。现在市场竞争不再是公司与公司之间，而是商业集团与商业集团之间的竞争。事实上，企业外包这种合作形式的增加就是生产模式转

---

❶ 郑力、［德］Frank Possel-Doelken 编著：《合作制造方法、技术与应用》，清华大学出版社 2003 年版，第 2～5 页。

❷ R. W. Gerald, "Units and Concepts of Biology", Modern Systems Research for the Behavioral Scientist, Walter Buckley, Ed, pp. 51～58. Chicago: Aldine, 1968.

❸ ［美］杰拉尔德·温伯格著，张佐、万起光、董菁译：《系统化思维导论》，清华大学出版社 2003 年版，第 3～8 页。

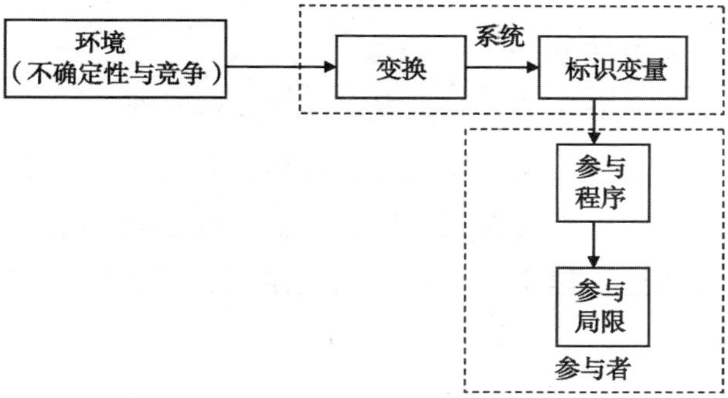

图1-1　保持同一性的问题

变的结果。除了分析企业内部优势，各个公司也开始在自己领域之外寻找潜在的最优合作。未来市场的不确定性和激烈的竞争将是决定企业境遇特点的两大主要因素。为了长期保持市场优势地位并保证企业将来可以顺利地发展壮大，企业必须努力提高科技力量以及人力资本的含量，与此同时，企业还要适时更新管理组织，以拓宽管理机制的内涵与外延，合作企业必须明白自身在合作生产组织中所扮演的角色。

第一节　企业制造模式的转变

众所周知，在全球性市场环境下，没有一个企业是孤立的，因此，企业在制定产品制造流程时不能只考虑自身利益，而必须考虑到全局的利益。只有这样，企业才能保证未来的可持续发展，提高企业的竞争能力以及减少约束因素以降低决策的复杂性。由此，企业必须在现实合作中做到以下几个方面：

（1）减少不确定性风险。

（2）增加柔性和提高快速反应时间。

（3）增加知识资产含量。

（4）加快产品开发和减少订单处理时间。

（5）提高市场占有率。

（6）增强活力，提升竞争优势。

（7）积极开拓新市场。

（8）建立良好伙伴关系，打造钻石型供应链系统。

要想做到以上几个方面，拥有好的合作伙伴是非常重要的，也是取得竞争优势地位的关键。不仅大型跨国公司需要建立可靠的伙伴关系，中小企业更得依靠合作建立健全工作和研发关系网，以便取得竞争优势，从而快速壮大自己。

Fritjof Capra 是一位著名的美国系统论学者，他号召企业在工作模式和价值观上进行转变。根据他的理论，维持而非盲目扩张，合作而非敌对，强调质量而非数量以及最终建立合作伙伴关系而非统治与被统治关系才是竞争中最有利的优势。而这种优势正是任何希望在充满不确定性风险因素和激烈竞争的市场环境中生存和发展的企业所必需的。❶ 今天的商业战略似乎正如他所预言的。

目前，在欧洲国家中小型企业之间正在建立战略合作伙伴关系，并与大企业集团合作生产。与此同时，处于合作组织中的成员都致力于自身核心能力的培养以形成强大的优势。从整体上看，建立合作关系将会促进相互间更亲密的合作，从而达成相互信任以及技术共享，大大降低交易成本和复杂性。而这些将有助于整个组织在最低的风险下运行并且提升国际竞争能力。亚琛大学控制论教授 Klaus Henning 将这一观点归结在新模式的三个论点中：（1）平衡各种竞争关系；（2）拓宽思路，学会在交织的进程中作全局考虑；（3）要从长期利益出发制定发展方针，而不要只看到局部利益。❷

---

❶ Martin C, *Logistics and Supply Chain Management. Strategies for Reducing Costs and Improving Services*. Pitman Publishing, London, 1992.

❷ ［美］本·斯泰尔、戴维·维克托、理查德·内尔森著，浦东新区科学技术局译：《技术创新与经济绩效》，上海人民出版社 2006 年版，第 6～27 页。

第二节　企业战略目标的确定

目前，在中国中小型企业不得不面对难以得到大量银行贷款的问题，资金的缺乏导致中小型企业对技术研发的投资、企业转型以及与此相适应的员工教育或必要的革新项目难以实行。许多中小型企业尽力通过吸引外资和进行风险活动来解决问题，但只有少数企业能够成功。因此，为了保证企业未来的安全和减少由于经济危机、严酷竞争带来的冲击，必须考虑其他办法。从欧洲中小型企业合作的成功经验来看，两岸中小型企业如果能够通过共享知识、技术等建立战略性合作关系或建立更紧密的战略联盟来提高竞争力，对于上述问题也许能提供更好的解决办法。

通常，建立战略联盟的目的是为了降低不确定性风险和竞争的激烈程度。参与合作方可以通过集中力量提高核心竞争能力，取长补短进一步提高自己在市场中的地位，同时，在非核心竞争力领域加大外部采购和市场销售。大陆有广阔的市场和资源，台湾方面有技术和资金，只要双方相互信任，战略联盟可应运而生（见图 1－2）。

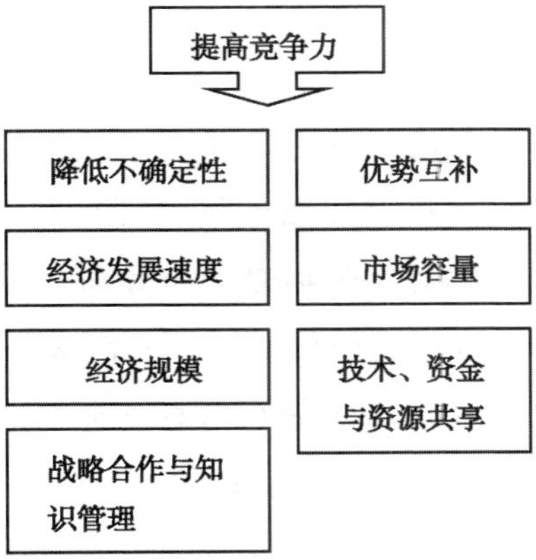

图 1－2　合作的目标

企业价值的持续增长需要技术、资金、经济发展与市场容量扩大来实现。在快速发展的大陆市场，风险多是由陈旧技术导致的，由于新技术的投入使用会隐含运营上的风险，在企业中通常会出现生产中断，其结果是成本提高、延迟发货或无能力发货使客户烦恼。每一种新技术都有运营上的风险，而合作可降低风险，并可分担成本。

合作的最大目标是中小型企业可通过战略联盟扩大经济规模，经济规模效益只有在产量上升时才可实现成本下降。在成批产品大规模订购时，单件产品和生产配置的成本会明显降低。为避免在新产品或附加产品设备上的大规模投资，企业应寻找合适的合作伙伴合作制造以拓展生产能力。当多种产品能够以低成本进行合作制造时，规模效益就会出现。对于以单件小批量生产为主的企业，提高制造能力的利用率是降低成本的一个重要方面。由于客户需求决定生产量，因此量的大小可能不会增加。因此为其他公司生产附加产品或分包生产产品有助于提高制造能力利用率。柔性制造就是对剩余制造能力的利用，单一企业无法胜任的客户订单以若干个合作者利用其剩余制造能力共同来完成。

当前，由于电子商务环境大幅度改善，客户要求运输时间越来越短。一个企业如果设法使总交货时间低于其他竞争者，那么很可能要求生产规模的扩大，这种情况可称为经济速度。供应链管理是完成生产时间最短的一种最好形式。这要求合作企业同步设计一种使企业可以利用最新信息技术加速产品合作制造的有效途径。

在复杂的商业环境中，知识管理日益重要起来。已经有的和新建立起来的核心竞争能力系统发展对于任何企业来说都是至关重要的。技术的飞速进步使得企业越来越难以跟上时代潮流，一次次科技浪潮推动创新步伐。而且在竞争中密切关注技术进步的最新信息是非常有益的。旨在实现知识型战略管理的战略联盟开始成为一种新的合作形式。

随着市场环境变化越来越快，一些中小型企业的管理者始终处于高度的精神压力之下，市场形势的迅速变化，诸如合并、接管协作中的风险，都会对竞争环境产生显著的影响。而面对结成战略联盟的竞争者，即使是控制着市场的跨国公司也可能很快失去其强势地位。因此，建立战略联盟的愿望也会由普遍的目标而产生。

战略合作的一个通常目标是增值链的最优化。而合作伙伴的能力、支出水平、必要的资金、可实现的柔性、任务的复杂性、伙伴之间的信任和承诺等是一个成功合作的最重要因素。

合作的增值取决于制定的目标以及合作伙伴的相互作用。合作的原则，即每个成员从合作中获利，它是合作关系的关键驱动力量。任何时候的合作都建立在明显的一致性基础上，它也明确了合作存在的现实基础。战略合作者之间必须是自由、互惠和自愿的，每个成员仍然保持其法律的独立性，成员相互信任并遵守协议的规则。合作伙伴的作用由目的决定，并能很好解决合作中遇到的关键问题。例如，产品与市场、生产技术和工艺水平、信息和组织管理、人力资源共享问题等。一般情况下，制造业之间的合作涉及产品生命周期的全过程。提高制造水平、策划运作过程、生产和销售环节协调能力等都是为了达到订单处理的最佳效果，每个生产环节都是增值链的组成部分。

制造业的全球化开辟了一个崭新的供应市场，走向深化合作的下一步是精益生产（Lean production）（或 JIT 生产）和全面质量管理（TQM）❶。与此同时，随着信息技术和网络系统的快速普及和应用，供应链管理已经开始成为新的合作模式。厂商合作的最终目的是建立起包括整个生产过程和销售环节在内的供应链合作信息网络。在这个战略性网络系统中有更多由长期合作所组成的稳定的生产计划安排，而这一切都与战略管理和控制相关，其中的关键是建立信任关系，否则合作制造的灵活性和流动性将难

---

❶ 这两个概念都来自日本丰田管理方式。制造商们为了减少成本而和供应商进一步合作以减少仓储所增加的支出，目标实现零库存。准时制（JIT）生产正是在整个生产过程中根据客户需求和市场变化不断改变订货数量。供应商则根据要求小批量多次交货，使每一批货物送达客户手中时正是其需要之时。这样仓储就变得没有必要了，这种方式一方面将更多的责任转移到了供应方，另一方面，生产也比以往更加依赖这种新供应方式。由于没有多余的货物储备，一旦供给中断就意味着生产方的损失。为了很好地配合，全面质量管理就变得十分重要。

以掌控。❶

第三节　合作制造以应对挑战

信息化与工业化相结合是当今制造业的现实基础。今天的制造业面临着越来越多的挑战，合作作为制造业的一个最基本的环节，已经受到更多行业人士的重视。企业间合作面临的诸多难点需要企业界和学术界去思考和探索，尤其是两岸之间的合作更存在许多迷思。随着两岸经济合作向更广泛的领域迈进，在全球性激烈竞争的时代，探讨两岸企业如何一起应对竞争，提升赢利能力就显得尤为重要，而两岸间企业合作模式的构筑问题，是其中最大的挑战。

一方面全球竞争加剧，要求越来越精确地作出决策；而另一方面，系统规模的增加、数据种类繁多和获取的困难导致精确决策所需数据的处理越来越难以精确完成。尽管目前发达国家企业之间的合作经验可供我们借鉴，但两岸企业由于政治因素等影响到相互信任，这将使合作更趋于复杂。合作制造存在于产品生命周期的几乎每一个环节，不同的环节可能有着不同的合作模式，这些可行的合作模式可能会产生新的企业生态。从研究工作来看，合作制造是一个多学科的问题，合作取决于特定产品的设计和制造技术，而且与企业的作业流程、管理理念和文化密切相关，如今网络信息技术的发展提供了成功合作的可能性，两岸合作的前景越发光明，但也要看到其中蕴含的更大的挑战。

---

❶ 郑力、［德］Frank Possel-Doelken 编著：《合作制造方法、技术与应用》，清华大学出版社 2003 年版，第 8～20 页。

第二章　两岸产业合作的理论与可行性分析

本章着重探讨两岸在制造业等产业领域合作的理论与实践，研究如何在市场变化中保持企业优势地位，通过两岸产业合作来提升竞争能力和未来实现两岸企业的成长。首先探讨企业合作的内外环境变化的影响因素及相关理论，其次讨论合作的相关概念和合作企业战略管理。

第一节　企业合作的环境与理论分析

环境分析包括外部环境分析和内部环境分析两部分。企业是环境的产物，企业战略管理的过程需要建立在企业能够充分掌握内外部信息的基础上，企业合作环境的复杂性，决定了战略管理过程中环境分析的重要性，环境分析的核心目的就是要找出企业运营环境中的机会和威胁。

一、企业合作的外部环境分析

外部环境指存在于企业周围、影响企业经营活动及成长的各种客观因素与力量的总和。企业的外部环境是一种不断变化的、错综复杂的动态环境。它可以从宏观环境与竞争环境两方面进行分析。我们将使用PEST模型探讨环境的不确定性因素。企业对宏观环境和竞争环境进行分析，是为了尽力去发现企业未来的机会和威胁，从而决定企业能够做什么。我们把对企业外部环境进行审视，列出各项机会和威胁的过程称为

“外部审查”。[1]

宏观环境是指对企业及其微观环境各因素具有较大影响力的客观因素的总体，主要包括政治和法律环境、经济环境、技术环境和社会文化环境等。

（一）宏观环境分析——PEST 分析模型

宏观环境对企业的主要影响因素如图 2－1 所示。下面对诸项进行分析，以找出合作中的有利与威胁因素。

1. 政治和法律影响因素

政治和法律环境对企业行为具有重要的影响，或者起鼓励与支持的作用（这是企业可利用的机会），或者起约束与限制的作用（这是企业应该设法回避的威胁）。目前，随着两岸交往的频繁，虽然两岸的政治和法律环境迥异，但由于 ACFA 签订和相关服务贸易协定的签署，大陆对台湾地区企业开放力度加大和置业条件放宽，有利于两岸企业合作，这会使合作可能性增加。当然，两岸缺乏完全信任，也可能导致在一些敏感技术行业合作可能性减少。

2. 经济影响因素

合作企业能否赢利在很大程度上受经济状况和经济实力的影响。经济环境决定了企业发展的机会程度。经济不景气会影响企业产品或服务的需求，而优越的经济条件会给企业提供扩展机会。

目前，大陆经济正处于转型期、产业结构调整的关键期，这会给合作带来机遇与挑战。虽然世界经济环境处在不景气阶段，但从大陆经济各指标来看，两岸企业合作还是处在一个良好的经济环境之中，有利于合作的成功。例如，大陆经济还以每年 8% 的速度增长。市场规模和潜力越来越大，GDP 总量很快要赶超美国，显然合作机会巨大。同时，大陆正在上海自贸区进行利率、汇率市场化改革，这将有利于未来合作企业的成长，而

---

[1] ［日］藤本隆宏著，许经明、李兆华译：《能力构筑竞争》，中信出版社 2007 年版，第 12～25 页。

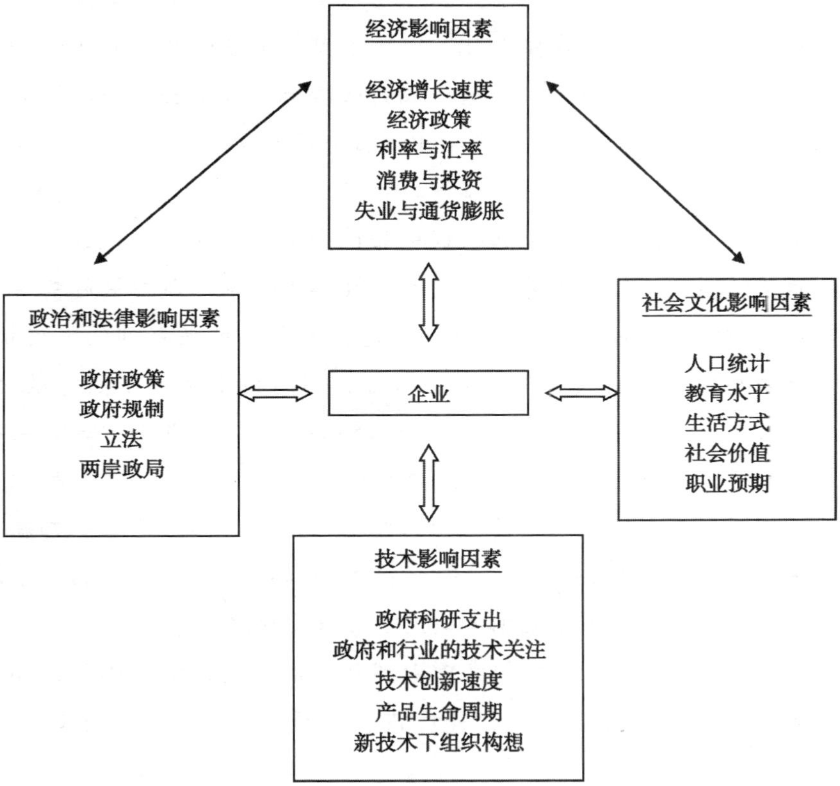

图 2－1　企业主要外部环境影响因素

且越早合作的企业越具有先发优势，对于企业发展越有利。此外，当前大陆经济通胀率还在可控范围，对经济发展没有造成不利影响，经济还可继续保持高水平的增长率。

3. 社会文化影响因素

社会文化环境强烈影响着人们的购买决策和企业的经营行为。其中，人口因素是一个极为重要的因素，包括人口规模、地理分布、年龄分布、城镇化水平（人口迁移）等方面。人口规模制约着个人或家庭消费产品的市场规模；人口地理分布决定消费者的地区分布，而消费者地区分布密度越大，消费者的偏好越多样化，对市场的商品选择性也越大，这就意味着存在多种多样的市场机会；年龄分布决定以某年龄层为对象的产品的市场规模。各年龄层构成比例发生变化，市场规模将随之变化，对于以特定年龄特征顾客为对象的企业来说，这将成为市场机会或威胁。而两岸同文同种，社会习惯略有差异，显然合作并获利是最有优势的。

4. 技术影响因素

技术环境不仅包括那些引起时代革命性变化的发明，而且还包括与企业生产有关的新技术、新工艺、新材料以及环境技术产业发展趋势和技术应用前景。对于企业而言，技术环境可能会给企业带来有利的发展机会，也可能给某些企业带来生存的威胁。例如，网络技术和电子商务的发展，一方面大大拓展了企业开拓市场的空间和外界了解本企业的手段，可以很快将产品推向市场；另一方面，对一些传统企业来说，是一个生死抉择的威胁，如传统报纸等传媒以及传统经营观念如商场。因而，每一种新技术都是一种“创造性破坏的力量”。由于技术创新速度加快，产品的平均生命周期在缩短，企业必须预见到这些技术带来的变化。

综上所述，环境分析不仅要考虑上述几方面主要的影响因素，还要对这些影响因素的复杂程度和变化速度进行分析，即进行环境不确定性的分析。

（二）环境不确定性分析

环境不确定性是企业外部环境中存在的复杂度和变化度综合影响的结果。一方面，环境不确定性使战略管理者面临威胁，它既是制定长期合作规划的障碍，也是企业战略管理保持企业与外部环境均衡的障碍；另一方面，环境的不确定性也是机会，它给战略管理者提供了广阔的活动舞台。

环境简单或复杂程度是指那些与企业经营有关的外部因素的数量和差异程度。复杂程度可能来自企业面临的环境因素的多样性，也可能来自处理环境影响所需要的知识的多寡，因此需要对环境不确定性进行评估。一般来说，合作企业处在一个极不稳定和多变的环境中时，可以用下面框架进行不确定性分析和评估。下面我们分别探讨由两个特性组成的四种环境状况（见图 2 – 2）。

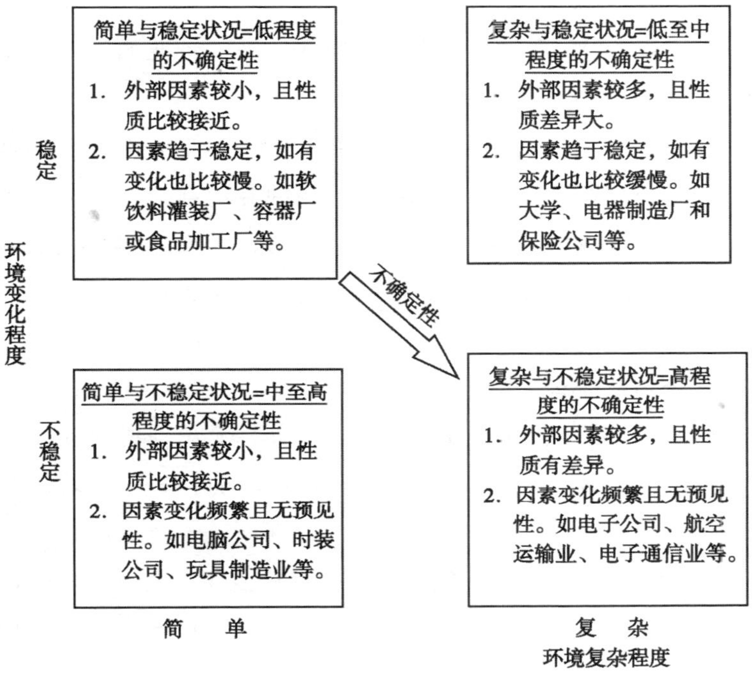

图 2－2　评估环境不确定性框架图

（1）简单与稳定状况。

在简单与稳定状况下，不确定的程度很低，企业对环境比较容易把握。在这种条件下，由于环境稳定或可预期，企业对过去环境影响的分析就有一定的实际意义。

（2）复杂与稳定状况。

在复杂与稳定环境中，不确定性的程度有所增加。外部环境的众多因素都会对企业生产经营带来影响，但这些因素变化不大，且往往在预料之中。

（3）简单与不稳定状况。

在简单与不稳定环境中，不确定性进一步增加。尽管外部环境影响因素较小，但这些因素难以预测，且往往与企业初衷相违背。

（4）复杂与不稳定状况。

在复杂与不稳定环境下，不确定性程度最高。企业面临着众多的外部因素，且变化频繁，对企业的举措影响甚大。

那么，对环境的不确定性如何处理呢？罗宾斯在1990年提出两种一般性战略来减少环境不确定性程度的影响，一种是内部战略，另一种是外部战略。内部战略是企业通过调整或改变自己的行动以适应环境变化，如范围选择。外部战略是企业试图改变环境变化以适应企业的需要，如合作或联合。

（三）竞争环境分析

竞争环境是企业外部环境的一个组成部分。无论何种企业，它始终是其所属产业的一分子，对其未来所处的产业环境的分析，也就成为战略环境分析的一项主要内容。竞争环境包括两个方面——产业与市场。著名学者迈克尔·波特在其著作《竞争战略》中将产业定义为：“一个产业是由一群生产相似替代品的企业所组成的。”乔治·斯蒂格勒和罗伯特·舍温把市场定义为：“一系列供应商和需求商的集合，它们的交易确定了商品的价格。”由此可见，产业是产出的概念，而市场是需求的概念。[1]

（四）产业结构分析

波特教授在《竞争战略》一书中，从产业组织理论的角度，提出了产业结构分析的基本框架——一种竞争能力分析。他认为，在每一个产业中都存在五种基本的竞争力量，即潜在进入者、替代品、购买者、供应商与现有竞争者之间的抗衡（见图2－3）。

1. 潜在进入者威胁

潜在进入者是指产业外随时可能进入某产业成为竞争者的企业。当某个产业超额利润较高以及进入壁垒较低时就会有新竞争者进入市场。很明显，较高的获利水平存在着诱惑力，因此，对本产业的现有企业构成威胁，这种威胁称为进入威胁。进入威胁的大小取决于进入壁垒的高低以及现有

[1] 英国会计师公会：《企业分析》，上海教育出版社2003年版，第10～15页。

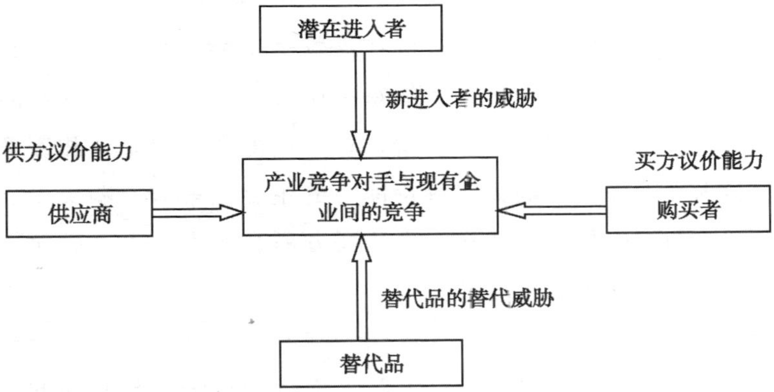

图 2－3 驱动产业竞争的力量

企业的反应程度。

2. 替代品的威胁

替代品是指那些与本产业产品具有相同功能、可相互替代的产品。替代品可分为直接替代品和间接替代品。直接替代品是某一种产品直接取代另一种产品，例如计算机不同品牌之间的替代。间接替代品是由能起到相同作用的产品非直接地取代另外一些产品，例如棉织品取代丝织品、钢材被钢化塑料取代。

替代品设置了产业中企业可能谋取利润的定价上限，所以替代品投入市场，可能影响本产业的销售额和收益，其价格越有吸引力，则影响就越大，因而本产业同生产替代品的其他产业和企业之间存在着竞争，替代品对本产业形成威胁。

3. 供方的议价能力

供方是指企业从事生产经营活动所需要的各种资源、零配件等的供应单位。作为供应方，往往希望提高其产品质量或适当降低产品质量和服务质量来获得尽可能多的利润。这是同现有产业的愿望相违背的，因而在进行供货谈判时少不了讨价还价。这也是一种竞争行为。供方议价能力的大小主要取决于下列因素：供方产业的集中程度、供方产品对现有产业的影响度、产品差异性、供货量和前向一体化的可能性等。

4. 买方的议价能力

作为买方必然希望所购买产业的产品物美价廉，服务周到，且从现有生产企业的竞争中获利。因此，它们总是压低价格，要求提高产品的质量和服务水平而同该产业内的企业讨价还价，使得产业内企业相互竞争，导致产业利润水平下降。影响买方议价能力的主要因素有：购买量、产品差异性、本产业的集中程度、转换成本、买方赢利能力、买方后向一体化的可能性和买方信息的掌握程度等。

（五）竞争者分析

为了深入分析竞争状况，对竞争对手进行分析是十分必要的，尽管所有产业环境都很重要，但产业环境分析着眼于产业整体，是中观分析，而从个别企业视角观察分析其竞争对手的实力是微观分析，是仅对企业的主要竞争者进行分析。

1. 竞争对手分析模型

根据波特教授对竞争对手的分析模型，对竞争对手的分析有四个方面的主要内容，即未来目标、自我假设、现行战略和潜在能力。如图 2－4 所示。

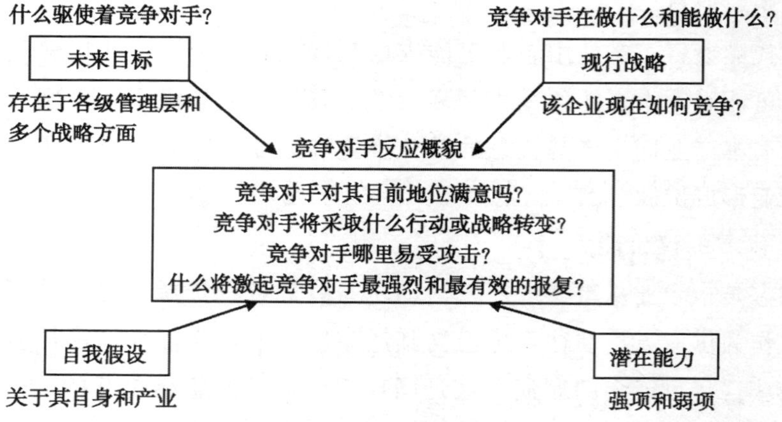

图 2－4　竞争对手分析模型

未来目标。对竞争对手未来目标的分析与了解，有利于预测竞争对手对其目前的市场地位以及财务状况的满意程度，从而推断其改变现行战略的可能性以及对其他企业战略行为的敏感性。分析竞争对手的未来目标主要包括：对手的财务目标及财务目标的内部权衡要求；对风险的态度，风险与发展目标之间的权衡标准；企业行为的准则和基本信条及其影响力；对手的组织结构和关键决策结构；竞争者所采取的控制制度和激励机制类型及其有效性；对手最高领导者的风格以及最高领导者发生变化的可能性；对手整个管理层对企业未来目标的认同态度等。

自我假设。竞争者的目标是以其对环境和对自己的认识为前提的，我们将认识前提称为自称假设。竞争者的假设有两类：一是竞争对手对自己的假设，包括对自己的力量、市场地位、发展前景等方面的假设；二是竞争对手对产业及产业中其他企业的假设，包括竞争者对产业的构成、产业竞争强度和主要产业威胁、产业发展前景、产业潜在获利能力等方面的认识和判断。自我假设往往是企业各种行为取向的最根本动因，所以了解竞争对手的假设，有利于正确判断竞争对手的战略意图。

现行战略。对竞争对手现行战略的分析，目的在于揭示竞争对手正在做什么？它能够做什么？主要包括竞争对手的市场占有率、产品的市场分布、销售方法和销售渠道如何、研发能力如何、采取的一般竞争战略是什么，等等。

潜在能力。对竞争对手潜在能力的分析，是竞争对手分析过程中的一项重要内容，因为潜在能力将决定竞争对手对其他企业战略行为作出反应的可能性、时间选择、性质和强度。通过对竞争对手能力的分析，企业可以更好地了解对手在竞争上的优势和劣势，从而确定自己的市场定位和具体竞争战略。

2. 竞争对手的成本分析

竞争对手分析中的一个关键组成部分是评估竞争对手的成本。一旦知道了竞争对手的成本，企业就有可能预测今后的价格水平和竞争对手的行动，评价所要采取的战略潜力。竞争对手成本分析涉及分析推动成本的战略性要素、非平均化成本、模拟竞争对手的成本模式三个主要步骤。

（1）分析推动成本的战略性要素。

战略性要素如产品设计、要素成本、生产率情况、销量、生产能力状况以及竞争对手的重心（集中性）等，这些要素决定了企业长期的竞争地位，关键的问题在于确定哪些成本与战略有关。你可能会提出下列一些问题。

产品设计：产品设计对产品成本有什么影响？

设计功能多、部件少或重量轻的产品有什么优越性？

要素成本：基本要素成本在多大程度上影响产品的最终成本？

将生产转移到劳动力成本低的国家或地区给企业带来什么好处？

生产率：行业中的各个竞争对手的生产率有什么不同？

造成不同生产率的原因何在？

在劳动力成本低的国家或地区生产有何益处？

销量：总销量如何影响成本？

有什么成本可在业务或职能上摊销？

大型生产设施对成本有什么影响？

生产能力：有没有因新生产能力投资过多或过少带来具体的不利成本？

有无因为没有充分利用现成生产场所设备（即生产能力）而导致的不利成本？

重心（集中性）：如果加强对生产或销售渠道的关注，能否带来成本优势？

投资单一用途的机器是否比投资多功能机器要好一些？

是否集中火力向某一顾客群体推销？

以上这些因素都是一个企业应该提出的关键问题。这些分析将有利于决策者确定那些影响公司竞争优势的各种成本要素的相对重要性。

（2）非平均化成本。

这个过程涉及三个主要部分，即按产品及顾客群体类别分析成本；有意歪曲成本的分配，避开日益脆弱的细分市场；按实际情况，区别对待每一细分市场的服务，并相应定价。

（3）模拟竞争对手的成本模式。

为了有效地开展这项工作，需要有关企业内部成本状况、企业的财务绩效以及关于竞争和竞争性微观经济学知识等方面的信息，即经济学思考。关键问题是：企业的竞争优势来源于哪里？从长远观点来看，这种优势是否能够得到保护或支持？这些问题的答案使企业能够就其竞争成本地位作出重要的结论。

3. 产业内战略群体分析

产业分析的另一个重要方面是要确定产业内所有主要竞争对手的战略诸方面的特征，并分析各群体间的相互关系以及群体内企业间的关系，从而进一步认识产业及其竞争的状况。

（1）战略群体的概念。

一个战略群体是指某一个产业中在某一战略方面采用相同或相似战略的各企业组成的集团。如果产业中所有的公司或企业基本认同了相同的战略，则该产业中就只有一个战略群体；就另一极端而言，每一个企业也可能成为一个不同的战略群体。一般来说，在一个产业中仅有几个群体，它们采用特征完全不同的战略（见图 2－5）。

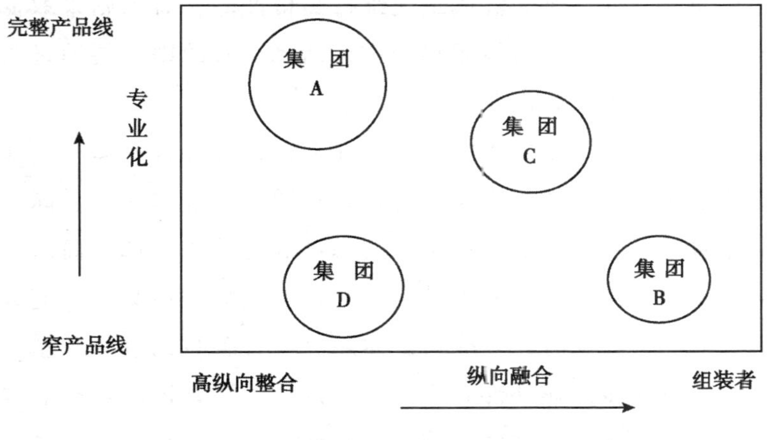

图 2－5　战略群体示意图

在图 2－5 中，横轴代表纵向一体化，纵轴代表产品专业化程度。对于战略群体来说，这是两个重要的约束因素。实际上，战略分析家还可以根据竞争状态分析的需要，确定出更重要的约束因素，以便更清楚地勾画出产业中不同类型的企业群体分别处于何种竞争地位。由此，产业内产生了各种由相同特点的企业构成的、具有不同特点的战略群体。

（2）战略群体的特征。

在一个产业里，每个战略群体内的企业个数不同，但战略相同。战略群体的差异主要表现在其生产经营活动的重点不同，所以表现为不同的特征。

纵向一体化程度不同：有的群体自己生产材料和零部件，有的则完全从外部采购；有的群体拥有自己的销售渠道和网络，有的全靠批发商和零售商。

专业化程度不同：有的群体只经营某一种产品和服务项目，有的则生产多品种、多规格的产品，从事多项服务，还有的进行跨行业经营。

研发重点不同：有的群体为了争取开发新产品的领先地位，不断投放新产品；有的则把研发的重点放在生产技术上，力争在产品质量和成本上取得竞争优势。

推销的重点不同：有的群体重视维持高价产品，有的则采取低价竞争的手段；有的群体重视对最终用户的推销活动，有的则主要通过为供应商服务来巩固和扩大流通渠道。

在一个产业里，战略群体之间总会存在这样或那样的差别，从而导致各群体在行业中的竞争地位不同。结果，不同战略群体在面对同一种事件的变化或某种威胁时，可能采取不同的态度和行为。例如，面对新加入企业的威胁，由于关系到本产业整体利益，各个战略群体会联合起来，共同设置进入障碍。与此同时，各战略群体还会设置各自的进入壁垒。各群体的进入障碍不仅防止产业外部企业进入本产业，而且还防止产业内其他群体向本群体转移。各战略群体对替代品的威胁、供应商和购买者的压力也会有不同的反应。有的群体非常担心替代品的竞争；而有的群体的产品由于很难出现替代品，就不担心潜在的替代品威胁。此外，有的战略群体对价格问题不敏感，有的则完全相反。

（3）战略群体的意义。

战略群体图作为一种分析工具，既不同于产业的总体分析方法，也不同于单个企业的个别分析方法，而是介于两者之间。它是要从产业中不同企业的战略管理中，找出带有共性的事物，更准确地把握企业竞争行动的方向和实质，避免以大带小或以小见大的盲目性。针对上述分析，你可能想到了下列分析的优点：

①有助于很好地了解战略群体间的竞争状况。

②有助于了解各战略群体之间的“移动障碍”。移动障碍即一个群体转向另一个群体的壁垒。

③有助于了解战略群体内企业竞争的主要着眼点。

④可以预测市场变化或发现战略机会。

战略群体分析是五种力量模式的一个有用的延伸，并且进一步发展了竞争能力分析。

4. 波特的国家竞争优势

20 世纪 80 年代，波特对 10 个国家和 10 个世界产业进行了一个重要的经济研究，在其著作《国家竞争优势》一书中提出了全球竞争的基本原则：今天要问的不再是为什么某个国家有竞争力，而是为什么某个国家在某个产业特别具有竞争能力，进而提出国家竞争优势的“钻石体系”理论。

波特教授认为：“一个国家的竞争优势，就是企业、行业或产业的竞争优势。一国兴衰成败的根本原因在于能否在国际市场竞争中取得优势地位，竞争优势的关键在于主导产业是否具有竞争优势，产业要具备优势就必须提高劳动生产率，而不断提高生产效率的原则在于企业建立和培育自我加压、不断进取的创新机制。”

按照国家竞争优势理论，企业所面临的国内经济环境制约企业开发其竞争优势的能力。其中影响最大、最直接的是四个相关因素，即生产要素条件、需求条件、相关产业和支撑产业、企业战略和组织，以及两个附加因素。这几个因素形成了钻石形状，因此称为钻石模型，如图 2－6 所示。

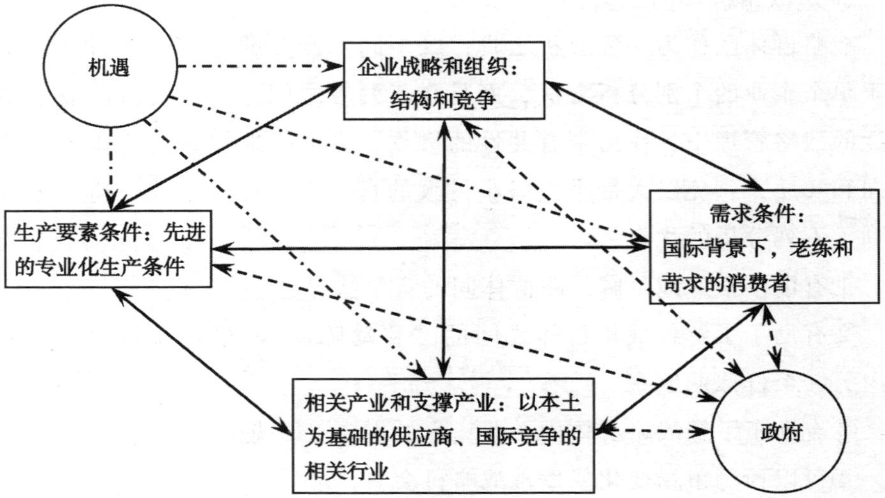

图 2－6　国家竞争钻石模型

生产要素条件：包括自然资源、人力资源、基础设施、资本和知识资产。又可以分为基本要素（自然资源、非熟练劳动力等）和高级要素（高科技、熟练工人和知识等）。但比较起来，高级要素更有价值，如果一国基本要素不足，但高级要素在世界上具有优势，这个国家仍可能具有国际竞争优势。

需求条件：国内需求大，有利于企业迅速达到规模经济。而且如果国内消费者善于挑剔，就会迫使企业不断努力，以提高产品质量、档次和服务水平，使之在世界市场上具有很强的竞争力。

相关产业和支撑产业：指为主导产业提供投入的国内产业或产业集群。如果国内具有发达的、完善的相关产业和支撑产业，它们在高级生产要素方面投资的好处将逐步扩散到主导产业中，本行业就能够降低生产成本，提高产品质量，从而建立自己的竞争优势。

企业战略和组织：企业的竞争能力与企业管理体制密切相关，而良好的企业管理体制的选择，不仅与企业的内部条件和所处的产业性质有关，而且取决于企业所面临的外部环境。强大的本国竞争对手是企业竞争优势产生并得以长期保持的最强有力的刺激，同时也迫使企业到国外市场去开拓。

除了上面四个主要因素外，机遇和政府的作用也被认为对形成国家竞争优势起着辅助作用。在波特的钻石体系中，他特别强调，当今的竞争已经处于一种动态多变的状态中，在基础科技可以迅速扩散、交通和传播成本降低的情形下，单单将生产迁移到廉价地区已经不能保持长期的竞争优势。企业维持竞争优势的唯一方式就是不断持续提升和创新。而这种创新的基础就是高级要素。为提高国际竞争力，政府应充分发挥其积极的作用。

此外，波特还认为，一国优势产业的发展可分为四个不同阶段。第一阶段是生产要素推动阶段，此阶段的竞争优势主要取决于一国在生产要素上拥有的优势，即是否拥有廉价的劳动力和丰富的自然资源。第二阶段是投资推动阶段，此阶段主要取决于资本要素，大量投资可以更新设备、扩大规模和增强产品的竞争能力。第三阶段是创新推动阶段，竞争优势主要来自于研究和开发。第四阶段是财富推动阶段。

从战略角度来看，这一理论有助于确认并选择生产投资的国家或地区，它提供了关于这些国家或地区顾客和竞争者特点的证据，重要的是，它表明一个市场的规模没有其特征重要。

二、企业合作的内部环境分析

（一）内部资源分析

企业合作中战略管理的核心在于评估企业的外部环境和企业的内部条件，认清企业的机会与威胁、优势和劣势，通过制定实施合理的战略实现企业内部条件与外部环境的匹配，从而获得竞争优势。如果说对于企业所处的宏观环境和竞争环境的分析是帮助企业识别自己“能够选择什么”的问题，那么通过对企业所具备的资源、战略能力等内部条件的分析则可以帮助企业决定自己“能够做什么”，以及如何获取竞争优势。内部环境分析主要包括资源与战略能力分析、资源使用分析、资源均衡状况评估以及柔性分析等。

1. 资源与战略能力分析

资源与战略能力分析是企业内部条件分析的主要内容，其主要目的是明确企业的优势与劣势。在许多情况下，基于资源的分析为战略形成提供了很好的支撑点。

（1）资源与能力的概念。

资源是企业专用资产，可以理解为能够给企业带来竞争优势的任何要素，它既包括那些看得见、摸得着的有形资源，如企业雇员、厂房、设备与资金等，也包括那些看不见、摸不着的无形资源，如专利权、品牌、企业文化等。资源能直接影响企业创造出高于竞争对手的价值的能力。

能力是指企业协调资源并发挥其生产、发展与竞争作用的潜力。这些能力存在于企业的日常工作中，在这些能力中，有的能力是一般能力，有的是核心能力。一般能力和核心能力是有区别的。美国战略学家汉尔德与哈默认为："企业是一个知识的集体，企业通过积累过程获得新知识并使之融入企业的正式的和非正式的行为规范之中，从而成为左右企业未来积累的主导力量，即核心能力。"这是对核心能力的一个认识。实施亦是如此，核心能力并不是企业内部人、财、物的简单叠加，而是能够使企业获取商机。例如，佳能公司的光学镜片核心能力和它在精密制造、电子方面的专长相结合，使它跨越照相机、打印机、复印机这样的多元化行业，显示自己超越竞争对手的优势。所以企业间的竞争最终将体现在核心能力上。

（2）资源与能力评估。

对资源的评估主要是确认企业是否拥有战略维持和战略延伸的资源。与战略有关的资源要素很多，如组织结构、财务资源、营销、生产活动、研究与开发、人力资源、系统和程序等，下面我们一一进行分析。

组织结构：企业组织结构是实施战略的一项重要工具，一个好的企业战略需要通过与其相适应的组织结构去完成，这样才能发挥作用。因此，企业组织结构是随着战略而定的，它必须按战略目标的变化而及时调整。美国学者钱德勒在《战略与结构：美国工业企业历史的篇章》中指出：战略与结构关系的基本原则是组织的结构要服从于组织的战略。组织结构主要关心的问题是：管理层和幅度是否合理？职责和职权范围是否对等？各机构的工作效率如何？现在的组织结构能否有效运转等，这些问题你必须能够清楚地进行回答。

财务资源：一个好的战略需要有好的财力来支持，对财务能力的分析有助于了解企业的战略能力并能够帮助企业进行自身的评估与分析，从而找出企业的优势和不足。财务功能分析主要包括：企业筹集长期资本和短期资本的能力；与产业及竞争对手相比的资本构成如何；企业与投资人和股东的关系；企业利用不同财务手段的能力；资本结构的灵活性；税收情况；企业资产规模；进入市场的成本及阻力；降低成本余地，有关成本预算。

营销：营销功能的任务是通过恰当的市场活动，实现蕴藏在产品中的价值。对其进行分析的内容主要有：企业是如何对市场进行细分的；企业在市场竞争中进行的合理定位；企业的市场份额；企业的销售队伍情况；企业对市场进行调研的情况；产品质量和服务是否良好；广告及其他促销活动的效果等。

生产活动：生产是所有企业的核心任务，是将投入要素进行合理的组合，转变为能够满足企业对价值要求的产出。

研究与开发：企业投资于研究和开发，是因为这种投资能够带来更高级的产品和服务，获得更高回报，从而增强企业的竞争优势。

人力资源：对企业而言，员工是一种至关重要的资源，特别是高级人才。对人力资源分析的目的是为企业一切目前和未来活动做好人力资源规划。分析内容包括，组织中的员工在公司战略制定中的作用和贡献。

系统和程序：系统和程序是企业中常常被忽略的部位，然而却又是任何内部评估重要的组成部分。如信息系统：信息系统能否配合企业的战略需要？是否有进入企业信息系统的有效口令？系统是否有能力提供即时信息？在任何时间和地点是否能得到所需要的信息？系统是否灵活、适应性强？系统是否能处理新的数据？是否为信息系统使用者提供了计算机培训？

同样，对于沟通系统：沟通系统的效率和效能如何？企业中是否有横向的沟通系统？是否存在结构上的障碍？办公室的传递渠道运作水平如何？沟通系统能否配合企业的战略需要？再者，如预算系统：是否能为新产品定出最佳的售价？能否预计销售变化或者成本变化的影响？能否评估服务水平决策对成本的影响？能否确定投资决策对损益的影响？是否能够提供相关的、准确的、及时的估计？

总之，企业内部分析应该确保企业系统目标与战略目标相一致，这样才能保证企业时时掌握企业动态平衡，使企业保持良好状态。

2. 资源使用分析

资源使用分析将企业资源和使用这些资源的战略目标联系起来，这对于了解战略能力很关键，因为这一分析是从资源的使用过程而不是从资源本身发现经营好坏的原因。

（1）价值链分析。

价值链分析是波特在《竞争优势》一书中提出的。波特认为，企业每项生产经营活动都是其创造价值的经济活动，那么，企业所有的互不相同但又相互关联的生产经营活动，便构成了创造价值的一个动态过程，即价值链。

价值链分析的重点在于价值活动分析，价值活动可以分为两大类：基本活动和辅助活动。基本活动是设计产品的物质创造及其销售、转移给买方和售后服务的各种活动；辅助活动是辅助基本活动并通过提供外购投入、技术、人力资源以及各种公司范围的职能以相互支持。图 2－7 显示的虚线反映了基本活动与辅助活动之间的相互联系以及共同支持整个价值链。因此，价值活动是企业内部各种相互分离活动的组合，决定着一个企业竞争优势的大小。

基本活动内容：如图 2－7 所示，基本活动内容包括内部供应链、生产作业、发货供应链、市场销售和服务。

内部供应链是指与产品投入品的进货、仓储和分配有关的活动。如原材料的装卸、入库、盘存、运输以及退货等。

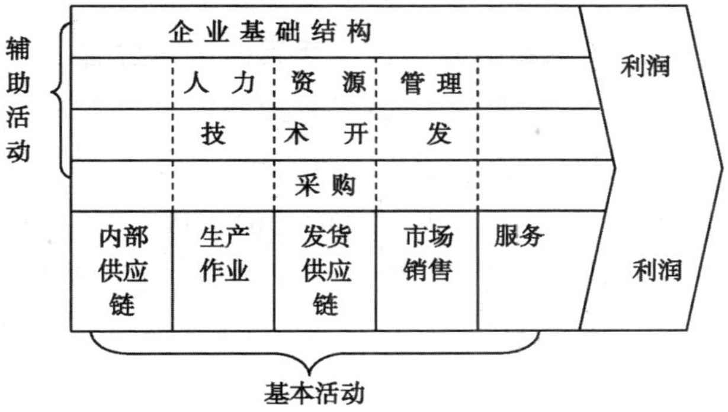

图 2－7　企业的价值链

生产作业是指将投入转换成最终产品的活动。如机械加工、装配、包装、设备维修、检测等。

发货供应链是指与产品的库存、分送给购买者有关的活动。如最终产品的入库、接收订单、送货等。

市场销售是指与促进和引导购买者购买企业产品有关的活动。如广告、定价、销售渠道等。

服务是指与保持或提高产品价值有关的活动。如培训、修理、零部件的供应和产品的调试等。

辅助活动内容：如图 2－7 所示，在任何行业里，辅助活动一般可以分为四种活动：采购、技术开发、人力资源管理、企业基础结构，而每一种活动又可根据行业不同进一步细分为若干项独具特色的活动。

采购是指购买所需资源的全部活动。如材料、机器设备、试验设备、办公设备等。

技术开发是指可以改进企业产品和工序的一系列技术活动。既包括生产性技术，也包括非生产性技术。

人力资源管理是指企业职工的招聘、雇用、培训、提拔和退休等各项管理活动。

企业基础结构是指企业的组织结构、控制系统以及文化等活动。

价值链分析能有效帮助企业决策者认识竞争优势形成的基本准则：不同的战略要求不同的技能和资源支持，泛泛而谈构建竞争优势毫无意义。成本领先、差异化、集中化等战略的选择与实施，必须以价值活动为中心，以特有的资源优势为基础，以系统和整体的战略行动管理为内容。

价值链内在的有机联系是企业价值活动的重点，但要实现预期的价值目标必须考虑企业外部的价值链。没有企业外部供应商和销售商等合作伙伴价值活动的支持，整个价值链就会脱节或中断，企业价值目标就难以实现。在重视内部价值活动的基础上，有效连接上游供应商和下游销售商的价值活动，是构造价值链体系的主要内容，也是建立企业竞争优势的坚实基础。价值链体系如图 2－8 所示。

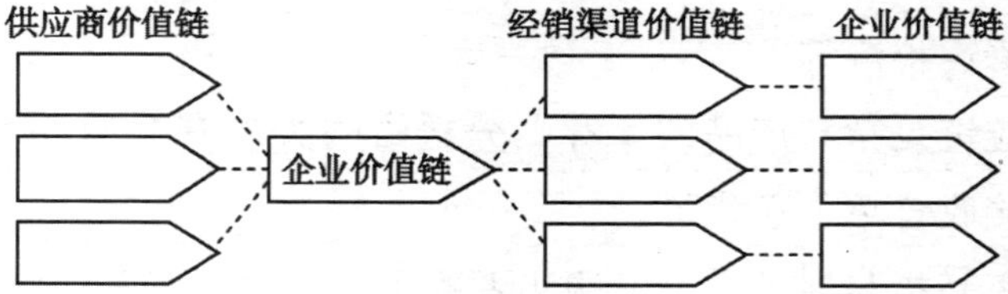

图 2－8　价值链体系

（2）效率与效益分析。

对企业内部资源分析要求企业确定采用什么标准来衡量资源的使用与控制，效率和收益是两个主要指标。效率指标一般包括衡量利润率、营运资本、劳动生产率、收益率以及生产能量利用程度等。效益指标包括衡量资本的使用、人员的使用、生产方法的采用以及无形资产的使用等。

资源利用效率的衡量标准：效率是指如何善用资源，不管资源目的何在。下列是一些常用的效率指标：

①利润率：它是效率的一种广义衡量标准。利润率往往与其他财务标准，如库存周转率、债务人周转率等一起使用，表明某些资源的利用效率。

②营运资本：审视营运资本的使用情况能够说明财务资源从战略角度方面是如何使用的。这里需要特别注意保持低水平的营运资本，避免营运资本过多地低效率运作。

③劳动生产率：这个指标主要涉及企业中的人力资源是否得到了有效使用。具体指标包括每个员工的生产率、缺勤和迟到的程度，每个部门的相对规模以及直接职工占间接职工的比率。

④收益率：这一指标主要用于以原材料和能源为主要成本构成的企业。

⑤生产能量利用程度：这个指标主要用于以间接费用为主要构成的企业。

资源利用效益的衡量指标：这个指标主要涉及的是，企业的资源是否用于实现企业目标。效益标准主要有以下几种：

①资本的使用：它包括企业资本结构组合的变化、收益率的适合程度、筹措资金用于计划内投资项目的难易程度。

②人力资源的使用：它包括人力资源的灵活性、劳动安排的性质、工作小组的规模、控制系统的种类、关键时刻领导能力以及企业内部竞争和合作的程度。

③财务系统的使用：主要涉及成本系统的适合程度、与战略要求的一致程度、编制预算的方法以及评估投资的方法。

④营运与推销资源的使用：具体指标包括广告占销售额的比例、销售人员的人均销量、推销成本占销售额的百分比以及广告的效益性等。

上述标准只是一些供参考的实例，决策者也可根据实际情况找出其他一些更适合本企业的标准。总之，在评估中一定要注意企业的实情，具体情况具体分析，才能更恰当地反映分析的作用。

（3）财务分析。

企业对资源的使用能力在很多情况下可以通过财务指标反映出来。例如，财务比率反映企业在某一时点的状况，将不同时期的比率进行比较，或将企业的比率与产业平均水平相比则可得出更加重要的统计结果，以用于确认和评估企业的优势与劣势。

用于确定企业战略能力的财务比率分析包括：偿付能力比率、杠杆比率、业务活动比率、盈利能力比率和增长比率等。1989 年约翰逊和施乐斯对于财务分析的使用作了三点评论：第一，财务比率的含义较之比率本身更为重要，在存在比较情况下，财务比率的贡献更为突出。第二，财务分析仅用于那些有着重要的战略意义的价值活动。第三，财务标准应该灵活到足以反映价值活动可能会随着时间的推移而发生变化这样一个事实。

3. 资源均衡状况评估

以上的分析有助于我们对来源于独立的产品、服务或业务单位的战略能力进行考察。在许多企业中还有一个同样重要并具有互补性的问题，即在一定程度上，企业的资源均衡应该作为一个整体考虑。下面对此进行分析。

（1）波士顿矩阵。

波士顿矩阵（见图2－9）是美国波士顿咨询公司（BCG）在1960年为一家造纸公司客户提出的一种投资组合分析方法。

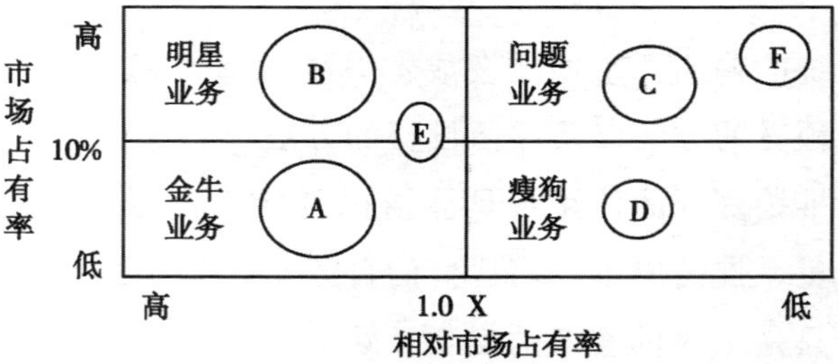

图2－9　波士顿矩阵

这种方法是把企业生产经营的全部产品或业务的组合作为一个整体进行分析，常用来分析企业相关经营业务之间现金流量的平衡问题。通过这种方法，企业可以找到资源的产生单位和这些资源的最佳使用单位。

波士顿矩阵的分析前提是认为企业的相对竞争地位（以相对市场份额指标表示）和业务增长率（以市场增长率指标表示）决定了企业业务组合中的某一特定业务应当采取何种战略。企业的相对竞争地位越强，其获利率越高，该项业务能够为企业产生的现金流越大。而市场增长率越高，则表明企业获取更多市场份额的机会越大，企业获取利润和现金投入的需求也越大。

在图 2 -9 中，横轴表示企业在行业中的相对市场份额地位，是指企业某项业务的市场份额与这个市场中最大的竞争对手的市场份额之比。以 1.0 ~1.5 为分界线，分高、低两个区域。纵轴表示市场增长率，是指企业所在行业某项业务前后两年市场销售额增长的百分比。以 10% 的平均增长率作为增长高、低的界线。纵坐标与横坐标的交叉点表示企业的某一项经营业务或产品，而圆圈面积的大小表示该业务或产品的收益与企业全部收益的比。

根据有关业务或产品的行业市场增长率和企业相对市场份额标准，波士顿矩阵可以把企业全部的经营业务定位在四个区域中，分别为：

高增长/弱竞争地位的“问题”业务：这类业务，通常处于最差的现金流量状态。一方面，所在行业的市场增长率高，企业需要大量的投资支持其生产经营活动；另一方面，其相对份额地位低，能够生成的资金很小。因此，企业在对于“问题”业务的进一步投资上需要进行分析，判断使其转移到“明星”业务所需要的投资量，分析其未来盈利能力，研究是否值得投资或寻求合作等问题。

高增长/强竞争地位的“明星”业务：这类业务处于迅速增长的市场，具有很大的市场份额。在企业的全部业务当中，“明星”业务在增长和获利上有着极好的长期机会，但它们是企业资源的主要消费者，需要大量的投资。为了保护或扩展“明星”业务在增长的市场中占主导地位，企业应在短期内优先供给它们所需要的资源，支持它们继续发展。

低增长/强竞争地位的“金牛”业务：这类业务处于成熟的低速增长的市场之中，市场地位有利，盈利率高，本身不需要投资，反而能为企业提供大量资金，用以支持其他业务的发展。

低增长/弱竞争地位的“瘦狗”业务：这类业务处于饱和的市场当中，竞争激烈，可获利润很低，不能成为企业资金的来源。如果这类经营业务还能自我维持，则应该缩小经营范围，加强内部管理；如果这类业务已经彻底失败，企业应及早采取措施，清理业务或退出经营或转移市场寻求合作。

当然，企业把波士顿矩阵作为分析工具时，也应该注意到它的局限性。例如，波士顿矩阵过于简单，在实践中，企业确定各业务的市场增长率和相对市场份额比较困难；又如，按波士顿矩阵的安排，“金牛”业务要为“问题”业务和“明星”业务的发展筹资，那么如何保证企业内部的经营机制能够与之配合呢？因此，企业要对自己一系列经营业务进行战略评估，仅依靠市场增长率和相对市场份额是不够的。

（2）产品—市场演变矩阵。

美国学者胡佛设计了一个具有15个方格的矩阵，该矩阵图可以根据企业在矩阵中所处的位置，判断和分析企业各项业务的状况。如图2－10所示。

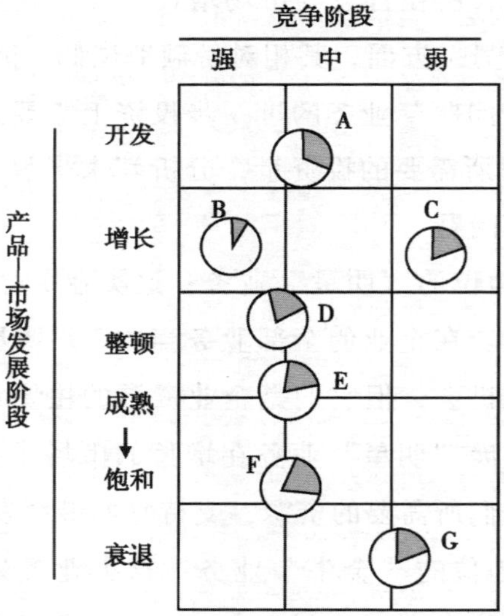

图2－10 产品—市场演变矩阵

产品—市场演变矩阵的横轴竞争地位分为强、中、弱三个档次，纵轴产品—市场发展阶段实际上就是产品的生命周期，它反映产业吸引力，圆圈面积与产业或产品—市场规模成正比，圆圈内扇形阴影部分表示企业某项业务的市场占有率。通过对图2－10的分析，即可对各经营单位选择其适宜战略。

经营单位 A：它的市场份额大，竞争地位强，且正处于由开发向成长过渡的阶段，市场前景好，所以是潜在的明星。对它应追加投资，大力扩张。

经营单位 B：也应是明星，应当追加投资，使其壮大。此时应考虑的问题是市场份额并不大，为何其竞争地位却很强？因此，在分析原因之后，应设法努力扩大其市场份额。

经营单位 C：它像一个幼儿，市场份额小，竞争地位弱，但市场前景好，就似早晨 8 点的太阳，正旭日东升。对它应慎重研究，如其竞争地位可能迅速增强，则应追加投资，使之转变成未来明星；否则可能要放弃，将其资源用于经营单位 A 或 B。

经营单位 D：正处于扩张阶段，市场份额大，竞争地位较强。对它的投资应当用于维持其现有地位，从发展看，D 应当是一只金牛。

经济单位 E 和 F：这两个单位都是企业的金牛，应成为企业投资所需资金的源泉。

经营单位 G：它犹如企业的一条瘦狗。它在短期内应多收回资金，而从发展的眼光来看，则可能要放弃。

（3）技能分析。

以波士顿矩阵为代表的投资组合分析强调的是企业内部财务资源的均衡，企业内的人员个人技能的均衡程度也是企业竞争优势的重要来源。技能的均衡分为两个层次：主管人员的技能组合和业务人员的技能组合。

主管人员的技能组合要考虑主管人员的个性特点、管理技能、解决非常规问题的能力和主管队伍职能的平衡。

业务人员的技能组合要注意这些人员技能的多面性和灵活性，还要注意平衡人员的技术水平和处理人际关系的能力。

4. 柔性分析

对内部资源分析的另一个问题是企业资源的灵活性和适应性，它反映企业适应内外部环境变化的能力。柔性分析包括四个方面：

(1) 确定主要的不确定性因素（包括企业内部与外部的因素）；

(2) 分析目前企业针对这些不确定性因素投入的资源；

(3) 分析企业相对于这些不确定性因素所需的灵活性；

(4) 提出针对这些不确定性因素的行动方案。

下面我们通过一个计算机开发企业的例子来说明，如图 2－11 所示。

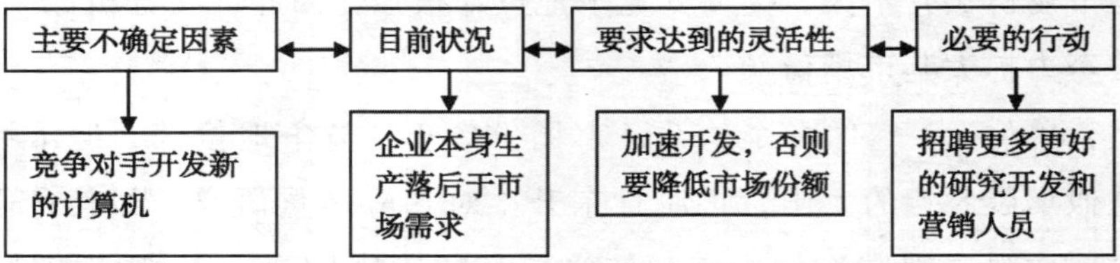

图 2－11　柔性分析

针对上述例子，也可以提出诸如竞争对手的行动、新技术的出现、获取人力资源的困难、货币市场变化以及政策因素等不确定因素的影响。

（二）资源与战略的匹配

在对资源分析的基础上要确认出关键的问题，只有这样，才能对企业的主要优势和劣势以及它们对战略的重要性作出合理的评估。然后，资源分析才能作为判断未来行动过程的标准。常用的分析技术有两种，它们是：SWOT 分析和 SPACE 分析。

1. SWOT 分析

SWOT 分析法是一种综合考虑企业内部条件和外部环境的各种影响因子进行系统评价，从而选择最佳经营战略的方法。这里，S 是指企业内部的优势（Strengths），W 是指企业内部的劣势（Weakness），O 是指企业外部环境的机会（Opportunities），T 是指企业外部环境的威胁（Threats）。

建造 SWOT 矩阵的过程包括如下步骤：

(1) 列出企业关键的外部机会；

(2) 列出企业关键的外部威胁；

(3) 列出企业关键的内部优势；

(4) 列出企业关键的内部劣势；

（5）将内部优势与外部机会相匹配，把作为结果的SO战略填入格中；

（6）将内部劣势与外部机会相匹配并记录得出的WO战略；

（7）将内部优势与外部威胁相匹配并记录ST战略；

（8）将内部劣势与外部威胁相匹配并记录WT战略。

这样，SWOT矩阵由9个格子组成，如图2-12所示。优势—机会（SO）战略是一种发挥企业内部优势而利用企业外部机会的战略。所有的管理者都希望自己的企业处于这样一种状况，即可以利用自己的内部优势去抓住和利用外部趋势与事件所提供的机会。企业通常首先采用WO、ST或WT战略而达到能够采用SO战略的状态。当企业存在重大劣势时，它将努力克服这一劣势而将其变为优势。当企业面临巨大威胁时，它将努力回避这些威胁以便集中精力利用机会。

劣势—机会（WO）战略的目标是通过利用外部机会来弥补内部劣势。适用于这一战略的基本情况是：存在一些外部机会，但企业有一些内部的劣势妨碍着它利用这些外部机会。例如，市场对可以控制汽车引擎注油时间和注油量的电子装置存在着巨大需求（机会），但某些汽车零件制造商可能缺乏生产这一装置的技术（劣势）。一种可能的WO战略是通过与在这一领域有生产能力的企业组建合资或合作企业而得到这一技术；另一种WO战略可以是聘用所需要人才或培训自己的人员，使他们具备这方面的技术能力。

优势—威胁（ST）战略是利用本企业的优势回避或减少外部威胁的影响。在很多产业中，竞争企业模仿本企业的计划、创新及专利产品构成对企业的一种巨大威胁。但这并不意味着一个很有优势的企业在前进中总要遇到威胁。

劣势—威胁（WT）战略是一种旨在减少内部劣势同时回避外部环境的防御性技术。一个面对大量外部威胁和具有众多内部劣势的企业的确处于不安全和不确定的境地。实际上，这样的企业正面临着被并购、收缩、宣告破产或结业清算，因而不得不为自己的生存而奋斗。

2. SPACE分析

SPACE（战略地位与行动评估矩阵）方法的用途在于确定企业的战略

优势与劣势 机会与威胁	优势（S） 1 2 3 4 列出优势 5 6 7 8	劣势（W） 1 2 3 4 列出劣势 5 6 7 8
机会（O） 1 2 3 4 列出机会 5 6 7 8	SO 战略 1 2 3 4 增长战略 5 6 7 8	WO 战略 1 2 3 4 防御转型战略 5 6 7 8
威胁（T） 1 2 3 4 列出威胁 5 6 7 8	ST 战略 1 2 3 4 多样化战略 5 6 7 8	WT 战略 1 2 3 4 防御战略 5 6 7 8

图 2－12　SWOT 分析表格

地位和它每一项业务的战略地位。实际上，这种方法帮助企业确定它所处的行业的吸引力和企业在市场上的竞争能力。

如图 2－13 所示，战略地位与行动评估矩阵用四维坐标进行评估，SPACE 矩阵的轴线分别代表了两个内部因素：财务实力（FS）和竞争优势（CA），两个外部因素：环境稳定性（ES）和产业优势（IS）。

根据企业类型的不同，SPACE 矩阵轴线可以代表多种不同的变量。表 2－1是一些普遍采用的变量。

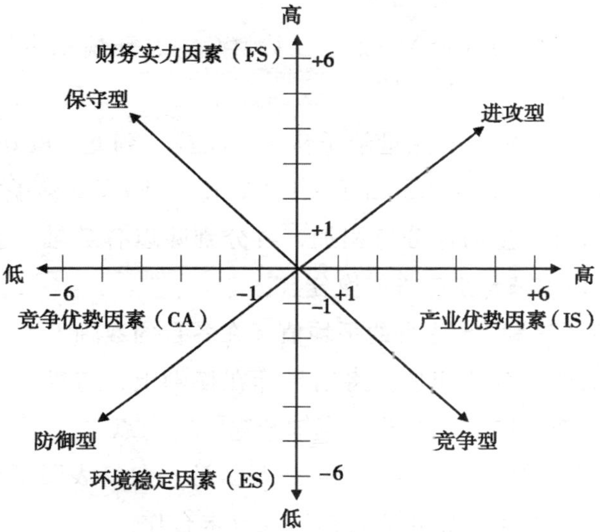

图 2-13　战略地位与行动评估矩阵

表 2-1　企业内外部影响变量

内部因素	外部因素
财务实力（FS） 投资收益 杠杆比率 偿债能力 现金流量 资本需要量与可供性 退出市场的难易程度 经营风险	环境稳定性（ES） 技术变化 通货膨胀率 需求变化 竞争产品的价格范围 市场进入壁垒 竞争压力 价格需求弹性
竞争优势（CA） 市场份额 产品质量 产品生命周期 产品更新周期 用户忠诚度 竞争能力利用率 专有技术知识 对供应商和经销商的控制	产业优势（IS） 增长潜力 盈利潜力 财务稳定性 专有技术知识 资源利用率 资本密集度 进入市场的便利性 生产效率与生产能力利用率

建立 SPACE 矩阵的步骤如下：

选择构成财务实力（FS）、竞争优势（CA）、环境稳定性（ES）以及产业优势（IS）的一组变量。

对构成 FS 和 IS 轴的各变量给予从 1（最差）到 6（最好）的评分值。而对构成 ES 和 CA 轴的各变量给予 -1（最好）到 -6（最差）的评分值。

将各数轴所有变量的评分值相加，再分别除以各数轴变量总数，从而得出 FS、CA、IS 和 ES 各自的平均分数。

将 FS、CA、IS 和 ES 各自的平均值标在各自的数轴上。

将横轴上的两个分数相加，将结果标在横轴上；将纵轴上的两个分数相加，将结果标在纵轴上。并标出横轴和纵轴的交点。

自 SPACE 矩阵原点至交点画一条向量。这一向量表明了企业可采取的战略类型：进攻、竞争、保守或防御以及寻求合作。

通过 SPACE 分析可得出的各种战略态势的例子如图 2-14 所示。

各种态势对应的向量表明了应采取的战略类型：进攻型、竞争型、防御型和保守型。

进攻型：这种战略适用于吸引力强、环境不确定性极小的产业。公司或企业享有一定的竞争优势，并可利用财务实力加以保护。处于这种情况下的企业或公司可采取发展战略。

竞争型：这种战略在吸引力强的产业尤为明显。企业处在相对不稳定的环境，占有竞争优势，但缺乏财务实力。因而，处在这种情况下的企业应寻求财务资源以增加营销努力。

防御型：企业处于日趋衰退且不稳定的环境，企业本身缺乏竞争性产品并且财务能力较弱。此时，企业应该考虑退出市场。

保守型：这种状态在稳定然而发展缓慢的市场比较常见。企业的财务实力较强，其关键问题是产品的竞争能力。处在这种地位的企业应该削减其产品系列或寻求合作伙伴，争取进入利润更高的市场。

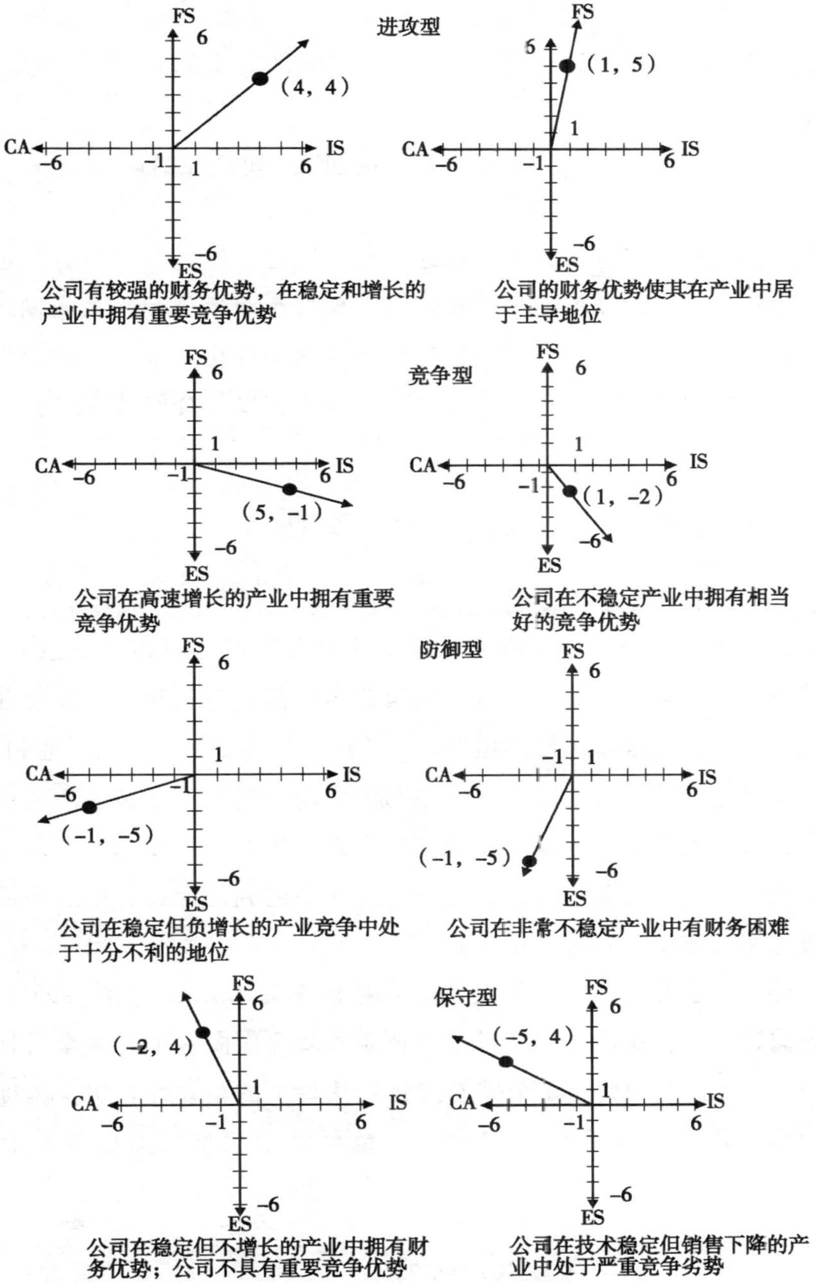

图 2－14　四种类型战略地位与行动评估矩阵

SPACE矩阵分析由于有多种可能的组合，因此增加了分析的复杂程度。这在实际应用中根据需要并结合实际情况建议可采取的竞争类型。[1]

第二节　两岸制造企业之间的合作

根据前面的环境分析，我们在这一节开始着重探讨两岸制造业企业之间合作的可能性，以及探讨如何在市场上保持企业地位和未来的发展。在一个不稳定的环境下，合作可以创造稳定且适应变化的增长。关于合作的定义、合作所要达到的目标、合作的种类和内容以及合作技术等在下面作更为详细的分析研究。

一、合作的定义、目标以及合作种类和内容

（一）合作的定义

所谓合作就是在一项共有的工作中几个参与者之间相互联系的行为；或者说合作就是参与者共同完成一项事先达成的任务的事件。在实现任务的过程中，所有的合作伙伴共担责任。实现合作一般需要信息沟通和协调。信息沟通是指在经济联合的系统中参与者之间信息的有效传递。为避免任务重复，整个系统的每一项行为都要被合理安排并分配妥当。这种安排就成为协调。协调同时还包括解决在分工协作中遇到的问题。信息沟通对协同成败起关键作用，同时合作又需要广泛的协作关系。

此外，关于合作的进一步定义是由德国学者Kocian等在1995年提出的。他们认为，合作就是两个或多个企业或公司面向一个或多个目标的互利性协作行为。其中每一个公司在经济和法律上的独立性在很大程度上不变。通常，作为专业术语的“合作”也可以用战略联盟或战略合作来代替。

---

[1] ［日］门田安弘著，王瑞珠译：《TOYOTA新丰田生产方式》，河北大学出版社2002年版，第3～21页。

（二）合作的目标

通常，建立战略合作或联盟的目的就是为了降低不确定性和竞争的激烈程度，或者增强活力。在当今世界，由于全球化带来的制造业资源共享以及日益复杂的市场环境，一方面，通过集中力量来提高核心竞争能力，已成为跨国公司在极力维持和进一步提高自己在市场中的地位的重要手段；另一方面，这又需要非核心竞争能力业务更大的外部采购或分包。为此，不论哪一个企业，都更依赖于其他的企业或公司。为确保不得不强烈依赖的那些关键的合作伙伴会信守合同或业务上的许诺，战略联盟就应运而生。如果两岸企业能够形成战略联盟，就会使两岸企业在合作中建立实际有效的接口以集成它们的业务过程。通过制造业建立合作接口，产品发展的效率和速度、运作计划的水平以及产品的销售量和市场占有率都会得以提高。最终的结果也就提高了两岸企业的竞争能力，减少可怕的环境和市场的不确定性带来的风险。关于合作的战略目标可参考第一章第二节有关分析，这里不再赘述。

（三）合作的种类

如果两岸企业选择了合作，那么究竟哪种合作种类或类型才会达到目的需要我们从不同角度进行探讨。有关企业间合作的课题，从欧美国家角度看目前进展很大，多种类型被用来描述企业之间的关系。德国亚琛工业大学机床和产品制造实验（WZL）对合作类型作了简单的分类（见表2－2）。

表2－2　一般合作类型的比较

	合并，接管	合资企业	战略性合作	外购或外包	反向投资或出售
能力	强烈的增长	强烈的增长	增长	下降	失去
资金、技术	很高	高	低	低	/
柔性	低	低	高	高	低
任务复杂度	很高	很高	高	低	低
承担义务	资金投入	合作合同	小型合同或协议	购买合同	/
内部关系	控制	控制	信任	控制	/

资料来源：WZL，RWTH Aachen

企业间的全部集成被称为合并，兼并是指一个企业将另一个企业收购。合资由两个或多个经济相关但法律上相互独立，有共同目的的伙伴组成。这些分散的伙伴之间的关系是被市场驱动的。但合作多于竞争而且相当稳固。战略合作的一个通常的目标是价值链的最大化。商品外购表明了一家企业的购买力和企业内部提供的其他服务。将企业里不与战略直接挂钩的部门卖给其他企业，这种行为称为反向投资或出售。

在表 2－2 中，选择六个参量来比较合并、合资、战略性合作、外购和反向投资。能力的增加、最终的支出、必要的资金、可实现的柔性、任务的复杂性、合作伙伴之间的关系和承诺是一个成功的合作最重要的因素。

企业的行为都试图聚集在其核心竞争力上。因此，就会和那些能对其核心竞争力有所帮助的企业建立密切的伙伴关系。企业里那些与核心竞争力不适应的部门就可能被卖掉。合作伙伴的关系越密切，建立一个高效的信息支撑平台、一个一体化的组织和合作文化所需的投资就越高。合并或合资需要的高投资反映了一体化的复杂程度。在竞争激烈的环境里成功生存的通常策略是柔性组织。密切的关系没有松散的关系那么灵活。合作伙伴在法律上相互独立的分散组织比合并或合资更灵活，但也需要不同的控制系统。合并或合资企业间的关系特点是集中管理，分散组织需要更多的相互信任和尊重。决策过程建立在很多平等伙伴相互讨论的基础上，而不是命令或少数人的管理。他们也需要更多的处事技巧，代替了集中统一的技术概念，很多分散的技术必须是一体化和相互联系的。

战略合作有几种类型，对中小型企业战略合作带来很多进步。每一个成员专注于自己的核心能力，整体则具备了制造一定产品的必要能力。因为没有大企业那样的领导集团，所以相互信任很重要。每一个成员必须清楚他们在这个合作里扮演的角色和承担的义务。一个战略合作不是仅仅因为合同而联系在一起。因此，在一定程度上需要文化相容。一体化的复杂性需要的投资也没有合并那样多。

Luczak 等还提供了一个分析合作的更详细的图解（见图 2－15）。这个图解可以用来根据以下因素对合作进行描述、评价和比较[1]：

（1）文化尺度：普遍目标，相互信任，普遍价值；

（2）组织尺度：特殊性，结构，调和性，服从形式的程度，产品和服务的交换频率，领导集团；

（3）合同；

（4）稳定性；

（5）后备力量；

（6）生产和人才资源；

（7）信息和交流技术。

所有的合作都有一定的目标，即其存在的原因。一般地，每一个企业关注于给顾客提供一定的服务。提供服务的过程，如产品的开发和生产过程，把参与的企业都联系起来。对相互关系要求很苛刻的服务行业建立密切的关系是很重要的。像可实现的选择性服务一样，产品或服务的交换频率也决定了相互关系是否重要。因此，过程和合作伙伴的能力决定了合作的结构。Klink 定义了树形、线形、星形和环形合作结构（见图 2－15）。[2]

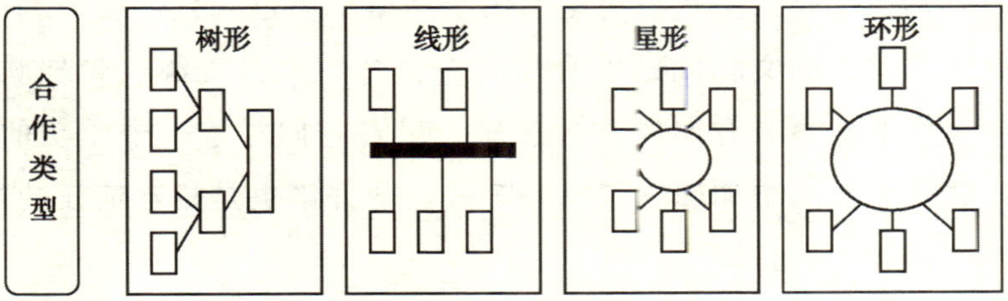

图 2－15　合作结构类型

另一个有关合作结构的重要因素是合作的变化性。产品和计划的变化伴随着合作成员的变化。实际的企业发展正像我们在后面将要探讨的是建立在短期或某个项目的基础上，此外我们还要探讨长期和中期合作的稳

[1] Gill C，Liestnann V，Bleck S：Strategisches Management von Unternehmenskooperationen. Ed Luczak H，Schenk M. VDI Publishing House Dusseldorf，Germany，257～270.

[2] 英国会计师公会：《企业分析》，上海教育出版社 2003 年版，第 20～35 页。

定性。

合作的基本结构和它的变化以及控制和通信决定了对合作的主要驱动。提供服务的过程、产品开发的过程、物流从原料到最终产品的过程是由信息流来控制的。就像能够和愿意合作的人员一样，这个信息流需要规则、信息和通信技术。运行这个组织需要的通信和控制的数量由后备力量决定。如果一定的服务可以由几个合作伙伴来提供，而且相互交换的关系和趋势是柔性的，那么，对控制和通信的需要比固定的合作要高。一些战略合作能体现出一个或多个成员的优势。如果一个成员控制市场通道，他就在规范合作和定义规则上有很强的地位。一整套合作规则将在合作的契约上定义。当然，一个战略合作可能因为一个好的契约而成功，也可能导致失败，尽管一个好的契约可以使合作变得简单。

合作的成功最终取决于文化的交融。两岸合作既有有利的一面，也有不利的一面。技术可以购买，但是改变企业文化要困难得多。一个战略合作可以是全球性的、国际性的、民族性的或者地区性的。而两岸合作在政治文化方面比较复杂，在人文方面又相对比较容易融合，这方面的情况将在后面关于合作的要素里重点讨论。由于两岸距离近，合作有便利的条件，因此带有急需解决的文化问题的合作简单得多。人力资源、管理软件问题比如交流合作的能力和意愿经常被忽略，尽管它们对于一个成功的合作非常重要。共同利益的增加确立了每一个成员的许诺也是相互信任的基础。

（四）合作的内容

合作产生的增加值取决于制定的目标以及两个或多个合作伙伴的相互作用。合作的原则，即每个成员从合作中获利是合作关系非常重要的驱动力。任何的合作都建立在明显的一致性的基础上，它也明确了合作存在的时代特征。战略合作的参与者都是自愿的，所有成员都要遵守合同和规则。每个成员保护其自身的法律独立性。合作的前提是每一个成员根据合作的需要有改变自己服务和生产的能力和意愿。

合作经营或生产必须解决共同完成的使命问题。其中四个关键问题如产品与市场、信息与组织、生产技术以及人力资源是特定的。一个战略合作不仅要关心产品创新、产品质量以及投放市场时间，开拓新市场和寻找新原料来源，还要关心员工计划及招聘、员工发展和社会竞争能力。技术创新领域还要加强生产技术的投资、制造能力、控制生产过程的信息传递能力从而提高增值能力。合作影响多个方面，一般情况下，制造企业之间的合作涉及产品生命周期的全过程。提高制作工艺水平、策划运作过程、生产和销售都应是为了达到订单处理的最佳效果。这几个领域都是整个增值链的组成部分，包括以下几个重要方面（见图2－16）：

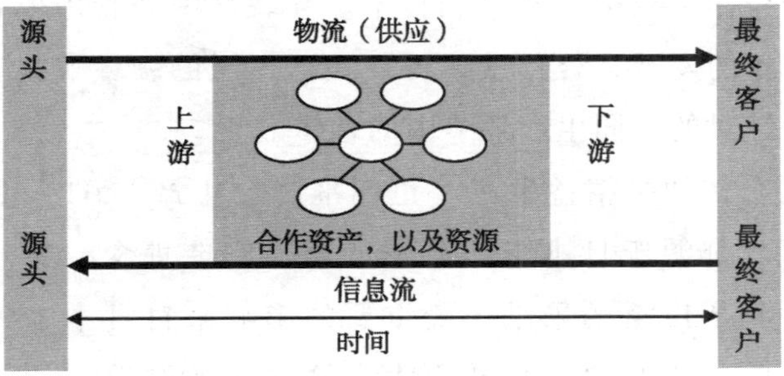

图2－16 合作增值链情境网络

（1）合作的资产：产品和原材料；

（2）物流：传送、处理和运输；

（3）信息流：控制与通信；

（4）资源：生产资料、信息通信技术和人力资源。

图2－16对合作的基本考虑："我们的合作组织"与上游的供应商和下游的最终客户相联结。如果我们为这一基础模型加上物流与信息流，并且围绕网络系统设定一个界限，即增加了时间量纲。资源从初级生产者经由网络中不同的阶段流动到最终客户那里。物流代表网络系统中响应下一级组织需求产品的供应。信息流在网络系统中由最终客户向前面的组织传输需求。时间量纲解决以下问题：从初级源头到最终客户需要多久？也就是说，产品从供应链的一端经由不同的阶段流动到供应链的另一端需要多长时间？时间是非常重要的，因为它能够衡量一个网络系统响应最终客户需求的速度的快慢。事实上，"流"的概念就是建立在时间基础之上的。这

里的要点是应该把供应网络看作一个整体。这些流要根据其与网络中其他流程之间的互动关系理解。没有哪个组织可以是一座孤岛：网络中其他参与者的行为会影响到合作的投入与产出。[1]

制造业的合作并不是什么新鲜事物。在过去的几年中，欧美发达国家或地区中小企业间各种频繁的合作关系已经在越来越广泛的领域中蓬勃开展。信息技术的日新月异更支持并深化了这种合作关系的产生。各种新的名词纷纷涌现：远程合作、计算机协同工作、云管理模式等都是用来描述所建立的新型合作关系中的理念和技术。互联网中云管理模式的推广更是便利了远程合作的发展，合作伙伴可以在更广泛的领域实现合作，并且确定不同类型所针对的不同生产环节中的合作。

走向深化合作的是精益生产（也叫准时制生产，JIT）和全面质量管理。这两个概念都源于日本丰田公司的合作制造理念。这一理念在很多工业领域都得到了广泛的采纳。最重要的影响来自日本丰田公司把准时制作为生产系统的支柱之一，从而大大增强企业制造的活力。日本汽车制造商在生产能力和质量上的领先地位使得欧美制造商开始构思精益生产的概念。精益生产追求的是一种与传统的批量生产截然不同的运营方式。传统的福特式大量生产方式库存量高、生产能力较低而质量较差。而精益生产可以大大节约资源，减少浪费。换言之，精益制造可以降低成本、增加产品种类以及提高产品质量。而今天我们不再说精益生产，而是说精益企业，以此来强调精益的概念已经从生产扩展到了设计、开发、物流等各方面。其实在合作中，准时制和精益概念有着十分密切的关系。

1. 准时制（JIT）

事实上，准时制是一种内容相当广泛的管理思想。它追求的是在所有的商务流程中消除浪费、提高质量以及对市场的快速响应。在实际操作中，

---

[1] ［英］艾伦·哈里森、瑞莫克·万·胡可著，方海萍、魏清江译：《物流管理与战略》，电子工业出版社 2003 年版，第 6～10 页。

准时制体现为一系列的工具和技术，这些工具和技术为我们的制造业“向浪费开战”提供了冲锋陷阵的利刃（详细内容请参考《新丰田生产方式》❶）。

2. 精益思想

由于精益思想被用来对比日本汽车制造商所采用的准时制生产方法和大多数西方国家制造商所采用的批量生产方法，因此精益思想作为一个术语得到了广泛发展。日本的汽车制造商通过开发最低浪费程度的生产流程来响应存在和资源短缺。最大程度减少浪费的原理从车间逐渐延伸到各个生产领域。从制造业逐渐延伸至新产品开发和供应链管理领域。精益思想一词是指消除企业各个方面的浪费。

站在客户角度来看，精益思想是通过消除浪费来追求完美的循环路线，并且由此产生价值。最终客户不应该承担供应网络中因流程浪费而引发的成本、时间和质量方面的损失（见图 2－17）。

（1）规定价值；

（2）确定价值流；

（3）创造价值流；

（4）拉动计划方法。

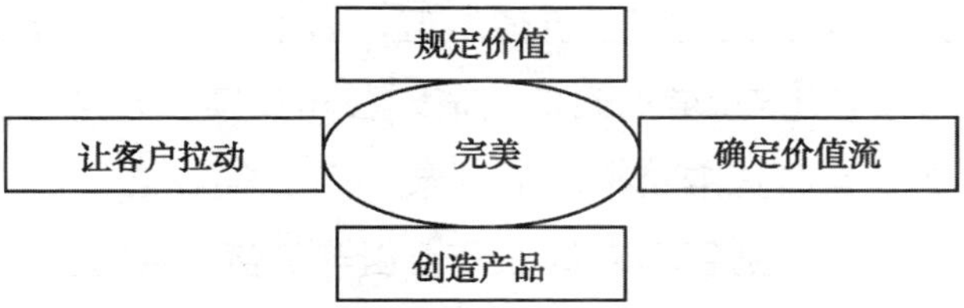

图 2－17　精益思想原理

（资料来源：根据沃马克和琼斯，1996）

（1）规定价值：从客户角度出发，规定价值。那么价值从何而来呢？这主要从两方面来考虑：一是投资回报（ROI）；二是附加经济价值

❶ ［日］门田安弘：《新丰田生产方式》，河北大学出版社 2002 年版，第 3～13 页。

(EVA)。

投资回报（ROI）是税前利润占所用资本的百分比：即 ROI% = 100% ×利润/雇佣资本。投资回报（ROI）也可以被看作是利润率和资本利用率的运算结果：

ROI = （利润/销售额）×（销售额/所用资本）

尽管在衡量一个公司或企业管理层的表现如何时，ROI 是一个重要的衡量标准，但是，今天的人们认为 ROI 并不全面，它没有把 ROI 和投资者要求的回报进行比较。要求的投资回报率将取决于预期的投资风险再加上投资者的机会成本（机会成本是本来应该从下一次更好的投资中赚得的资金收入）。二者合起来，预期风险和机会成本共同构成了“真实的资本成本”。ROI 仅仅描述了一项投资的总回报，不包括在创造回报时所产生的风险值。所以，对于一个组织是否为股东创造了价值，ROI 并不是一个充分的衡量标准。只有当 ROI 大于对额外风险的抵偿时，公司才创造出了价值。而附加经济价值（EVA）则更好地反映了股东的回报。

附加经济价值（EVA）等于投资回报减去真实的雇佣资本成本[1]（对于投资者而言）。EVA = ROI - 真实的雇佣资本成本

实际上，EVA 是雇佣资本的回报减去雇佣资本的筹资成本的值。如果 EVA 是正数，那么企业就实现了价值增值；如果 EVA 是负数，那么价值就被消耗掉了。为了使 EVA 增加到最大值，公司鼓励管理层把 ROI 增加到最大值，同时要把真实的资本成本降低到最小值。换言之，EVA 的使用就是为满足股东的期望，鼓励管理人员充分地创造价值，同时降低资本成本。

另外，波特的价值链概念认为，有两种活动会影响客户的价值。第一种是将原材料转变成为成品，然后对其进行分配、销售和服务的主要价值活动。第二种是巩固主要活动所必需的支持活动，如设计产品和生产、分销流程。

---

[1] 真实的资本雇佣成本是指当使用由借款（银行贷款等）和股本（股东的资本）筹集的资本时，组织需要支付的费用。真实成本可以表示为加权的平均数。

（2）确定价值流：根据价值的概念，下一个原理就是确定整个供应网络的流程顺序。流程改善是组织基于时间改变其经营方式，在业界获得了应有的认可。为杜绝时间浪费，一个好的组织必须重新根据竞争战略的需要设计流程。流程设计的关键是关注客户真正关心的那些事，抵制除此之外的一切不必要的事。真正意识到只有掌握时间先机，才能不断取胜。

公司基于时间机遇增加价值有多种方式，以更好地满足客户的需求，从而增加价值。最常见的方式有：提高对客户需求的响应能力；增加多样性；增加产品创新；改善新产品的收益；较少地依赖预测，从而降低风险。

此外，公司还可以基于时间机遇降低成本：基于时间竞争的一个关键要素就是降低成本，在流程中消除不能带来增值的时间，从而提高生产率。这意味着要确定并且杜绝在客户眼中不能够真正增值的前置时间浪费和不必要的任务。终止不必要的任务以及杜绝时间浪费能够通过以下几种方式实现降低成本：降低对营运资金的要求；降低对生产车间和设备的需求；降低开发的成本；降低质量成本。

（3）创造价值流：本质上，创造价值流就是对准时制的应用。最少的延误，最低库存、缺陷和停工时间对供应网络的价值会起到支持作用。简单性和直观性是满足上述关键因素的基础。

（4）拉动计划方法：实施准时制的规则是只对需求量更大的客户信号作出响应。这说明，整个供应链的需求信息都是有效的。只要有可能，企业就采用从生产的现货中，而不是库存中供货。只要有可能，企业就利用客户订单，而不是预测。

尽管上述某些概念可能脱离现行的惯例，但是精益思想却遵循“大准时制”的基本原理：追求完美。追求完美是第（5）个原理，并且我们通过不断改进现行的一切工作和消除每个步骤的浪费[1]来达到完美。

精益思想依据的是浪费最小化的简单原理。这一概念几乎可以应用于所有公司或企业的所有商务流程中。鼓励公司应用精益思想的一个简单方法是让他们推行单项流，即贯穿公司流程的是一种批量产品。这样，公司才会变得更加精益。

3. 快速响应

准时制和精益思想另一个应用是快速响应理念。快速响应（QR）是通过在合适的时间和地点，以合理的价格供应合适的数量、种类和质量来满足客户需求的一种方法。支持 QR 的理念基本上将一个行业视为一条完整的供应链。从这个角度出发，企业可以了解整体绩效以及绩效不佳的原因，并且确定改善的机会。

QR 和 JIT 具有许多共同点，供应网络的各个部分都应用了“按需生产”的相同原理。在零售商与供应商之间的分销管理流程中，QR 自始至终都是采用拉动原理。而 JIT 在整个供应网络中也采用这一原理。就 QR 而言，产品都是按照客户需求供应给零售商的。供应商准时向零售商支付供销售的产品。支付给零售商的产品推动供应商进行再生产，进而在供应链中以准时制的方式拉动零件。

综上所述，正是由于上述原因，ISO 9000 质量标准和全面质量管理的概念应运而生了。在准时制生产和全面质量管理出现的同时，厂商必须努力使产品的设计与生产计划协调一致，以达到更好的同步性与合理性。无论消费者、工程师、设计者、买方还是市场运作人和供应商都将兴趣集中到生产高质量的产品和尽量缩短产品进入市场的时间上，他们认为这才是

---

[1] 精益思想杜绝七种浪费。(1) 生产过剩的浪费：制造或交付过多、过早或以防万一。(2) 等待浪费：出现在时间没有得到有效利用的情况下。(3) 运输浪费：零件从一个流程向下一个流程的移动不会增加任何价值。(4) 不当流程作业的浪费：这种浪费是指该流程对于弥补不合格品的缺陷毫无助益。(5) 多余库存的浪费：库存是流程受到干扰和流程出现缺陷问题的标志。(6) 库存不仅会隐藏问题，而且会延长前置时间并增加空间要求。多余行动的浪费：如果操作员必须付出过度的努力，那么他们的努力就属于多余的行动。(7) 不合格品浪费：生产不合格品会浪费时间和金钱。

最重要的。外购作为精益生产的必然结果已经成为制造商最通用的方式。供应商的角色也由以前的生产和交付整个的产品或零件变成了现在的生产和交付小的零件和加工元件。整个生产已经变成了几个制造商分工合作的过程。越来越多的协调和通信直接促使了远程合作技术的发展。而技术的突飞猛进又推动了新型生产方式——协作并行工程，简单地说就是远程产品开发。

从精益思想来理解合作的概念将更为简明，图 2 – 18 给出了一个在制造商之间所广泛存在的各种合作关系的概况，并且确定了不同合作类型所针对的不同生产环节。

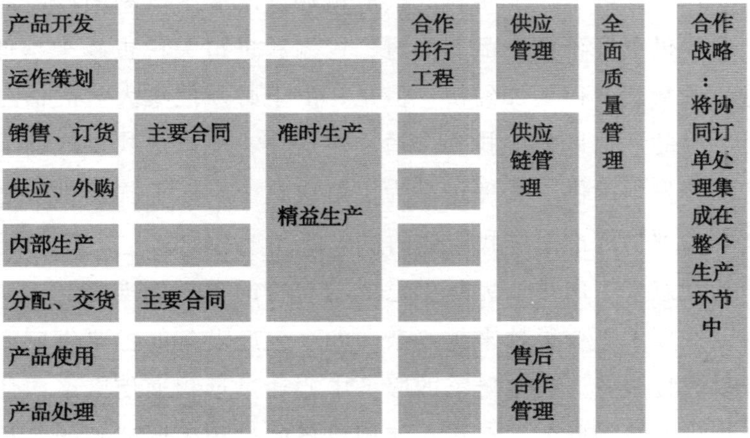

图 2 – 18　合作的概念

在某种特定的工业生产中，尤其是依赖订货的生产或小批量生产中，加工中心的工具交付时间将显著地影响整个生产过程周期。如果工具的生产是采用外购的方式，那么与供应商的合作可以完全节省交付工具的时间。❶

20 世纪 90 年代中期，供应链管理的概念在美国开始出现。零售商们

❶ 郑力、［德］Frank Possel-Doelken 编著：《合作制造方法、技术与应用》，清华大学出版社 2003 年版，第 12 ~ 25 页。

通过与供应商交换更多的信息来努力减少库存。有时，供应商甚至于完全主宰了仓储的管理。这种概念的核心最终转移到了从原料加工到最终产品的整个供应链条上。为了使各种所需要的信息得到及时的利用，电子数据交换系统和管理新型供应链的软件系统成为实现这一切的基础。

随着消费者需求的种类增加，产品的种类也呈上升趋势。为了避免为保障供货能力而形成的大范围的仓储负担，一些制造商将依靠存货的生产转变为依靠订货的生产。即时信息技术和计算机网络集成制造技术使工厂可以进行更加复杂的生产，使大范围地生产客户需求的产品成为可能。这就是所谓的大批量客户化生产。

经济全球化开辟了一个崭新的供应市场。发展中国家的厂商能比发达国家的厂商提供更廉价的产品。同时，运输和进口关税也越来越低，这样从别国进口原料就变得更加经济。但是，由于必须搜集大量的信息以及对它们进行准确的评估后才能找到合适的供应商，所以寻找供应商成为难中之难。产品开发中的供应管理正是为了解决这个问题而提出的。它通过努力发展技术和评估标准来寻找合适的供应商。

客户的满意度一向被认为是生意成功与否的重要标准之一。在世界销售市场中，这项工作变得越来越复杂。如今生产设备的主要供应商为他们的客户提供远程服务。设备厂家的服务中心通过远程通信网络向使用设备的生产商提供便捷的服务。客户在使用设备的过程中所遇到的各种问题都可以迅速得到解决，这样就节省了设备厂商专家到客户那里解决问题的时间和成本。

在精益生产过程中，向客户提供服务意味着客户的要求可以得到及时有效的解决。在供应链中，厂商必须将注意力集中到如何更好地满足客户的需求上。这样做，一方面可以更好地调试和维修已经售出的产品，另一方面厂商应该对其已经售出的产品，尤其是客户已付款的产品所出现的各种问题作出迅速的反应和合理的处理。

在发达国家，许多厂商必须面对更多的环境保护问题。产品生命周期设计概念的提出正是描述了产品生产过程中包括生态环境的保护的各个方面。在一些工业生产中，厂商必须担负起产品回收再循环利用的责任。产品的循环再生已经成为厂商的重要支出。售后绿色服务与生产中的绿色服务对于优化生产过程同等重要。在制造过程中，各种剩余的材料更多了。因此，如何利用这些剩余材料，将其再回收利用，也同样意味着和其他厂商之间的合作。

厂商合作的最终目的是建立起包括整个生产过程在内的合作信息网络。在这个战略性网络中有更多由长期合同所组成的稳定的计划安排，而这一切都与虚拟的网络系统不同。虚拟的网络系统将合作仅仅局限于某个具体的方面。虚拟的网络系统具有较高的灵活性和流动性，同时也意味着对其的控制具有更高的难度。

二、合作周期

在增值环节中，成功的合作取决于下列几个关键要素：合作目标的定义、任务的分配和指派、特定企业功能的共同执行、每个成员经济地位的限制以及知道合作中一个成员的失败对其他成员执行过程的影响。任何合作项目的成功都取决于这些方面。因此，建立运行机制，改善运行效果需要在合作中沟通和指导。

（一）合作阶段

一些欧洲研究机构已经提出建立合作网络的概念。德国的 Fraunhofer 工厂作业与自动化研究所（IPA）发表了一个七步过程的增值网络概念，Fraunhofer 物流与供应链学研究所（IML）的 Kuhntal 提出了合作周期的概念。

第一步：定位。在合作执行前，团队需对自身的优缺点、市场和当时的竞争情况进行分析，在此基础上定义一个合作战略。

第二步：初步合作概念。根据战略建立合作所需的事务部门。

第三步：合作伙伴的寻找和选择。每一个合作领域需要寻找有潜力的成员，根据合作战略、能力和文化进行选择。

第四步：网络设计。确定合作目标和内容后，设计网络过程，并且信息与通信组织必须相适应。

第五步：合同设计。每个网络需要清楚的规范，因此需要协商一份合约或合同叙述相关事宜，例如职责、通信规则、资金、利润分配以及合作解散的条件等。

第六步：实行。开始进行工作，将计划投入运行，必要的话根据实际需要进行调整。

第七步：战略合作与发展。由于合作时间长，运作需要监督和控制。为了保护和提高竞争能力，合作要持续调整。

在德国的亚琛工业大学合理化研究所和 Fraunhofer 工厂作业与自动化研究所（IPA）就作过一项工业服务合作的研究项目。它们用一个由分析、定义、实施和合理控制四个阶段组成的模型描述合作的周期。瑞士联邦技术学院 ETH 的 Frigo-Mosca 提出了先进供应链管理体系（Logistics）的合作模型，这是一个补给环节管理的参考模型。它还描述了许多有关合作周期的重要因素。亚琛大学工业工程系的 Luczak 等指出了建立和运行虚拟工厂的条件。由于有关合作次序的 PRO 网参考模型的发展，上述过程和模型的处理在一次合作管理过程中已经过仔细的检验和集成。四个主要阶段组成如图 2－19 所示。

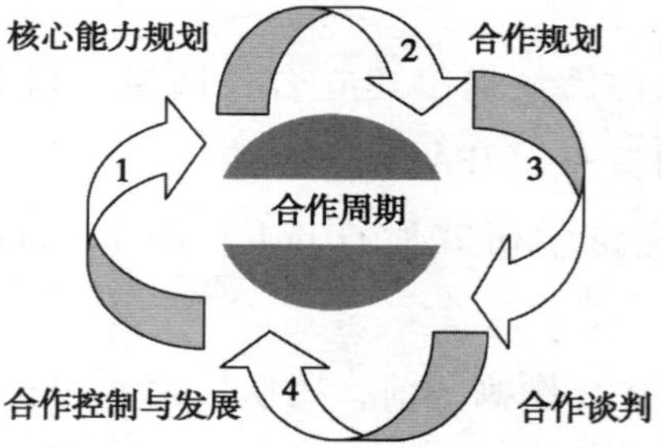

图 2－19　一般的合作周期

在每一种合作类型和领域中，这四个阶段的内容都不同。后面我们将根据两岸合作的特殊需要进行研究和分析。[1]

（二）合作的成功因素分析

合作周期的活动看似简单却有逻辑性，但实现这个过程并注意通用规则并不能保证合作的成功。由于商业压力或政治压力，许多合作项目没有达到最终目标，这些情况的结局通常是合作失败和资金损失。分析合作失败的原因对于定义成功因素是很重要的。以下是对战略合作评估的经验分析，主要从四个因素入手：

1. 人力资源问题（软的因素）

从以往的经验看，导致合作失败主要是人的问题。例如合作目的含混不清；成员间的合作目的不同或对立；独立性的限制；缺乏人际交流的经验与管理；只要多索取而不想多付出；合作概念和合作经验不足；技术知识和理解力不同导致的交流障碍；还有的是被迫合作等。

2. 组织问题（硬的因素）

组织问题主要体现在对市场动态不甚了解；在合作阶段参加人员没有足够的时间来规划和组织合作；核心能力分析不够；合作执行时加入的人员过多；过程和柔性不足；重要数据无法随时随地获得，导致管理工作不能及时了解问题和解决问题。

3. 技术问题（硬的因素）

技术标准化不足；技术柔性不足；商业过程信息支持能力无法使用；没有应用最新技术（将在第三章两岸合作的基本要素分析中论述相关的合作技术内容）。

人们倾向于把精确的组织概念和最新的技术看成企业运行的最重要的成功因素，然而企业战略合作所用的组织和技术只是资源、能力和才干的反映。如果没有人来操纵，即使最先进的技术也变得毫无价值。同样，管理尺度并不会对人们无法理解的想法及固定模式的观念产生任何影响。因

[1] ［英］艾伦·哈里森、瑞莫克·万·胡可著，方海萍、魏清江译：《物流管理与战略》，电子工业出版社2003年版，第14～18页。

此，人力资源被认为是合作的最基本因素。管理和技术的支持仅作为第二位的因素。每个合作的执行，都必须按照这个顺序来进行资源的确定。

4. 政治力量介入问题（硬的因素）

两岸合作最不确定的因素是政治力量的介入，这对合作产生的冲击是无法预知的。例如，在台塑集团投资大陆过程中，在李登辉和陈水扁时代由于政治力量的介入与大陆的合作都没有成功，并导致资金上的巨大损失。目前由于两岸经贸的加强，合作中政治力量介入比过去轻了许多，但尽管如此，一些高科技和敏感性项目的合作还是受到限制，这在两岸合作中是不得不考虑的一项关键要素。

总之，要想成功合作，必须对上述因素进行充分分析，并总结过去一些好的经验，这样未来两岸企业合作的前景才会光明，只有合作才能达到两岸企业的共赢局面。

三、合作中“使能技术”的作用

信息技术的基础是应用统一的产品代码和电子数据交换（EDI）系统。计算机和网络系统的广泛应用，对企业合作各个方面的发展起了很大的推动作用。实际上，软件的支持和技术都能为管理、产品开发以及管理信息系统的观念服务。通常，先是通过经验建立构思，然后衡量优缺点并促成软件的发展，接下来，更多的管理观念形成，并建立了提供新技术的一套模式。考虑到企业间的合作，首先应该有在大市场竞争的环境中存在的意识。

在西方发达国家，最早的数据共享可以追溯到20世纪90年代，然而，合作经营观念的广泛接受，至少也是在5年之后。原因是合作理论的完善跟不上技术发展的步伐。进入21世纪以后，技术成了企业在全球市场赖以生存的关键。特别是供应链概念的广泛开展和使用，信息技术中的数据传输和GPS全球定位系统对供应链的各个环节都具有重要的意义。例如，信息技术的基础是应用统一的产品代码和电子数据交换（EDI）。这一流程包括：零售商在即将开始销售时，根据产品的条形码来收集商品信息。数据通过 EDI 被传输到供应商那里，供应商将该数据与相关存货的库存模型加以比较。如果比较结果令人满意，那么根据模型的要求，供应商会安排零售商需要的特定产品的生产。只要这些产品被生产出来，并且被包装、装运到商店且交付到货架上，这个周期就结束了。

由于每个零售商都有一系列的供应商，而每个供应商又服务于一系列的零售商，因此整个行业必须制定通用的条形码标准。零售商必须具备用以识别售出商品的扫描仪和数据记录系统。零售商还必须具备连接产品及其制造商并订购货物的再订购系统。同一数据格式的各方必须可以就被不同 IT 系统读取的信息进行交流。交易量大意味着处理数据交换的系统必须稳健可靠。只要供应商得知销售额，他就将该信息输入到生产计划系统中，以安排生产进度和供应顺序。

在整个供应链网络系统中，实现信息整合的难度非常大，这一点完全可以理解。特别是对那些没有能力调整 IT 系统及相关培训的中小型企业来说，这种困难显得尤为突出。这些准备成本可能会抑制拥有创新产品的新公司的供应能力。网络应用的最新发展有利于解决这一状况，特别是云计算模式的开发，未来实施数据传输的成本将会大幅下降，为两岸企业间合作开辟广阔的前景。

第三章　两岸合作的基本要素分析

尽管两岸经济贸易往来这些年来获得了显著的发展，但两岸产业并未建立起有效的合作机制与平台，其原因是由于两岸政治关系复杂，导致两岸产业合作缺乏公权力的有效介入而处于自发无序的状态。其结果是，尽管总体上两岸经贸关系的互补性仍占主体，但不容忽视的是，两岸经济间的竞争性趋于增强。这引起两岸各界的高度关注，也对岛内民意及两岸关系产生复杂影响。2012 年台湾《联合报》"两岸关系趋势"民调显示，38% 的岛内民众认为两岸经济呈竞争状态，首次超过认为"互利"和"既竞争又互利"的比重。

当然，从经济角度来看，两岸经济展开竞争是经济全球化的必然产物，一定的公平合理竞争对促进两岸经贸关系健康快速发展具有积极影响，但若两岸进行恶性竞争，不仅浪费大量经济资源，还会严重挫伤两岸相关业者的信心，对两岸经贸关系乃至两岸关系和平发展产生不利影响。因此，两岸只有加快推动产业合理分工布局，展开产业间的合作才能有效避免恶性竞争。值得注意的是，2008 年以来，两岸产业合作取得令人瞩目的成就，两岸成立产业合作小组，积极推动重大项目合作，在 LED 照明、无线城市、冷链物流、汽车等产业取得较大进展，两岸产业搭桥计划也持续推动，这显示两岸新型产业合作正稳步推进。但总体看，由于多因素的制约，两岸产业合作仍有不少等待完善和优化的空间。要真正推动两岸产业合作，需要两岸着眼于构建供应链、生产链、价值链等在内的产业增值链的合作与整合，促进两岸各类生产要素的融合。这一方面需要两岸继续依托 ECFA 推动新型产业合作，另一方面更需要台湾加快推动两岸经贸关系的正常化、制度化与机制化，加快消除目前两岸经济合作中的各种障碍，让市场在两岸资源配置中起决定性作用，并通过先进的信息技术手段，真正推动两岸产业合理分工布局与合作。

信息技术的发展可以为企业间合作提供越来越广泛的支持，而且合作经营的管理者们已经用特殊的技术手段来协调资源的配置，特别是劳动力资源的分配。虽然如此，两岸情况相对复杂，我们还是要面对新的挑战：信息流不像人和货物的运输，它变化得非常快。应用适当的信息科技会使这种变化变为可能。通信系统在没有妨碍流动性的前提下支持且部分替代了传输系统。特别是云计算模式的开发和使用，传统的组织界限正被解除，取而代之的是利用云计算网络结构的互联企业的形成，两岸在这一技术上优势互补，台湾有发达的硬件技术，大陆有优越的软件开发人才，只要建立信任，就可以合作开发云计算管理模式为两岸企业搭建合作的平台，为两岸企业间合作提供支持。随着两岸经济交流和信任的加深，技术性结构正在革新市场和企业。未来两岸之间合作也不用关注于找一个好的地点生产商品和提供服务，更重要的是讨论那些在未来使工作地点分散和独立的可能性，以使资源达到最优配置，实现竞争能力提升，达到互利合作并实现双赢的目标。

两岸合作成功与否取决于如下一些基本要素：文化的交流与融合、两岸政治与法律、ECFA、信任、远程合作技术以及新组织模式与战略管理。

第一节　两岸文化的交流、融合与发展是企业间合作的基石

跨文化的知识在不同国家或地区成功运作企业过程中是非常必要的，文化因素能协助企业合作，进而在世界经济竞争中处于有利地位。两岸文化交流开启了两岸交流的先河，在打破两岸隔离方面起到先锋作用，澄清事实，减少误解，在增进相互了解与感情方面起到较大作用，从而促进了两岸经济与政治关系的发展，并影响了两岸文化背景的互动。

从历史上看，虽然两岸文化同根同源，本为一家。但由于“马关条

约”签订以及第二次世界大战后两岸处于长期分离，致使文化建设在历史发展的进程中形成了各自的特色。台湾文化也孕育了台湾同胞的台湾意识。正如胡锦涛所说的：“中华文化在台湾根深叶茂，台湾文化丰富了中华文化的内涵。”这句话准确地概括了台湾文化与中华文化的关系以及台湾文化的特点。确实，尽管经过近百年的分离，中华文化仍是台湾文化的主体，影响着台湾同胞基本的生活方式。同时，在历史、地理和现实的多重外在环境影响下，台湾文化也兼具自身的一些特色。如台湾文化具有浓厚的闽南文化、客家文化和当地原住民文化特色，同时还受到西方文化、日本文化的影响。使得台湾文化十分丰富多元。因此，台湾文化既有中华文化主体性的一面，又确实有其多元化的一面。台湾文化与祖国大陆文化既有其相同、相通的一面，也存在着需要相互包容、相互借鉴的一面。这是我们所面对的两岸文化交流的现实。这使得两岸的文化交流比经贸交流来得更为复杂，成效也更为缓慢，更需要耐心和包容。此外，文化还影响人的思维习惯、道德标准、行事作风，以及企业管理风格和管理文化的特点。因此，在两岸产业合作中文化因素是非常重要的影响因子，决定合作的成败。

为达到文化的融合与发展，两岸文化交流要高瞻远瞩，胸怀宽广与包容。通过交流，相互学习，相互借鉴，取长补短，努力提高两岸同胞精神生活的水平，逐步形成共同的价值观，在两岸文化的交流与整合中，共同建构起面向中华民族复兴的共同新文化。通过两岸文化交流与整合，从而形成两岸的文化共同体，最重要的是通过文化交流能够建立相互理解和相互交融的企业文化，为两岸企业合作的顺利进行作出贡献。

一、文化的定义

关于什么是文化，专家学者们在文化的定义上到目前为止还不能达成一致。19 世纪 70 年代，人类学家爱德华·泰勒（Edward Tylor）把文化定义为“一切复杂的事物，包括知识、信仰、艺术、道德、法律、习惯和其他人类社会成员获得的能力”。从此，成百上千的定义就陆续出现了。戈耶特·霍夫斯泰德（Geert Hofstede）是一位跨文化差异方面和管理方面的专家，他把文化定义为“集体思想的总和，它区分人类群体成员之间的差异。文化在这一层面包括价值体系，价值是文化的基石”。另一个关于文化的定义是社会学家兹维·那蒙沃斯（Avi Namenwirth）和罗伯特·韦伯（Robert Weber）给出的，他们认为文化是思想体系，并且这些思想组成了对生活的设想和态度。[1]

在这里，我们采纳上述观点，进而言之，文化就是一群人共有的价值观和规范体系，这一体系被综合在一起后，就组成了对生活和工作的态度和设想。价值观指一群人认为是好的、正确的、向往的以及比较抽象的思想。价值观是人们对事物应该怎样发展而预先达成的共识。规范指规定具体情形下适当行为的社会规则和指导方针。我们用社会一词指一群享有一套共同的价值观和规范的人。一个社会可以是一个国家，有的国家拥有几个社会（它们包括多种文化），而有些社会则不仅包括在一个国家里。

因此，作为社会意识形态的文化，是一定的政治、经济和习惯等长期形成的行为方式的反映，同时又给一定的社会政治和经济以巨大影响。

文化的定义还强调，文化有一定的历史继承性，还有阶级性、民族性和多样性。这种文化的属性的说法当然是对的，但我们在两岸交流中重视文化交流的根据是：文化交流不如政治交流那么敏感，也不如经济交流那么重利。在文化交流中可以更多地选择双方都能接受的“中性”主题，包括双方都赞同或不赞同但可容忍的内容，因而文化交流有较大的操作空间。如果将文化和政治与经济的关系理解清楚了，也可以用于两岸企业的合作关系中，因为大文化影响企业文化的形成与发展。

二、文化的决定因素

文化的价值观与规范不是一蹴而就的，它们是在社会中起作用的要素不断进化而来的产物。这些要素包括占主导地位的政治和经济哲学、一个

---

[1] ［美］查尔斯·W. L. 希尔著，曹海陵、刘萍译：《当代全球商务》，机械工业出版社 2007 年版，第 61～80 页。

社会的社会结构和主导的宗教、语言和教育。如图3－2所示，政治和经济哲学明显影响一个社会的价值观体系。比如，大陆对自由、公正和个人成功的价值观就与台湾的价值观非常不同，这是因为不同的社会是依照不同的政治经济哲学思想运行的。下面，就社会结构、宗教、语言和教育的影响进行分析探讨。记住：这里因果关系是双向的，也就是说，社会结构和宗教这样的要素对社会价值观和规范有明显影响，而社会价值观和规范也能影响社会结构和宗教。

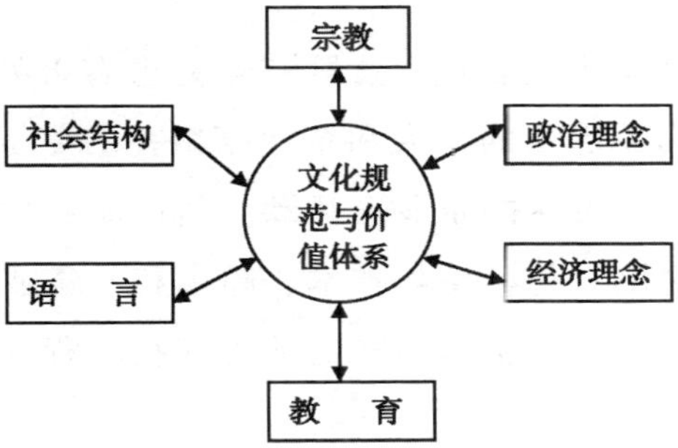

图3－2　文化的决定因素

（一）社会结构

一个社会的“社会结构”是指它的社会组织。虽然社会结构有很多方面，在解释文化差异时，有两个尺度最重要。第一，社会组织的基本单位是个人，还是群体。西方社会更强调个人的主导性；而在许多其他社会，群体是主要角色。第二，社会分层或等级的程度如何。有一些社会分层程度相对比较高，并且阶层间的变动性相对比较小；而其他社会的特征是社会分层程度低，并且各阶层间变动性比较大。

1. 个人和群体

个人与家庭、工作群体、社会群体和其他群体等息息相关。群体是由两个或两个以上的享有一致想法的个人组成的团体，以共同的对彼此行为的期望为基础相互之间有组织性的影响。人类社会生活就是群体生活，这是人的最基本的特征，人是社会性动物。虽然群体在所有社会都有，社会则因为群体在多大程度上被视为社会组织的主要工具而有所差别。在一些社会，个人的品质和成就被看得比群体成员更重要，而另一些社会则相反。

（1）个人。

个人在许多西方社会中是社会组织的基石。这一点不仅体现在社会政治和经济组织方面，而且还体现在人们对自己的觉悟以及在社会和商业环境中的互相之间的关系上。许多西方社会的价值观强调个人成就。个人的社会地位与他们给谁工作关系不大，而与他们在自己选择的任何工作环境中的个人表现有关。

许多西方社会强调个人表现，这既有益处也有害处。在美国，强调个人表现就出现了对白手起家的个人和企业家精神的尊敬。好处之一是美国和其他西方社会中高度发达的企业家活动。新产品和新的经商方式（如个人电脑、复印机、电脑软件、生物技术、超市和零售业等）在美国由企业家不断创造出来。有人认为美国经济的活力在很大程度上归因于个人主义哲学。

但个人主义哲学也会导致公司管理层的高度变动，这一点有时并不总是好事。从一个公司转到另一个公司对经理人个人来说好，他会有更多的经历，而对公司长期发展来讲，在业务方面会变得不稳定，同时给公司带来损失。对个体来讲，个人频繁调动对公司也缺乏忠诚，而且总有向更好的位置流动的意向，个人也缺乏稳定性。这一点随着经济全球化影响，中国大陆和台湾地区的年轻人也受到很大影响，特别是IT产业，人才变动比较突出。强调个人主义会导致在一个组织内部建立队伍完成集体任务方面出现困难。如果个人之间总是处在相互竞争的状态，他们就很难合作。美国麻省理工学院对美国竞争的研究结论是：在公司内部（例如部门之间、经理与劳工之间）和公司之间（例如公司与其供应商之间）失败的合作正在对全球经济中的美国公司造成伤害。若一味强调美国价值观的个人主义，合作失败是在意料之中的。在美国强调个人主义，虽然有助于创造有活力的企业家精神，但也会因为经理人变动和合作方面的负面影响提高经营成本。美国的经验提醒两岸企业在合作中注重个人能力的同时也要重视发挥群体的力量。

（2）群体。

与西方强调个人成就相对比，在东方国家，群体是社会组织的主要单位。群体常与单位或商业组织联系在一起。东方国家以中国儒家文化为代表，注重群体意识的培养，强调群体的认同感，这对合作有好处，强烈的群体认同感对促进双方相互间的帮助和集体行动都会产生压力或动力。例如，在日本，个人的社会地位既由他所属的群体的地位决定也由他个人表现决定。日本文化是强调以群体认同价值观为主的文化。日本企业在全球经济中的竞争优势有一大部分就是由于公司内部的紧密合作、公司之间的合作和公司与供应商之间的合作形成的。在所有这方面的案例中，合作的动力是提高个人所属群体的表现的需要。

在日本，一个公司的终身雇佣关系是经济的规范。终身雇佣体系的结果之一是经理人和工人积累知识、经验和人与人之间的商业合作关系。这些有助于经理人更有效地开展工作，帮助他们与他人愉快合作，同时保持企业人才的稳定，这也是日本企业获利竞争优势的法宝之一。

但有时以群体为主的文化也不总是都好。正如美国是以反映与个人主义相关的价值主体和企业家精神为特点，有人认为日本社会的特点是相应地缺乏活力和企业家精神，这一点与中国企业文化也很相似，值得我们反思。由于文化上的原因，美国在激进地开拓新产品和新的经营方式上以及科技方面的创新上比其他国家更成功，值得我们学习和借鉴。[1]

2. 社会分层

所有社会都以等级为基础划分社会阶层。社会阶层是以家庭背景、职业和收入水平等特点来划分的社会种类。个人生来就属于一个特定阶层。他们成为父母所属的社会阶层的一个成员。出生在一个上层社会家庭的人比一个出生在下层的人人生机遇要好。因为出生优越家庭的人会受到良好

---

[1] ［美］迈克尔·R. 钦科陶、伊尔卡·A. 隆凯宁、迈克尔·H. 莫菲特著，刘寅龙、张红玲、孙秀伟译：《国际商务》，机械工业出版社2004年版，第22～38页。

的教育、身体更健康、生活水平更高而且工作机会更好。尽管所有社会都在某种程度上分等级，但不同社会之间在两个相互关联的方面有差异。首先社会阶层变动的程度上有所不同；其次，社会阶层对商业环境的影响有显著的不同。

（1）社会变动性。

社会变动性是指个人从他生来所属的阶层中脱离出来的可能性。社会变动性在不同社会有很大的不同。目前，大陆地区经济发展导致社会阶层变动剧烈，特别是从农村地区到城镇化过程中，社会阶层变迁更为明显。过去由于阶级斗争的短暂历史进程，在大陆人的观念中还存在阶级制度的划分，对台湾到大陆投资的理解有差异。

阶级制度是不很刚性的一种社会阶层划分形式。虽然目前阶级制度不再提起，但不等于它不再存在。如今社会变动已经导致新的阶级划分是很明显的。目前中国社会大体上分为三个层次：上层阶级是由官僚、巨富和有声望的家庭构成；中产阶级的成员是专业职员、小职业经理人和白领雇员；劳动阶级的成员是由靠体力工作来谋生的一大批人群构成。

（2）商业意义。

如果一个社会的分层对商业的经营产生影响的话，那么这个社会分层是有意义的。在中国，大部分人认为自己是劳动阶级，这形成了新的社会关系。这种意识往往会导致在合作中管理人员和工人的冲突。而经理人和工人的对抗性、缺乏合作和行业冲突加剧都会提高合作中的生产成本，致使一些合作不能产生竞争优势，这就要求两岸在合作中要加强相互了解，避免导致合作失败。

（二）宗教与道德体系

宗教是指与上帝或神（佛）的领域有关的大家共同遵守的信仰和仪式。道德体系指用来指导和规范人的行为原则和价值观。世界大多数道德体系来源于宗教信仰。例如基督教和伊斯兰教道德观或佛教道德观。但这一原则有一大例外，就是东方文明中的儒家和道家学说。实际上，孔子和老子的道德观在影响亚洲，尤其是在中国、日本和韩国等的行为与文化方面起了重要的作用，但有人把这两种学说视为一种宗教实际上是不正确的。

宗教、道德和社会之间的关系是微妙的、复杂的且深奥的。全世界宗教有几千种甚至更多教派，主要有四大派别：基督教、伊斯兰教、印度教和佛教。其中基督教信徒最多，接近20亿人。在亚洲，主要是佛教，信徒有3.5亿人左右。中国大陆和台湾同胞多信仰佛教和基督教以及少数民族地区的伊斯兰教。但由于大陆与台湾历史发展阶段不同，两岸从宗教角度来论述价值观和道德体系可能并不一致。而在传统的儒家和道家学说方面，两岸同胞的道德体系还是很相似的。因此，在探讨两岸商业意义上的道德观时，儒家思想成为联系两岸合作的关键道德准则。下面我们主要探讨基督教和儒学对经济的影响。

1. 基督教

基督教是世界上被信奉最广泛的宗教。世界人口的20%以上是基督教教徒。绝大多数的基督教教徒居住在欧洲和美洲，但这几年亚洲特别是中国的教徒数量增长很快。基督教源于犹太教，基督教与犹太教一样都是一神论教即信奉一个神。11世纪的一个宗教分支导致基督教的两个分支组织的建立：罗马天主教和东正教。现今罗马天主教教徒占基督教教徒的一半以上，其中大部分教徒分布在欧洲南部和拉丁美洲。东正教影响范围较小，在几个国家（希腊和俄罗斯）占主导地位。16世纪的宗教改革导致罗马天主教的分裂，结果是新教的建立。新教的不因循守旧的特点促使许多宗派在新教的保护伞下出现（如浸礼会、卫理公会和加尔文派）。

探讨基督教的经济含义即新教的工作理念很有必要。有些社会学家认为在基督教的两个主要分支天主教和新教中，后者有更重要的经济含义。德国社会学家马克斯·韦伯（Max Weber）在1904年出版了他的著名著作《新教伦理与资本主义精神》，把新教理论与资本主义精神相联系。韦伯认为：“在西欧出现的资本主义和西欧国家的公司领导、资本家、高级技术工人甚至现在企业中技术好的和经过商业培训的人绝大多数是新教徒。”根据韦伯的说法，新教和现代资本主义的出现有关。韦伯认为，新教理念强调努力工作和创造财富（为了神的荣耀）和节俭（节制人间享乐），这正是发展资本主义所需要的那种价值观。新教教徒勤奋工作因而不断积累财富。而禁欲的信条要求他们不要沉湎于人世间的享乐去花完这些财富，他们应该再把财富投资于资本主义扩大再生产上来。勤奋地工作与把资本积累用于金融投资和扩大生产规模这两方面的结合，就为西欧和美国资本主义的发展铺平了道路。韦伯还认为，天主教关于在另一个世界而不是这个世界获得拯救的许诺并不含有同样的工作理念。❶

新教鼓励资本主义发展的另一个方法是消除长期以来天主教和社会生活中的等级制度和观念。新教赋予个人更多的自由去发展他们与上帝的关系。强调个人宗教自由就为下一步强调个人在经济上和政治上的自由以及使个人主义发展成为经济和政治的哲学思想铺平了道路。而这一哲学思想形成了企业家精神的自由市场的资本主义基石。以此为基础，一些学者声称由新教引发的个人主义与一国企业家的活动之间有某种联系，新教明显提高企业家活动和促进经济增长。

2. 儒家思想

由于佛教对创造财富的强调在教义中没有涉及，它主要强调来生和精神上的境界，而不是现实世界的生活。这里我们不加论述，主要来探讨儒学。儒学是公元前5世纪由孔子及其后人创立的，他教导人们通过正当方法（仁、义、礼、智、信）得到个人拯救的重要性。尽管儒学不是宗教，但多少世纪以来儒家思想已经深深扎根于中国、日本和韩国这些国家的文化之中，并在文化上影响无数的亚洲人民。儒家思想建立在一个复杂的伦理规范上，它指导人与人之间和谐相处。高度的道德和伦理行为规范以及对人以诚相待是儒家思想的核心。儒家思想和宗教不同，不涉及超自然的东西，并且不涉及超级人物和来生的观念。

儒家思想还有深刻的经济含义，一些学者认为儒家思想在经济上的含义与韦伯提出的新教的含义一样深奥。当然，它们的性质是不同的。持这

---

❶ ［德］马克斯·韦伯著，彭强、黄晓京译：《新教伦理与资本主义精神》，陕西师范大学出版社2002年版，第39~53页。

种观点的人是基于这样一个事实，即儒家思想的伦理对日本、韩国和台湾地区文化的影响降低了在这些地方做生意的成本，说明了它们经济上的成功。目前，在大陆也开始推广儒家思想，并重视儒家思想，大力推广孔子学院就是有力证明。儒家思想体系中最核心的三个价值观：忠诚、守信和仁义，这对于现代经济合作非常关键。

在儒家思想里，对上司忠诚是一种神圣的责任。在现代组织里，以儒家文化为基础工业的忠诚的约束会把组织的领导和雇员团结在一起，这样就减少了像西方出现的劳资冲突。劳资之间的合作可以在强调忠诚品德的文化背景下以低成本得到成功——表现在很少有罢工出现。

然而，在儒家思想里还有一层隐藏的含义，对上司的忠诚不是盲目的忠诚，互惠（仁义）责任起很大作用，儒家的伦理强调上级有责任回报下属的忠诚，把祝福赠予他们。如果这些“祝福”不实现的话，那么下级服从上级就变得无意义了。儒家思想的这个理念表现在日本公司中终生雇用的概念上，这能帮助劳资双方更有效地工作，有助于他们相互间的合作，结果提高了日本公司的经济效益。

儒家伦理中诚实守信是非常重要的一个理念。儒家思想家认为尽管不诚实在短期可能使一些人获利，但长远看来欺骗的小伎俩得不偿失。在与他人交往时非常看重诚信守信有很重要的经济意义。做生意的公司间相互信任，不破坏合同，这样就会降低交易成本。因此，也就没有必要雇用高价的律师解决合同纠纷了。在儒家思想的社会中，投入大量资源进行企业合作要比缺乏诚实守信的社会更果断，公司遵从儒家思想理论的话，他们就相信彼此不会违反合作协定的条款，所以公司间合作的成本就会降低，合作失败的风险就会大大降低。两岸同属一家，同样深受儒家思想影响，给合作提供了非常有利的条件。

（三）语言

语言本身就是一个多范畴的概念，它是人们交流的工具，通过语言的相互沟通得以理解对方的意图。不仅如此，语言的性质也构建我们观察世界的方法。一个社会的语言能指导社会成员关注世界。某些特性，不仅口头语言表达如此，即便是对于商务中所谓的非口头语言也是一样。

在一个人适应另一种文化之前必须掌握这种文化所依托的语言。而掌握一门语言所要求的不仅仅是技术上的能力，因为每一种语言中，它的文字和句子都必须在一定的语言环境中才能加以理解。这些语句就是语言的载体；它们代表了这种文化看待某些人群所采取的特有方式。

两岸同属中华民族，官方语言都为标准国语，在正式场合上比较容易交流或者沟通。但由于台湾地区多说闽南语，并且风俗习惯也有很大不同，除了福建闽南地区以外，台商在大陆的其他交流就会有一定的障碍。理解这一点是很重要的，如果不理解另一文化习惯中的口头语言或非口头语言的暗示则会导致交流上的误解。因此，只有相互了解，才能减少误会，才能达成合作上的成功。

（四）教育

无论是正规教育还是非正规教育，在传播和继承文化方面都发挥着非常重要的作用，特别是正规教育在一个社会中起着关键的作用。正规教育是个人学习现代社会所必需的语言、概念和数学技能的媒介。正规教育也弥补家庭教育对年青一代了解社会价值观和规范化行为方面的不足，价值观和规范以直接或间接方式进行教授。学校一般教授社会和政治的基本性质和事实，也关注公民的基本社会责任和义务。尊敬他人和服从权威以及诚实、整洁和守时等是学校课程所包含的内容。

从商业角度看，教育水平也影响着不同的商业管理职能，教育的一个重要方面是它作为合作中所起的作用。此外，教育也对一国的竞争优势有关键影响。例如，迈克尔·波特教授在分析1945年以来日本竞争成功的事例时，注意到战后日本几乎一无所有，在战争的废墟中开始重建家园，这种状况是极其艰难的。但幸亏日本有一座人才储备库。“日本有史以来有尊重教育的传统，几乎到了崇拜的地步。日本拥有大规模的有文化、受过良好教育的、有技能的人才库……日本从它大规模的受过培训的工程师队伍中受益匪浅。日本的大学每年按人口计算比美国毕业更多的工程师。日本一流的小学和中学教育体制水平很高，强调数学和自然科学。小学和中学教育竞争性非常强……日本的教育为大多数日本学生提供了充实的教育内容，为日后的再教育和培训作准备，日本高中毕业生对数学的了解程度与大多数美国大学毕业生相当。”[1]

波特认为，日本一流的教育体制是其战后经济成功的重要因素。良好的教育体制不仅是国家竞争优势的决定因素，也是指导企业投资选址与寻求合作的重要因素。把要求高技能劳动力的生产基地建在教育体制差、无法找到有技能的劳动力的国家或地区是毫无意义的，不管这个国家或地区多么有吸引力。当然把只需要非技术性的劳动力的生产基地建在该地是可以的，但还要考虑该地风俗习惯和人民是否勤劳。显然台湾地区教育水平要比大陆好得多，大陆地区教育质量相对差一些。但经过改革开放和实行教育普及政策以后，大陆教育水平正在提高，这为两岸合作提供了良好的基础。尽管如此，大陆的教育质量被认为是逊色于台湾地区的。因此，重视合作时期或先期的职工培训是非常关键的，它是保证合作成功的关键。对于企业合作而言，技术在现代工业中起关键作用，产品复杂程度取决于合作者的受教育水平。合作生产的策略更取决于成员的文化和技术能力。

（五）文化与工作场所——来自培训方面的挑战

对两岸合作的企业来说，一个相当重要的问题是怎样看待社会文化以及对职工培训方面是如何影响工作场所的价值观的？这个问题旨在说明需要根据与工作有关的文化价值观来改变经营过程及合作的行为。因为，不同社会制度和文化上的差异，且不同文化导致不同的工作价值观，对于两岸合作来说必须根据具体情况改变合作经营过程和行为，以防止类似于富士康问题的出现。

在两岸合作方面，合作企业的管理者常常面临着一种两难困境。由于对职工培训的看法不同，加之大陆的劳动合同法并没有清晰说明私人企业对职工的雇用保障机制，所以在职培训受到限制或者说大陆企业不够重视。

---

[1] ［美］查尔斯·W. L. 希尔著，曹海陵、刘萍译：《当代全球商务》，机械工业出版社 2007 年版，第 73 页。

由于对管理制度和技术技能缺乏足够的培训，从而导致合作中对专业术语上理解的差异以致误解的情况经常出现，势必增大在合作中失败的可能性。因此，为培育两岸企业合作的能力，必须建立行之有效的培训程序。该程序应该包括：（1）特定的企业文化；（2）一般性的文化信息（两地的价值观、行为习惯以及不同的社会制度和习俗等）；（3）自我信息（了解本文化加以推崇的典范，包括对他人的评价、假设和感知、相互间关爱与协助）。研究表明，如果经过培训，在合作中能成功解决问题的概率就很高，冲突就会变少。

正式培训的目的是培养管理人员和其他工作人员具有四种关键品质：应付陌生环境的能力、敏感性、忍耐力以及管理人员和其他人员的灵活性。正式培训在严格性、参与程度和成本等方面存在着很大的差别。培训可以大大降低交易成本或管理成本以及技术成本。

此外，环境介绍和文化同化程序均可放到区域合作的研究方法之中，无论对那些即将到大陆地区工作的台湾同胞还是大陆地区到台湾工作的人员，该程序都可为他们提供有关这方面的材料或研究成果，帮助他们更好地了解特定环境的真实情况。区域研究作为其他类型程序的基本前提，可以更好地为了解现实状况提供帮助。

在文化同化程序中，针对特定环境设计专门的排练脚本，被培训人员必须对脚本作出反应。目前，研究人员已经针对一些合作过程中的文化同化设计出一些程序。同时，可以通过一系列指标对被培训者接受文化同化培训的结果进行评价。如果允许的话，管理人员也可以接受强化性培训。其中之一的敏感性培训重点是增强管理人员在不同环境中的灵活性。该程序假设，理解和接受自己也是理解来自异域文化其他人的关键。最后，培训还有可能包括现场体验。在这项培训中，管理人员需要在一定时间内完全生活在合作伙伴的环境之中。尽管这项培训的成本高，但仍然有一些合作企业在使用，这些都是保证合作成功的关键因素。

（六）文化的变化

文化不是一成不变的，它会随着时间的推移而改变。尽管在价值观体系上的变化是缓慢的而痛苦的。文化通常相当深奥，特别是两岸文化在长期隔离之中各自发展，对中华文明的理解出现偏差也是不奇怪的。

一些人认为现今大陆正在进行一场主要的文化转变，即向个人主义方向转变。新一代人比传统中国老一代人更直接，更像西方人的作风，他们不再为公司而活，如果有更好的工作，他们会不断地跳槽。他们不热衷于超时工作，尤其当他与女孩子有约会时就更不超时工作了。他们希望拥有自己的空闲时间。随着经济上拥有更大的自由，直接导致表达个人主义的机会增多。

此外，文化会随着社会富裕程度的提高而变化。经济进步对其他方面的影响，会对文化产生冲击。比如，城市化的发展、教育质量和受教育程度的提高都是经济发展作用的结果，两者都会导致对相对贫穷的乡下社会的传统价值观的淡漠。

对于全球化，有些人认为先进的交通运输技术、信息技术，快速增长的贸易、货物和服务以及投资如跨国公司的崛起等导致了文化大融合现象的发生。文化的影响往往不是单一方向的，而是国家文化与全球同一的体系的融合。再有，文化的一些元素变化相当迅速，尤其是物质标志的使用，其他的元素如果有变化也只是缓慢的变化。所以，不能只因为世界范围的人的偏好趋同就认定他们采纳了相同的价值观。

三、合作的基石——培养合作的文化

由于两岸文化存在差异，企业合作就不能按照各自的习惯来理解。两岸社会间的差异也是由文化的发展历史阶段不同造成的。文化差异主要表现在更深层次的社会结构、宗教、语言、教育、经济理念和政治理念的不同。从这些差别中得出合作的三个重要意义：第一是发展合作文化的知识需要。不仅需要了解文化上存在的差异，而且要了解这些差异对合作企业意味着什么以及如何培养合作的文化。第二要注意文化与竞争优势之间的联系。第三要注意文化与道德伦理在作决定时的关联。

（一）培养合作的文化

初次合作或者想合作的两岸企业面临的风险之一是信息不灵。对文化

信息反应不灵敏的企业在合作中不可能成功。在不同文化环境中进行合作就得遵从、适应其价值体系和规范，或者培养一种大家认同的价值观体系。适应性包含合作企业在合作方面交谈的方式、对工作人员采取适当的激励机制、组织结构、产品名称、劳资关系和产品促销方式等方面克服文化区别上的敏感。注意在一种文化中起作用的，未必在另一种文化中也能起作用。

为规避信息不灵的风险，合作企业应考虑事先对当地员工进行培训。企业也必须保证管理人员特别是高级管理人员足以了解文化的差异何以影响合作企业的行为。合作企业可建立一支骨干队伍，让他们定期轮换到不同环境中当领导。这样可以培育企业的合作文化意识，使合作成功率提高，必须警惕不重视合作文化培养的现象。

（二）文化与竞争优势

文化与竞争优势有相当大的关系，因为价值观体系和规范影响合作的成本。两岸合作的文化基础是在全球建立竞争优势的能力。我们看到劳资双方的合作态度、对工作的态度以及对利益分配的态度受社会结构和道德观的影响。有人认为在有阶级意识的社会中劳资冲突会增加合作的成本。同样，我们看到一些社会学家的观点，认为不同宗教信仰对合作能否成功也会带来很大的影响。对于合作企业来说，文化与竞争优势之间的关系之所以很重要有两个主要原因。

第一，这种关系表明什么样的文化可能产生最有活力的竞争者。像受儒家思想影响的国家和地区，如日本、亚洲四小龙和中国内地都是充满活力的、效率高的竞争者。

第二，文化与竞争优势之间的联系对选择到哪个地区投资设厂或做生意有重要意义。假设一家企业在决定是在A国还是在B国设厂。两国都有低成本劳动力和进入世界市场的能力。两国大小、人口都相似，都在相似的经济发展阶段。在A国（比如印度）教育体制不发达，社会明显分为上层和下层阶级，主导的宗教强调重生的重要意义，且有三个不同的语言群体。在B国（比如中国大陆），教育体制很发达，没有明显的社会阶层之分，群体认同感是文化理念的重要部分，主导的宗教或思想强调勤奋工作的品德，且只讲一种语言，哪个国家是最佳投资地呢？答案是不言而喻的，当然是B国。在A国，劳资之间的冲突，不同语言之间、不同宗教之间的冲突会导致社会和行业的混乱，因而增加了合作或生产的成本。缺乏良好的教育体系，也与企业活动的目标相反。显然，从上面分析中不难看出，两岸合作在文化方面是具有特别重要的意义的，它会使合作增强活力，提高竞争优势。

（三）文化与商业道德

许多道德规范在不同文化中被普遍地接受。比如，在所有文化环境中，单方面地或没有缘由地破坏商业协议都被视为不道德，没有信用。著名经济学家亚当·斯密在240年前指出，如果人们不能相互信任尊重协议的话，商业活动将不会发生，经济增长将不会出现。某种程度上相信协议会得到尊重——即交易的各方会做尊重道德的事——无论在何种文化背景下，在鼓励经济活动方面是必需的。在西方，法律体系，尤其是合同法体系逐渐发展，确保人们尊重合同。在缺乏类似法律传统的国家，其他机构就会出现，以保证尊重商业协议。

尽管许多道德准则是普遍存在的，有些却是与文化有关。在这种情况下，国际商家会面临两难的道德困惑。对此困惑的一个回答是，认为国与国之间传统习惯不同，商家应采纳其所在国或地区的习惯。这就是“相对论”的或“入乡随俗”的商业道德方式。这也是一个有危险漏洞的方式。这将表明，道德价值观是人们在某一季节、某一地区穿的外衣，在其他地方就可以脱掉。而事实是，在你旅游到不同的国家或地区时，你不能丢掉你自己的道德。一个重要的例子是联合国“人权共同宣言”，该宣言被几乎所有国家批准，它确定一直遵守的基本准则，不考虑做生意所在国的文化。在宣言第23条中陈述道：

（1）人人有工作的权利，有选择雇佣的自由，有享有公正的、适宜的工作条件和防止失业的权利。

（2）每个人不应该受到歧视，有权享有同工同酬。

（3）工作者有权获得公正的、优厚的酬劳，保障他和他家人享有人的尊严的生存条件，如有需要，以其他社会保护形式补充。

（4）每个人都有权组织或加入贸易联合会来保护自己的利益。

很明显，享有“公正的、适宜的工作条件”的权利就相当于“同工同酬”，而保障“人的尊严的生存条件”的报酬体现在23条中说明在血汗工厂雇用童工却支付低于保障基本物质生存的工资在一些国家发生得很普遍。但这是否意味着不能雇用儿童或购买雇用儿童的供货商的东西，即使在某些国家这一现象很普遍。在这里，道德的做法变得不那么明确了。如果对儿童的选择是决定他们是在大街乞讨还是在工厂工作换得维持生存的基本工资时，一个公司该怎么做？是否应该惩罚雇用童工，把它视为犯罪？也有可能，一个公司若已经与雇用童工的供应商有关系，而这一事实突然被曝光，因为道德上的侵权而与供货商断绝关系会对儿童弊多利少。而公司希望保护儿童的利益，在这种情形下，应该做的道德的方式是，找到一条提高儿童生活的方法。

灰色地带总会存在的，且要求经理人运用自己的道德判断来解决道德上的困惑。但那些道德判断应该以高尚的道德法则为依据。再来思考以送礼来打通关系的例子。道德的做法是怎么样的呢？是否应该回应文化上的期待去送礼，以努力建立一个将来会得到回报的关系？

很明显贿赂是危险的，即使在文化上受到认可，因为这种做法会腐蚀收礼者和送礼者。在腐败和合法的送礼之间有一条分界线来支持商业交往。这条线是具有强烈道德标准的经理人应该能够意识到的。伦理学家托马斯·唐纳森反思这一困惑时认为，在国际商务过程中遇到道德问题时，公司应该以三个准则为指导：

（1）尊重核心的人类价值观（人权），这一点决定了商业活动中绝对的道德框架。

（2）尊重当地传统。

（3）在决定孰是孰非时，要相信具体的环境背景很重要。

唐纳森的观点是尊重核心价值观，必须是所有道德决定的出发点。一且这些确定了，商家还必须尊重当地文化差异，他称之为传统和具体环境背景。唐纳森因此认为“送礼”不是不道德的，尽管一些西方商家会认为这是错误的。送礼不违反核心的人类价值观，这在儒家文化背景下是很重要的。同样的原因，唐纳森会谴责那些明显违反核心人类价值观的不道德的决定。以低于最低工资标准雇用童工就在这一类别中。

文化是合作中最具挑战性的一个要素。合作企业为了适应不同的文化必须调整自己的经营管理方式。在每一个国家或地区建立的经营政策和程序，都必须被视为一个有机的移植过程，而不仅是简单的生搬硬套；最关键的问题是你准备接受还是拒绝这种文化。

第二节　两岸政治、法律与协议对合作的影响

政治与法律以及相应的规则在两岸合作中发挥着极其重要的作用。即使是最完善的合作计划也可能由于意想不到的政治或法律影响而误入歧途，如果不能合理地对这些因素加以预期，原本可以成功的投资项目也会失败或一无所获。当然，孤立政治与法律环境是不存在的。企业的管理者必须意识到不同层次的政策与法律因素。例如，理解两岸政治与法律体系的复杂性对于合作者来说很重要，但这并不能保证一定会避免来自双方的经济制裁。例如，大陆华为企业到台湾的业务受到政治影响很大，以至于难以在台湾开展业务；同样，台湾的精密仪器和计算机硬件也不允许到大陆设厂生产或合作生产等。因此，两岸企业合作必须认识到市场上各种期望与需求之间的矛盾冲突，与政治通力合作，维护合理的贸易与投资秩序，完善相应的措施是必要的。

下面将从合作角度剖析两岸的政治和法律。之所以把这两个主题放在一起加以讨论，是因为法律通常是政治决策的结果。我们分两个方面进行分析：两岸的政治与法律对经济合作的影响；两岸协议 ECFA 的签订对合作关系的影响。

一、两岸的政治与法律的影响

在谈到两岸经济合作时，任何一个企业都不敢说它可以承担忽视政治与法律造成的结果。尽管许多法律和规章制度并不是针对两岸合作制定的，但是它们仍然对企业的合作经营活动具有重要的影响。在这里，对两岸法律制度与政治区别不作具体分析研究，只是从其影响关系上进行分析，以提醒相关者注意，降低合作的风险。

为了两岸企业合作成功并提升竞争优势，合作企业的管理者不仅需要掌握专业技术，还必须学会如何灵活处理纷繁复杂的政治与法律问题。尽管一个人不可能完全透彻地了解两岸的法律体系和政治体系，但是一个好的管理者应该认识到它的重要性，并了解如何在相应的体系中从事生产经营和与合作的人紧密协作。

目前，由于两岸都在寻求发展，因此，政治和法律的很多领域不是一成不变的。原有的观点可能被修订甚至被颠覆，新的法律随时会取代旧的法律。所以，我们并不需要永远地接受现存的法律与政治体系。但是，为了实现变革和突破，必然会存在着某些外来动力推动法律与政治体系的进步——比如说民主的诉求。否则，体系的内在惯性很可能使人们倾向于维持现状。

两岸企业交流中可以有多种选择。一种是忽视现有的规则，希望摆脱这种规则的束缚从事生产经营。毫无疑问，这是一种高风险的选择，企业在这种条件下很可能会遭到反对甚至打击。第二种同时也是传统的做法，是与谈判对手相互交流想法或观点，通过谈判解决问题。当然，这种选择的缺点是必须耗费大量时间，而且难以对这一过程施加控制。第三种选择是建立合作，从而促使立法人员和政府人员对此认真考虑，并最终实施有利的政策变革。可以通过多种方法达到这个目标。可以向立法人员和政府人员解释双方的直接关联及其成本和收益，例如管理者可以说明某种法律规定对国家就业和经济的影响，阐述变革的有利之处；也可以通过间接联系进一步说明这个问题。

建立合作并不是一件容易的事，为了有效地对政府决策过程施加影响，合作企业经常需要寻求各种协助。此外，为了避免两岸的政治与法律不同带来的影响，两岸签订合作协议就变得非常重要。因此，合作企业必须详细了解有关的内容与意义。

二、两岸签订合作协议内容与意义

（一）协议内容

海峡两岸经济合作框架协议（ECFA）

序　言

海峡两岸关系协会与财团法人海峡交流基金会遵循平等互惠、循序渐进的原则，达成加强海峡两岸经济合作关系的意愿；双方同意，本着世界贸易组织（WTO）基本原则，考虑双方的经济条件，逐步减少或消除彼此间的贸易和投资障碍，创造公平的贸易与投资环境；通过签署《海峡两岸经济合作框架协议》（以下简称本协议），进一步增进两岸的贸易与投资关系，建立有利于海峡两岸经济繁荣与发展的合作机制；

经协商，达成协议如下：

第一章　总　则

第一条　目　标

本协议目标为：

一、加强和增进双方之间的经济、贸易和投资合作。

二、促进双方货物贸易和服务贸易进一步自由化，逐步建立公平、透明、便利的投资及其保障机制。

三、扩大经济合作领域，建立合作机制。

第二条　合作措施

双方同意，考虑双方的经济条件，采取包括但不限于以下措施，加强海峡两岸的经济交流与合作：

一、逐步减少或消除双方之间实质多数货物贸易的关税和非关税壁垒。

二、逐步减少或消除双方之间涵盖众多部门的服务贸易限制性措施。

三、提供投资保护，促进双向投资。

四、促进贸易投资便利化和产业交流与合作。

第二章　贸易与投资

第三条　货物贸易

一、双方同意，在本协议第七条规定的“货物贸易早期收获”基础上，不迟于生效后六个月内就货物贸易协议展开磋商，并尽速完成。

二、货物贸易协议磋商内容包括但不限于：

（一）关税减让或消除模式；

（二）原产地规则；

（三）海关程序；

（四）非关税措施，包括但不限于技术性贸易壁垒（TBT）、卫生与植物卫生措施（SPS）；

（五）贸易救济措施，包括世界贸易组织《关于实施 1994 年关税与贸易总协定第六条的协定》、《补贴与反补贴措施协定》、《保障措施协定》规定的措施及适用于双方之间货物贸易的双方保障措施。

三、依据本条纳入货物贸易协议的产品应分为立即实现零关税产品、分阶段降税产品、例外或其他产品三类。

四、任何一方均可在双方货物贸易协议规定的关税减让承诺的基础上自主加速实施降税。

第四条　服务贸易

一、双方同意，在第八条规定的“服务贸易早期收获”基础上，不迟于本协议生效后六个月内就服务贸易协议展开磋商，并尽速完成。

二、服务贸易协议的磋商应致力于：

（一）逐步减少或消除双方之间涵盖众多部门的服务贸易限制性措施；

（二）继续扩展服务贸易的广度与深度；

（三）增进双方在服务贸易领域的合作。

三、任何一方均可在服务贸易协议规定的开放承诺的基础上自主加速开放或消除限制性措施。

第五条　投　资

一、双方同意，在本协议生效后六个月内，针对本条第二款所述事项展开磋商，并尽速达成协议。

二、该协议包括但不限于以下事项：

（一）建立投资保障机制；

（二）提高投资相关规定的透明度；

（三）逐步减少双方相互投资的限制；

（四）促进投资便利化。

第三章　经济合作

第六条　经济合作

一、为强化并扩大本协议的效益，双方同意，加强包括但不限于以下合作：

（一）知识产权保护与合作；

（二）金融合作；

（三）贸易促进及贸易便利化；

（四）海关合作；

（五）电子商务合作；

（六）研究双方产业合作布局和重点领域，推动双方重大项目合作，协调解决双方产业合作中出现的问题；

（七）推动双方中小企业合作，提升中小企业竞争力；

（八）推动双方经济合作社团互设办事机构。

二、双方应尽速针对本条合作事项的具体计划与内容展开协商。

第四章　早期收获

第七条　货物贸易早期收获

一、为加速实现本协议目标，双方同意对附件一所列产品实施早期收获计划，早期收获计划将于本协议生效后六个月内开始实施。

二、货物贸易早期收获计划的实施应遵循以下规定：

（一）双方应按照附件一列明的早期收获产品及降税安排实施降税；但海峡两岸各自对其他所有世界贸易组织成员普遍适用的非临时性进口关税税率较低时，则适用该税率；

（二）本协议附件一所列产品适用附件二所列临时原产地规则。依据该规则被认定为原产于一方的上述产品，另一方在进口时应给予优惠关税待遇；

（三）本协议附件一所列产品适用的临时贸易救济措施，是指本协议第三条第二款第五项所规定的措施，其中双方保障措施列入本协议附件三。

三、自双方根据本协议第三条达成的货物贸易协议生效之日起，本协议附件二中列明的临时原产地规则和本条第二款第三项规定的临时贸易救济措施规则应终止适用。

第八条　服务贸易早期收获

一、为加速实现本协议目标，双方同意对附件四所列服务贸易部门实施早期收获计划，早期收获计划应于本协议实施后尽速实施。

二、服务贸易早期收获计划的实施应遵循下列规定：

（一）一方应按照附件四列明的服务贸易早期收获部门及开放措施，对另一方的服务及服务提供者减少或消除实行的限制性措施；

（二）本协议附件四所列服务贸易部门及开放措施适用附件五规定的服务提供者定义；

（三）自双方根据本协议第四条达成的服务贸易协议生效之日起，本协议附件五规定的服务提供者定义应终止适用；

（四）若因实施服务贸易早期收获计划对一方的服务部门造成实质性负面影响，受影响的一方可要求与另一方磋商，寻求解决方案。

第五章　其　他

第九条　例　外

本协议的任何规定不得解释为妨碍一方采取或维持与世界贸易组织规

则相一致的例外措施。

第十条　争端解决

一、双方应不迟于本协议生效后六个月内就建立适当的争端解决程序展开磋商，并尽速达成协议，以解决任何关于本协议解释、实施和适用的争端。

二、在本条第一款所指的争端解决协议实施前，任何关于本协议解释、实施和适用的争端，应由双方通过协商解决，或由根据本协议第十一条设立的“两岸经济合作委员会”以适当方式加以解决。

第十一条　机构安排

一、双方成立“两岸经济合作委员会”（以下简称委员会）。委员会由双方指定的代表组成，负责处理与本协议相关的事宜，包括但不限于：

（一）完成为落实本协议目标所必需的磋商；

（二）监督并评估本协议的执行；

（三）解释本协议的规定；

（四）通报重要经贸信息；

（五）根据本协议第十条规定，解决任何关于本协议解释、实施和适用的争端。

二、委员会可根据需要设立工作小组，处理特定领域中与本协议相关的事宜，并接受委员会监督。

三、委员会每半年召开一次例会，必要时经双方同意可召开临时会议。

四、与本协议相关的业务事宜由双方业务主管部门指定的联络人负责联络。

第十二条　文书格式

基于本协议所进行的业务联系，应使用双方商定的文书格式。

第十三条　附件及后续协议

本协议的附件及根据本协议签署的后续协议，构成本协议的一部分。

第十四条　修改

本协议修改，应经双方协商同意，并以书面形式确认。

第十五条　生效

本协议签署后，双方应各自完成相关程序并以书面通知另一方。本协议自双方均收到对方通知后次日起生效。

第十六条　终止

一、一方终止本协议应以书面通知另一方。双方应在终止通知发出之日起三十日内开始协商。如协商未能达成一致，则本协议自通知一方发出终止通知之日起第一百八十日终止。

二、本协议终止后三十日内，双方应就因本协议终止而产生的问题展开协商。

本协议于六月二十九日签署，一式四份，双方各执两份。四份文本中对应表述的不同用语所含意义相同，四份文本具有同等效力。

附件一　货物贸易早期收获产品清单及降税安排

附件二　适用于货物贸易早期收获产品的临时原产地规则

附件三　适用于货物贸易早期收获产品的双方保障措施

附件四　服务贸易早期收获部门及开放措施

附件五　适用于服务贸易早期收获部门及开放措施的服务提供者定义

海峡两岸关系协会　　　　财团法人海峡交流基金会

会长　陈云林　　　　　　董事长　江丙坤

海峡两岸知识产权保护合作协议

为保障海峡两岸人民权益，促进海峡两岸经济、科技与文化发展，海峡两岸关系协会与财团法人海峡交流基金会就海峡两岸知识产权保护合作事宜，经平等协商，达成《海峡两岸知识产权保护合作协议》如下：

一、合作目标

海峡两岸关系协会和财团法人海峡交流基金会同意本着平等互惠原则，加强专利、商标、著作权及植物新品种权等海峡两岸知识产权保护方面的交流与合作，协商解决相关问题，提升海峡两岸知识产权的创新、应用、管理及保护。

二、优先权利

海峡两岸关系协会和财团法人海峡交流基金会同意依各自规定，确认对方专利、商标及品种权第一次申请日的效力，并积极推动作出相应安排，保障海峡两岸人民的优先权权益。

三、保护品种

海峡两岸关系协会和财团法人海峡交流基金会同意在各自公告的植物品种保护名录（植物种类）范围内受理对方植物新品种权的申请，并就扩大植物品种保护名录（可申请品种权之植物种类）进行协商。

四、审查合作

海峡两岸关系协会和财团法人海峡交流基金会同意推动相互利用专利检索与审查结果、品种权审查和测试等合作及协商。

五、业界合作

海峡两岸关系协会和财团法人海峡交流基金会同意促进海峡两岸专利、商标等业界合作，提供有效、便捷服务。

六、认证服务

海峡两岸关系协会和财团法人海峡交流基金会同意为促进海峡两岸著作权贸易，建立著作权认证合作机制，于一方音像制品于他方出版时，得由一方指定之相关协会或团体办理著作权认证，并就建立图书、软件等其他作品、制品认证制度交换意见。

七、合作机制

海峡两岸关系协会和财团法人海峡交流基金会同意建立执法合作机制，依各自规定妥善处理下列知识产权保护事宜：

（一）打击盗版和假冒伪劣，特别是查处经由互联网网络提供或帮助提供盗版图书、音像及软件等侵权互联网网站，以及在市场流通的盗版及假冒伪劣产品；

（二）保护驰名商标、地理标志或著名产地名称，共同防止恶意抢注行为，并保障权利人行使申请撤销被抢注驰名商标、地理标志或著名产地名称的权利；

（三）强化水果及其他农产品虚伪产地标识之市场监管及查处措施；

（四）其他知识产权保护事宜。

在处理上述权益保护事宜时，海峡两岸关系协会和财团法人海峡交流基金会可互相提供必要的信息，并通报处理结果。

八、业务交流

海峡两岸关系协会和财团法人海峡交流基金会同意开展知识产权业务交流与合作事项如下：

（一）推动业务主管部门人员进行工作会晤、考察参观、经验和技术交流、举办研讨会等，开展相关业务培训；

（二）交换制度规范、数据文献资料及其他相关信息；

（三）推动相关文件电子交换合作；

（四）促进著作权集体管理组织交流与合作；

（五）加强对相关企业、代理人及公众的宣导；

（六）海峡两岸关系协会和财团法人海峡交流基金会同意之其他合作事项。

九、工作规划

海峡两岸关系协会和财团法人海峡交流基金会同意分别设置专利、商标、著作权及植物新品种权等工作组，负责协商具体工作规划及方案。

十、保密义务

海峡两岸关系协会和财团法人海峡交流基金会同意对于在执行《海峡两岸知识产权保护合作协议》相关活动中所获信息予以保密。但依请求目的使用者，不在此限。

十一、限制用途

海峡两岸关系协会和财团法人海峡交流基金会同意仅依请求目的使用对方提供之资料。但海峡两岸关系协会和财团法人海峡交流基金会另有约定者，不在此限。

十二、公文格式

海峡两岸关系协会和财团法人海峡交流基金会同意交换、通报、查询信息及日常业务联系等，使用协商的公文格式。

十三、联系主体

《海峡两岸知识产权保护合作协议》议定事项，由海峡两岸关系协会和财团法人海峡交流基金会业务主管部门指定的联络人互相联系实施。必要时，经海峡两岸关系协会和财团法人海峡交流基金会同意得指定其他单位进行联系。《海峡两岸知识产权保护合作协议》其他相关事宜，由海峡两岸关系协会与财团法人海峡交流基金会联系。

十四、《海峡两岸知识产权保护合作协议》履行与变更

海峡两岸关系协会和财团法人海峡交流基金会应遵守《海峡两岸知识产权保护合作协议》。《海峡两岸知识产权保护合作协议》变更，应经海峡两岸关系协会和财团法人海峡交流基金会协商同意，并以书面形式确认。

十五、争议解决

因适用《海峡两岸知识产权保护合作协议》所生争议，海峡两岸关系协会和财团法人海峡交流基金会应尽速协商解决。

十六、未尽事宜

《海峡两岸知识产权保护合作协议》如有未尽事宜，海峡两岸关系协会和财团法人海峡交流基金会得以适当方式另行协商。

十七、签署生效

《海峡两岸知识产权保护合作协议》签署后，海峡两岸关系协会和财团法人海峡交流基金会应各自完成相关程序并以书面通知对方。《海峡两岸知识产权保护合作协议》自海峡两岸关系协会和财团法人海峡交流基金会均收到对方通知后次日起实施。

海峡两岸关系协会　　　财团法人海峡交流基金会
会长　陈云林　　　董事长　江丙坤

（二）《海峡两岸经济合作框架协议》（ECFA）签署的意义

《海峡两岸知识产权保护合作协议》于2010年6月19日签署。中国国务院台湾事务办公室发言人杨毅在北京的例行记者会上表示，在旦前结束

的海峡两岸经济合作框架协议第一次两会专家工作商谈中，双方经过坦诚和善意的协商，已就经济合作框架协议的名称、基本结构、商谈工作机制等达成多项共识。双方就两岸经济合作框架协议的正式名称充分交换了意见，没有实质性的分歧。并商定协议的基本内容将涵盖两岸间主要的经济活动。双方同意尽快适时启动第二次两会专家工作商谈。

ECFA 协议于 2010 年 6 月 19 日签订，《海峡两岸经济合作框架协议》（ECFA）为推动两岸经济进一步深化合作、遵守世界贸易的有关规则而作出的一项具有两岸特色的制度安排，是两岸经济进一步加强合作的客观需求和需要，加深了两岸之间的信任，也为两岸企业合作提供了法律和政策方面的支持，可以说，ECFA 的签订对加深两岸企业间合作具有划时代意义。❶

第三节　建立信任关系

在其最广泛的含义上，信任指的是对某人期望的信心，它是社会生活的基本事实。当然，在许多情况下，某人可以在某些方面选择是否给予信任。但是，若完全没有信任的话，人们甚至无法在这个社会上生存。在没有信任的社会，人们会产生一种莫名的恐惧感，并且会为难以消除这种恐惧感而苦恼。

诚然，面对两岸的现实，提出一个诠释信任的答案是一个大胆且冒险的行为。尽管如此，笔者还是试着来分析两岸信任的建立问题和相关理念。信任来自于信念。那么什么是信念呢？所谓信念就是最强大且能产生积极成果的社会关系，它是建立在相互信任基础之上的。例如，男人与女人之间、父母与孩子之间、上司与下属之间、一国的公民之间、医生与病人之间、老师与学生之间、债权人与债务人之间、创业者与合伙人之间，以及

---

❶ ECFA 协定签订背景与内容介绍，来源于：http//www. baidu. com，2014 年 2 月 12 日。

国与国之间的互信。反之，相互怀疑是毫无成果可言的，也不可能产生好的合作关系，世界将变得复杂起来，并且不可预测。

（一）问题的界定：两岸合作的复杂性

对于经济增长的了解使我们坚信，被传统的自由主义理论家们视为经济增长函数的三要素：资本、劳动和技术进步，实际上是次要因素；主要因素是能给予前三个要素加上正数或负数的因素，即第三要素——“非物质要素”，换句话说，即文化要素或制度要素。西蒙·库兹涅茨认为：“经济增长是指为给居民提供种类日益繁多的经济产品的能力长期上升，不断增长，这种能力建立在先进技术以及所需要的制度和思想意识相应调整基础之上。”从西蒙·库兹涅茨给经济增长所下的定义可以看出，经济增长的充分条件是制度和意识的相应调整，必要条件是技术进步。

同样，两岸的合作也使我们坚信，文化与信任是经济发展的重要因素。为什么呢？只要回答如下两个问题，就可以马上明白。一是什么医素启动中国的改革和促进经济增长？二是什么因素改善两岸之间关系？越是研究经济增长的起源，就越会怀疑经济增长是由单纯的生产要素引发或者由于某种原因产生突变的说法。实际上，中国的改革起步时步履维艰，首先是思想解放，调整人们计划经济的陈旧观念，接着是制度的改变，由计划经济走向市场经济，这才带来了30年的高速增长；同时，随着经济实力的提升，以及人们观念的更新，两岸关系才开始解冻，慢慢跨入良性发展道路。

回顾历史我们可以看出：疑忌社会是畏首畏尾、赢输不共的社会：这种社会生活是一种“零和博弈”甚至是“负和博弈”。这种社会容易划分不同阶级从而挑起争端；这是一种互相猜忌，倾向于社会忌妒和自我封闭，盛行侵犯他人利益的相互监视的社会。而信任社会则是一种“扩张的、共赢的”或“正和博弈”的社会。这是一种团结互助、友爱、共同计划、开放、交换和交流的社会。当然，任何社会不可能百分之百地信任或猜疑。从古老的《易经》可知，阴从来不会是百分之百的阴，而阳也从来不会是百分之百的阳，阳中包含阴，阴中总是包含着阳，起决定作用的是占主导的因素。

首先，我们可以把这一出发点看作是一个事实，一个不容置疑的真命题。每一天，我们都把信任作为人性和世界的自明事态的“本性”。在这个层次上，信心是世界的自然特征，是我们借以过日常生活的视域的必要部分，但它不是意向中的，因而是易变的经验的构成要素。[1]

其次，我们可以把信任的必要性看作是正确行为规则产生的真实和确凿的根据。如果混乱和平息恐惧是信任的唯一选择，那么就其本质而言，人不得不付出信任，尽管这不是盲目付出的，而只是在一定方向上付出的。借这种方法，人们得到伦理法则或自然法则，即一些本质上可逆转为反面的、其适用范围有待商榷的原则。

再者，还有一种可能性，去设想利用想象力把那种没有信任的实存的焦虑描绘出来。依此方式，你可以超越日常世界，通过哲学思考疏远日常世界的解释。世界上每一种实存的系统，无论是由物理单元或生理单元构成的，还是由分子或原子构成的，对它们来说，世界都是极其复杂的。世界的可能性超出系统对其反应能力所及的范围。一个系统在选择性构成的“环境”中确立自己，而且将在环境与世界的脱离情况下瓦解。然而，人类，而且只有人类能意识到世界的复杂性，因而意识到选择其环境的可能性，从而提出自我保存的基本问题。人类具有理解世界的能力，能够看到各种替代选择、各种可能性，能够意识到自己的无知，能够意识到自己必须作出决定。这就是为什么复杂性的进一步增加需要简化复杂性的新机制。当然，首先需要文化消解迷思，通过反思的自我意识作为普泛化和选择性的机制。

在两岸社会复杂性不断提高的情况下，为实现合作要能够而且也必须发展出可以有效简化复杂性的方式。通过社会机制的比较，可以看出，哪里有信任，哪里就有不断增加的经验和行为的可能性，减少了社会系统复杂性，也就减少交易成本。信任构成了复杂性简化的比较有效的形式。下

---

[1] ［德］尼古拉斯·卢曼著，瞿铁鹏、李强译：《信任》，上海人民出版社 2005 年版，第 3 ~ 4 页。

面我们来看一下信任是如何简化复杂性的。

（二）信任——两岸复杂性的简化从而减少交易成本

在笔者看来，对人和社会持信任还是怀疑态度，尽管表现形式极不相同，却是对发展起决定性影响的文化、宗教、社会和政治行为的精髓。

我们的假设是，发展的动力最终存在于个人能动性、对探索和创新的自由抱有的信心之中。从现在起我们有可能把信任问题阐述为冒险，一种风险投资。世界在不可控制的复杂性中消失到这种程度，以致人们在任何时候都能够自由选择不同的行动。然而，我得在这里，在现在行动。我只有短暂的片刻才可能看到其他人做了什么，并有意识地调整我自己。就在这一片刻，只能把握和处理少量的复杂性，因而，只能获得少量的合理性。倘若我对他人未来特定行动的过程赋予信任，那么，更复杂的合理性的其他机会将会产生。如果我能够相信并能分享这种收益，那么我就愿意合作，这种合作不是马上得到回报的，也不是直接看得到收益的。如果我参照这个事实：他人是否与我协调地行动或不行动，那么我就可以比较合理地追求我自己的利益——比如说，安心工作或放心地去旅行。

只有在充满信任的期望对于一个决定事实上产生影响时，信任才算数；否则，我们所有的只是一个希望或梦想而已。另一方面，这并非假定，风险与信任的根据在做任何事情之前都被理性地权衡。尤其当期待接近于确定性时，信任也可能表现为不假思索、粗疏随便和墨守成规，从而无须处处花费心思。现如今，与人一起外出时，人们总是对别人赋予信任，这才不会认真权衡是否要带武器防身。信任逐渐地融合到对连续性的期望中，成为我们经营日常生活的坚定的指导方针。但是，并非所有这种性质的期望都包含信任；只有那些与行为有关的期望才包含信任，而且即便是在后者当中，也只有那些人们借以对自己的行动作出承诺，要是它们没有实现，人们将懊悔自己对行为的期望，才真正包含着信任。

因此，建立在信任基础上的行动，最终回顾起来是否正确，取决于信任是受到尊重还是遭到背弃。从决策论的视角来看，这似乎只是众多不确定性中的一个所产生的问题，其可能性可以在很大程度上被估算出来。但是，这种观点没有充分注意到以下事实：由于贬低了期望的确定性，它对时间估计不足。决策者在作决定时并没有可以利用的知识和经验，至少它极少以可以计算的可能性这种字眼出现。所以，我们得出这样的结论，行动是否建立在信任的基础之上，就构成了行动是否能够获得合理性的本质区分。

对于两岸合作我们的假设是，共同发展最终来自相互信任的动力支持，发展的动力存在于合作的主动性和能动性，对探索和创新的自由抱有的信心之中。这种合作深知其后果、义务、局限性，简而言之，即合作双方自负其责的能力。为此，我们提供大家熟知的两个例子来解释信任的价值：在合作行动与个人行动的协调中，信任，通过对复杂性的简化，排除了某种行动的可能性：这种行动离开信任是不可能的，无吸引力的。换言之，离开信任本来就是不会实行的。因此，以信任为基础的行动的益处和全部理由可以通过“囚徒困境”与城市内交通的例子显现出来——与其说对更长的行动链条和更广的因果关系的确定控制，还不如说，首先，在向不在意发展时，通过引进信任，某些发展可能性就可以不予考虑。某些不能排除掉的，但不会扰乱行动的危险就可以中性化了。

通过信任简化复杂性的下一个例子，在越来越组织化了的社会结构中变得意义重大。不管组织与理性计划怎样努力，人们不可能根据对行动后果的可靠性预测来指导所有的行动。仍有剩余的不确定性有待处理，也必须有一些角色，其任务就是妥善安排这些不确定性因素。例如政治家、经营主管之类的角色，就是根据成功的结果而不是根据可测量的标准象征性地受到监督，这恰恰是因为，正确的行动不可能事先在细节上充分地加以辨别。但是，成功——如果它确实要出现的话——并非直到行动过后才显现出来，虽然之前必有承诺。通过对某些成功作预支，不成功则撤销，例如，通过资本信贷等，信任可以克服这种时间难题。复杂性难题以这一方式被分摊，因而变少。也就是说，一方暂时信任另一方会成功地驾驭暧昧不清的情况，换言之，将会简化复杂性。确实，在这种信任的基础上，另一方实际上有更好的取得成功的机会。

在此意义上，简化不是演绎推理，相反，它与归纳推理相似。归根到底没有确切根据供给的信任；信任总是从已有的证据进行推断，如西美尔指出的那样，它是知与无知的融合。[1] 尽管信任者从来不会没有理由，而且他完全能够说明为什么在这个或那个事件中表示信任的理由，这些理由实际上意在维护他的自尊并在社会上证明自己是正当的。

就信任来说，复杂性的简化是因为其主观性地对问题的处理采取了特殊的形式。我们可以把这些形式描述成为不确定性被吸收，或被容忍的程度变化。在滥用信任的事件中，这些理由防止他在自己和其他人面前显得像个傻瓜，像一个没有经验的、对生活不适应的人。它们至多被用来解释赋予信任的理由，而不是解释信任本身。由此我们可以说，信任仍旧是冒险行动。

以这种方式超越现实情境，从具体的先前经验、从信任的特定根据中获得相对的独立性，在学习理论中，这被称为“普遍化”。信任判断将经验泛化，使它们延伸到其他“类似的案例”，而且在它们经受得住检验的范围内，使它们对区别的不介意稳定化。这种期望的泛化过程有三个重要方面，值得进一步考虑：疑难问题从“外在”到“内在”的部分移位；一个学习过程；对周围世界结果的符号记述。所有这些形式的普遍化，特别是对信任的阐述，假定系统的存在是对其运作的支持，系统本身复杂到足以能够在其内部再产生出世间某些关系。当然，没有一个系统能够在其表象中重复或复制带有一切深不可测复杂性的实在世界。

事实上，一切内在的过程，是内在与外在之间差别的意义，还有待发现在一个更低的复杂性水平上运作，从而相较其环境而言展示出较少的可能性，或较多的秩序。它们有选择性地运作；世间数据间的关系被吸收进来并被作为与系统相关的信息处理。因此，它们用数据加工的内在秩序代替最初无组织的环境复杂性，这种内在秩序的问题作为适应环境的正常运作基础输入到系统之中。

---

[1] G. Simmel (1992), 263f.

就信任来说，复杂性的简化因为其主观性而采取了特殊的形式。这种形式可以描述为不确定性被吸收，或被容忍的程度变化。系统用内在的确定性代替外在的确定性，因而提升它对外部关系中不确定性的耐受性。复杂性如何减少的问题，与它在环境中的存在有关，因而转变为这种内在确定性次要问题的一部分。

内在的确定性由两个不同的、确实对立的方面产生，在很大程度上是因为不论系统条件差别多么大，信任的发展可以相当可靠地一再被预料到。一方面，它可以以下述事实为基础，即信任的对象对内在的结构发挥了一种必不可少的功能：对经验进行处理。另一方面，信任的削弱相应地会对自我的信心产生极其深远的后果，因为它会导致内在性情的巨大改变，所以不会作为一种可能性得到鼓励，对它来说，系统缺乏时间、能量以及环境的支持。在完全相反的方面，信任的确定性可能依赖一个比较强的分化了的内在系统，其结果是，信任的对象的失败只能导致部分的、孤立的损害，而且信任的对象可能被功能等价物取代。在这两种情况下，信任的首要的支持力量，来自系统内在信息处理安排中它发挥的功能，而不是直接来自环境中原生的保证。因此，处理经验的内在安排逐渐取代外在世界复杂性简化的“正确性”的基础。

作为某种内在物的信任条件，使对某些的信任态度形成特定风格的可能性增加。其实，这种风格一般来说对信任问题有影响，因为它既与不信任也与信任有密切关系，即帕森斯所说的“模式变量”的概念。信任和不信任，通常会被看作是非中立的和非特定的态度，按照其对象给出的方式看，是特殊的和先赋的。所以，信任与对象的关系，不依赖于特定的个人利益与经验背景，不顾它会与之相关的特殊事态而出现。信任是一种态度，这种态度既不是客观的，也不是主观的；它不可能转换为其他对象或者其他信任者。

这样一种态度，信任——在此我们也看到，它并非简单地包括来自环境的机械的影响。信任——必须学会，就像任何其他种类的泛化一样。这一学习过程的潜在假设在一个人的出生期开始就规定下来了。在家里，由于社会制度，也是由于家庭成员之间的信任的特定运作，信任的最早期形式找到了它在已高度复杂化世界中第一个确证。当然，学习过程并没有在那里终止。新的处境、新的人，在整个一生中不断地提出关于信任的新问题。如果人们可能学会，不只是信任本身，而且还学会怎样去信任，才能符合这一标准。这是家庭的社会功能的一部分，如若假定社会系统也必须学习信任的话，也不会太误导人。

当然，信任还可以有符号调整，符号调整的信任对敏感的形式和方向因事而异。然而，原则仍是同样的：因为现实对实际控制来说太复杂了，借助于各种符号的暗示，信任得到控制；一种粗略简化了的标志框架，作为传送有关继续信任是否正当的信息反馈圈，为信任提供支持。

虽然如此，并非每条信息都威胁或破坏信任。信任的对象享有一定的信誉，甚至允许不好的经验能得到有效的重新解释或被吸收。特别是在区别信任与不信任时，控制是根据界限实施的，若不收回信任，就不可能跨越这些界限。在风格、技术、弹性方面，这种控制与依据明确目标、规范或价值的控制有根本区别。它是一种可调适于更大复杂性的更简单的方式，但是它的确预先假定：各种界限，或信任批判的行为方式，可能得到识别并能足够清晰地界定。

此外，各种符号控制起作用的方式，典型地趋向于不受质询和不确定。它大都通过推论实行，这些推论仍然是不传播的，因而甚至不必作界定，或不必适当地证明为正当的。这就是理由和观点的非常精确的表达与信任的管理、信任的收回都不协调的原因。没有必要为一个寻求信任的人这样做；它甚至可能很容易地变成一个分裂的因素，或者更严重，可能唤起不信任。因为提供详尽的实际信息和专门的论证，就是否认信任的真正功能和方式，尽管这种说明的可能性应当提出来。当某专家沿着那些同样的思路开始论证时，他可能成为某政治家及其论据的一种威胁。该政客能提出的论据越多，信任他的需要就越少，究竟是谁使该方案生效就越无关紧要。如其不然，倘若信任问题仍然是相关的，那么论据的积聚反倒暴露了一种可能导致收回信任的不确定性。

信任关系的所有三个组成部分进一步确认了我们的假设：信任与复杂性简化联系在一起，更具体地说，是因其他人自由进入世界复杂性的简化。信任发挥功能以便理解并减少这种复杂性。

综上所述，两岸可以通过了解建立信任，这是一种合作的态度，而态度决定合作的高度。通过复杂性简化，合作系统能够比较容易地承受作为信任固有的风险复杂性。但是，我们仍然要问：在什么条件下，信任与合作会产生什么样进一步的后果？

（三）信任——促进两岸合作并走向融合

能否在研究中免去数学演算、模型设计和系统化，许多经济学家想方设法用方程式归纳发展现象，但是，他们很快就碰到无法解决的未知变量。发展虽然能用资本、劳动和技术进步的简单组合加以估计并衡量结果，但是，我们也必须承认有重要的影响因子，它可以说是方程式中的残余因素的作用，它对发展影响甚大，因此我们下决心将复杂的变量囊括在发展中，这些变量只能用一词以蔽之：信任（文化）。

有了这个前提作保障，我们就可以界定两岸的合作与发展进程。我们知道，两岸的发展在最初数十年里可以明显地看到起振奋作用和抑制作用的态度、行为、价值之间的争论。如果说两岸的发展自诞生之日起，其最活跃的形式调动了所有人力资源，那么从中华文化的角度寻找解释，可以看到，这种解释与一种人文观是契合的，是来自两岸人民血液之中的对传统文化的信任。两岸发展启动之前和之后信任拥有同样的潜力，所不同的是潜力调动的程度不一样。

但不容忽视的一点是：两岸关系中正如每个人自身都有禁忌型和解放型行为一样，两岸都只利用了一小部分解放型行为。因循守旧式的安全自有墨守成规的舒适，但少于开拓创新，这是不合时代潮流的。探索新路——不仅是地理意义上的新路——总是蕴含了一定的风险。探索需付出巨大的心理代价，对于那些对未来的利润不抱信心、对其自身创造利润的能力不抱信心的人或社会来说，需要付出的甚至是令人沮丧的心理代价和经济代价，甚至是历史代价。发展的兴起发生在解放型行为无拘无束受到鼓励的地方，发生在麻痹型行为得以克服的地方，发生在平衡与稳定被证实共存于运动之中的地方。

实现一体化的欧洲共同体给予我们最大的启示：实行改革是欧洲文明社会的动力，它极大地推动了欧洲现代化的发展，促使欧洲一体化发展。然而，两岸与欧洲的合作相比还有巨大差距，正是这些差距引导两岸改革家对两岸发展进行探索，通过一种精神动力、对富于创造力的自由抱有信心，为达到两岸一体化进行着钩深致远的探索。两岸政治家需要通过学习欧洲的经验，用信任创造中华民族的合作共赢，担负起中华民族伟大复兴的历史责任。

第四节　远程合作的原理

前面第二章提到，两岸企业合作应在技术上有所突破，合作模式上有所创新。目前，计算机及网络媒体的广泛应用，对企业各方面的发展发挥了巨大的推动力。实际上，软件的支持和网络技术都能为管理、产品开发以及合作发展服务。通常，先是通过经验构思共同合作的框架，然后衡量优缺点并促成软件的开发，接下来，更多的新管理理念形成，并建立提供新技术支持的一套模式。考虑到两岸企业间的合作，首先应该有在大市场环境中竞争和生存的意识，然后谋求共同发展和成长。随着计算机和网络媒体以及云计算平台概念化的展开，商业合作得到强有力的支持，因此技术将是两岸企业合作成功的关键。

一、远程合作技术

商务信息工程的主要内容在1998年德国学者Scheer提出的Y模型中有比较详细的描述（见图3－3）。

首先，产品以及制造系统的设计和实现需要一个过程，主要方面有产品开发、运作计划以及制造和运输。其次设计的是物流规划，包括计划的提出和采纳、厂家的数据提供、控制和操作等。以上这些是不同企业和不

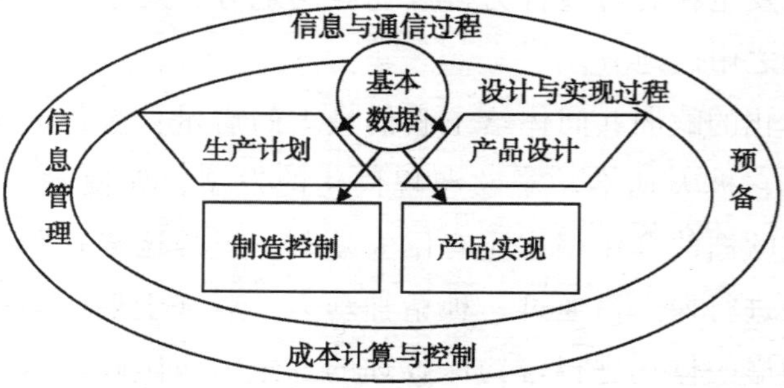

图 3－3　Y 模型

同类型的产业之间所共同的地方，即信息和信息的传递过程，其中技术是关键：

（1）信息和数据；

（2）管理和数据处理；

（3）数据概念的改进。

信息技术应用框架如图 3－4 所示。图中表示制造系统的状态正是商务信息的数据基础，它包括：（1）产品参数；（2）共享数据；（3）制造的原始数据；（4）进程的顺序；（5）存货；（6）计划；（7）控制数据；（8）人力资源；（9）供应链管理……❶

商务信息基本数据的输入来自不同行业和网络制造的信息。比如说，产品开发产生的新产品及其信息，生产控制部门不断地提供制造工艺的信息，产品销售部门产生的预见性销售信息。在这些数据的基础上进行计算机规划，得出满足网络制造的信息，例如日程表或者控制流程图。一般的制造信息包括三部分：计算、计划和控制。每一步都是根据上一步的结果而制定出来的。然而，关键的一点还包括网络制造的要求。因此，在计算时，必须把这一层也包含在内。

在合作制造中，网络制造的商务信息的基本数据并不只是来自于一个

---

❶ 郑力、［德］Frank Possel-Doelken 编著：《合作制造方法、技术与应用》，清华大学出版社 2003 年版，第 22～50 页。

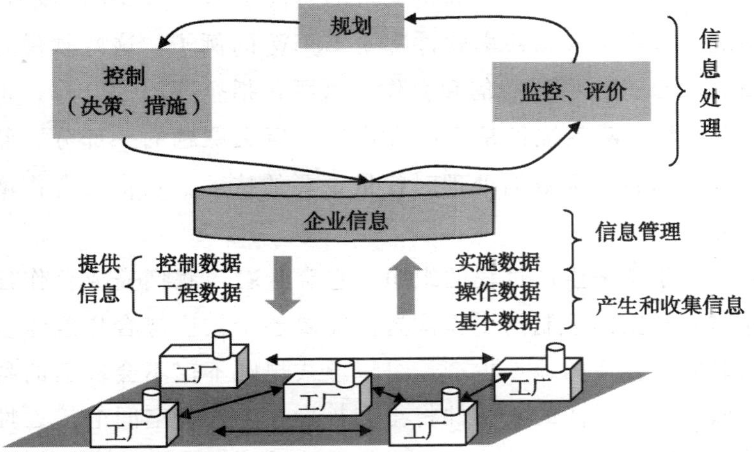

图 3－4　企业信息技术应用框架

公司或企业。也许说它是多产业的数据集合会更为准确。实际上，ERP 系统就是用来归纳这些数据的。PDM 软件也可提供相同的服务。但是，其他的一些软件系统，比如工具管理系统、库存管理系统等，就只为数据的统计提出方案。现在，ERP 系统已经发展成为 ERP 数据供应商，为有需要的厂家提供数据。一般的数据管理系统都能在正确的时间和正确的地点提供正确的数据。由于考虑到合作，大的工作通常都使用这种共享的数据。互联网同样提供数据库间的交换数据，以核实数据的准确性，并可以进行数据的转换，来满足不同行业的需要。这里，数据接口的改善是必须被提及的。例如，STEP 标准就是面向整个制造业的，CAD 系统形成的数据可以直接为 CAM 和 PPC 系统所用。商务信息交换的另一重要技术是 EDI。有好些工业企业已经以 EDI 信息作为标准，EDI 同样提供数据的交换。

供应链管理软件 SCM 的出现使商务信息的获取更为简单。该系统着眼于链式网络制造的进程。以 ERP 数据库为基础，SCM 系统可以满足整个制造链上的时间、质量和资源的计划要求，包括制造、运输、仓储等各方面。而且，图表的提供使得环境更为友好。

除了以上提到的技术外，实现合作的主要因素还是能支持协作项目管理的软件。这项技术指的是计算机支持的协同工作（CSCW）或者是群件。E-mail 系统、远程会议和共享软件都是 CSCW 的例子。这些软件总的目标是支持日常项目工作中的通信和合作。这既包括企业间的合作，也包括企业内的合作。CSCW 系统正是远程合作这一巨大课题的一部分。此外云计算正在启动，这将是大数据处理时代最重要的技术，它将为合作增添更加重要的平台。

此外，基于未来生产过程的组织，它意味着当我们完成合作任务时仍需考虑受时间和空间限制的工作配置。需要整个供应链合作意味着有权利在合适的时间、合适的地点生产。组织形式规则不仅不会被新的科技发展所代替，而且组织形式的复杂性将得到扩展。今天，空间的接近性和它的不存在性的实际意义并没有得到足够认识，与在组织任务完成的环境中，其代替的可能性一样。显然，在空间距离中要完成这些任务最重要的是通信问题。随着有效交换信息容量的增加和处理能力的提高，分散地完成任务的空间距离将不再成为问题。通过这种方式，以前仅能通过交互式直接操纵的任务将因媒体远程支持合作而逐渐取得进展。

二、远程合作维数

当同一地区的合作者在生产和服务上直接合作时，分散和独立的任务可通过媒体支持完成。远程合作指的是在媒体支持下基于资源分配的生产和服务。远程合作之所以被视为依靠媒体支持的分布式合作缘于以下三个方面：

第一，远程工作寻求解决如何在地域分布的条件下进行协同工作的问题（分布式工作设计过程）。

第二，远程管理要解决如何协调好任务的分配问题（分布式工作管理过程）。

第三，远程服务提出分布式工作安排的产品运输问题（合作过程的结果）。

（一）使能工具——通信和信息技术

信息技术常被认为是远程合作的触发器。超越本地界限的协同工作需要合适的信息和通信基础设施。尤其通信是克服空间和时间限制问题的关键。最新的技术发展在很多的领域解决了通信问题，逐步改善了远程协作工作的进行。先进的信息技术，尤其是分布式应用，计算机支持远程合作，移动通信系统和多媒体应用等，使得时间和空间对组织管理的限制消除了。移动通信系统为在不同地点完成不同任务提供支持，它们使得从任何地方建立信息通道成为可能。

（二）远程工作——媒体支持的分布式工作过程

远程工作是一个最近的，但不是最新的现象。J. M. Nilles 提出了“远程通信”（telecommuting）这个词，它在美式英语中常被用到，与英式英语的“telework”意思相似。20 世纪 70 年代后，特别是 80 年代后期出现了相关的较为深入的研究和乐观的预测。90 年代末取得了惊奇的实践性进步。今天远程工作的流行应归功于更广阔的视野、新的网络系统和信息技术的发展以及政治、经济上的新观念。❶

如今，在西方，通过网络实现远程工作的人数不断增加，来自欧洲的经验可以为两岸合作提供学习和借鉴（见表 3－1）。关键术语“远程工作”包括独立、变化、移动的概念和一般的远程协同工作形式，并表示了媒体支持的、利用多种表达形式和工作地点完成的分散的任务。基于空间相关因素，我们可以区分四种相关组织的远程工作模式（见图 3－5）。

表 3－1　欧元区国家——远程工作者的数量占工作总人数情况

国　家	远程工作人数（百万人）	工作人数（百万人）	占工作人数的比例（%）
英国	4	27	14.3
德国	0.8	38	2.1
瑞典	0.4	4.4	9.1
法国	0.3	24	1.3
芬兰	0.3	2.6	11.5

❶　张义龙：《区域物流与经济资源最佳利用理论方法、技术与应用》，吉林大学出版社 2010 年版，第 147～163 页。

续表

国　家	远程工作人数（百万人）	工作人数（百万人）	占工作人数的比例（%）
挪　威	0.25	2.2	11.4
荷　兰	0.14	6.6	2.1
西班牙	0.1	16	0.6
意大利	0.1	24	0.4
爱尔兰	0.04	1.3	3.1
葡萄牙	0.03	4.7	0.6
比利时	0.02	4	0.5
希　腊	0.02	3.9	0.5
奥地利	0.02	3.5	0.6
丹　麦	0.01	2.8	0.4
卢森堡	0.001	0.2	0.5
总　计	6.53	165.2	4

资料来源：郑力、［德］Frank Possel-Doelken，38t.

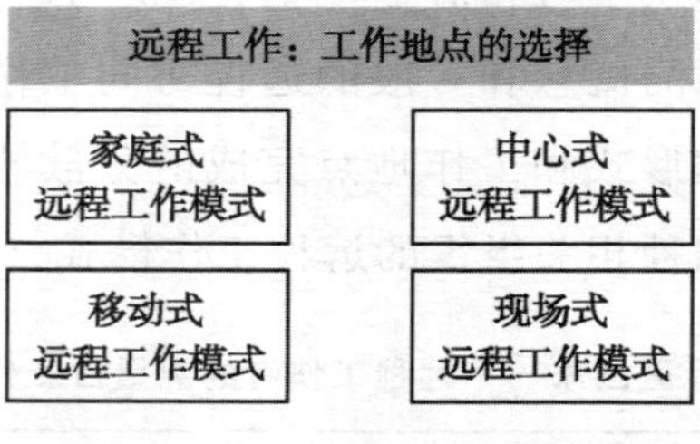

图 3－5　远程工作——工作地点的选择

（1）在家里完成任务的家庭式远程工作模式；

（2）在卫星和相邻办公环境中的中心式远程工作模式；

（3）主要发生在管理阶层，但在服务领域和工业领域中也出现的移动式远程工作模式；

（4）发生在顾客、供应商或合作者间的现场式远程工作模式。

正如图 3－5 所示，工作地点有一些根本性改变，它们的所有内容都可以被不同的时间、概念、构造规则和技术结构所改变，但它们仍然是构成工作地点的基本因素。

（三）远程管理——媒体支持的分布式合作的工作过程

远程工作对协同任务的完成提出了新的要求。它们改变了工作过程，也改变了合作方式，同时要求分散式雇员具有自组织和自我合作的能力。远程管理是所有媒体支持的分布式协同任务的集合术语，包含了独自和外来的合作形式。内部组织联系、分散式和全球性的公司或企业对管理层提出了新的要求。对运输性企业的实践观察表明，联合、分散和国际化在不断增长的运输活动和交互式媒体扩展下将步入企业的管理轨道。全球供应链扩展，以及新合作模式带来新组织形式的改变，都将推动未来中国经济新增长模式转变。

（四）远程服务——媒体支持的服务

因为远程合作只能应用于与信息相关的任务，所以其产品总是信息。当远程合作的产品是服务供应时，被叫做远程服务。新组织形式使新服务成为可能。类似地，以产品信息结构为基础的远程合作组织设计赋予了新产品分类的钥匙——远程服务。这种媒体支持的远程服务领域为信息产品的创新开启了更广阔的领域，有用的远程服务显示了远程合作比分散完成更优越。远程合作允许各种信息产品以各种服务形式出现。随之而来的结果是制作和购买信息服务，同时，在信息领域对劳动力进行划分。

此外，远程合作还可以为制造业合作提供支持，像研发、图纸传输、资源共享等，以最佳资源配置形式来改变制造业模式和发展方向，提供合作经营的新管理范式。

总之，移动信息和通信技术的应用将远程合作的可能性从分散的工作地点扩展到地域独立的形式，远程工作、管理以及服务对移动性有同等的影响。

三、两岸合作策略与未来发展趋势

在新技术不断进步的推动下，传统组织被打乱，新组织正在不断形成和发展。传统组织的特点是以固定的产品占领稳定的市场，且产品有较长的生命周期，这种特点越来越不适应现代社会条件下顾客不断变换的需求。所以，为提升竞争能力，创造性的策略可以帮助合作企业在竞争中赢得优势。

一般来说，传统的合作方式主要是合资经营或者是独资形式，而且要求有投资实体和地点。随着新技术的不断出现，合作生产方式和组织管理方式都在变革。从目前新合作理念变化的形式上看，大体上有三种新型的组织创新策略适应新的合作模式变化的条件（见图 3－6）。

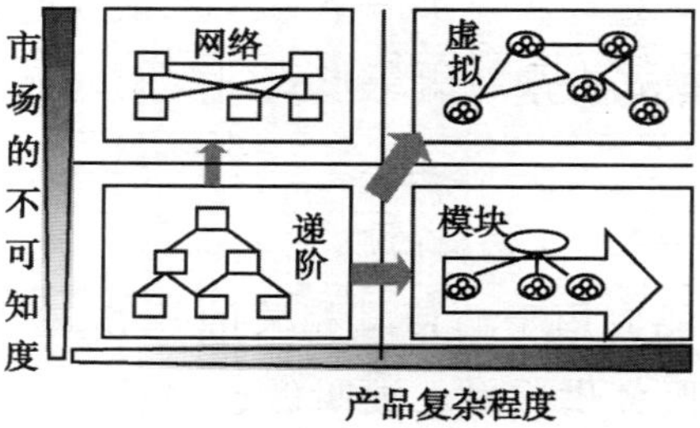

图 3－6　组织创新策略与任务特点

（1）模块化策略：组织结构的模块化策略在产品制造和服务变得日益复杂且递阶层次的策略缺乏内部通信渠道柔性的情况时，这种策略起着很重要的作用。

（2）网络化策略：在市场不确定性程度增加且集成合作的风险提高的情况下，网络化策略发挥重要作用。与市场伙伴的联网作业意味着几个合作伙伴间的风险有所分散。

（3）虚拟策略：虚拟策略非常适合于那些具有高度复杂性和市场不确定性的任务。

以上的三种组织创新策略需要相应的信息和通信的基础建设，并受益于媒体支持的分布式工作方式，比如远程工作与合作。然而，组织上的创新进程经常显得缺乏与工作空间创新项目的集成。这样，分布式的工作形式只是一种企业现实，并不能把它作为实施全部组织创新的企业策划工具。

依据广泛开展的远程协作的实践经验和关于普及创新的理论发现，德国慕尼黑工业大学工业管理学院开发了一种多方位的策略模式，以便将在所有组织创新项目中分散的工作形式集成起来。这种模式既综合了应用研究的成果，又综合了在德国工业领域中的多于25年远程合作实验项目的应用研究和经济评价结果，并以国际经验对其实施公开管理。这种模式指导了远程合作工作形式的分布式策略，也显示了对于组织创新进程中分布式工作形式选择的影响。

对于远程工作策略而言，其工作地点的规划主要集中于地点的分布和工作位置的重新安排。然而，这种空间分布过程中的工作并不能孤立进行。因为已经证明了分布式工作形式的分析、设计与实施不仅对于远程协同工作有影响，同时也对远程管理和远程服务方面产生影响（见图3－7）。

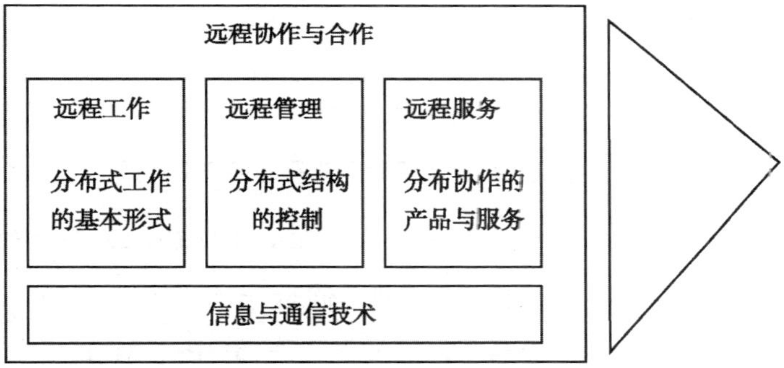

图3－7　远程协作的维数

从组织的观点来看，这种远程协作的三维性划分是有意义的。因为任务的组织过程和组织结果包括：工作远程的设计、对工作进程的管理以调整这些工作和控制过程的产品生产。

分布式工作、管理和运输服务的充分结合为组织结构的创新和柔性开辟了广阔的选择空间，也为两岸企业合作提供了创新模式。但是，值得注意的是，这种选择并不能自动转变为真正的企业合作的利益。首先要实施它们，并且这些实施策略决定了它们所能实现的经济效果。图3－8总结德国的经验，综合了基于分布式工作设置的组织形式创新的多方位策略模式的各个部分，它已经被用于对实验项目广泛领域的设计、实施和远程协作形式的评估，值得我们借鉴和研究。

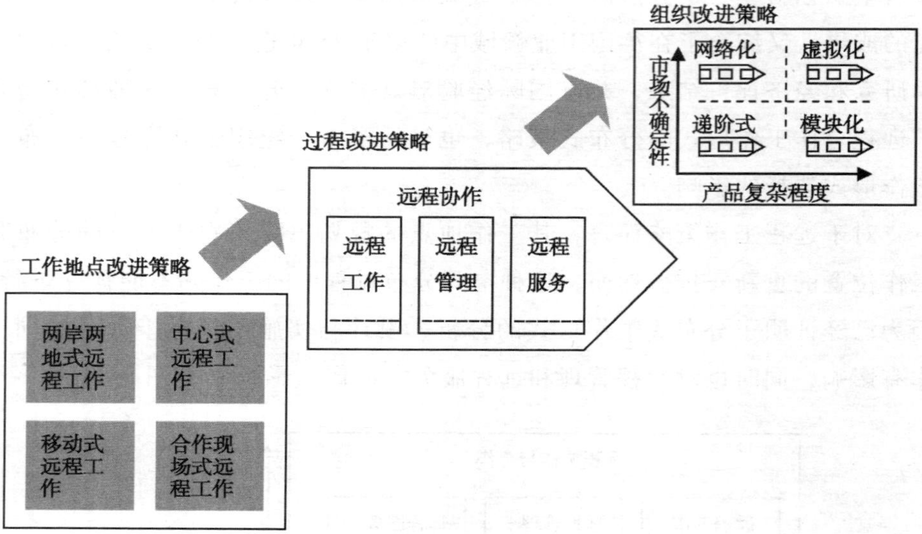

图 3－8　对于分布式工作安排实施的主要策略

图 3－8 所示模式给出了对于分散的工作安排实施的三种主要策略，它们被定位于与企业策略影响相应的三种不同合作水平上。

(1) 作为工作地点改革策略的远程工作集中于对工作位置的空间布局。

(2) 作为过程改革策略的远程协作着眼于在更为广泛的分布式企业合作进程环境中的工作位置。

(3) 组织形式改革的模块化、网络化以及虚拟化将作为合作组织重组基本模块的远程工作与远程协作有机集成，从而进一步在全球市场中获得竞争优势。

这样，作为一种合作进程的策略，远程合作担负着具有多种形式的分布式工作与它们组织环境之间的联系纽带的作用。我们可以在人权层次上设计、实施、评估在企业和公共组织中的分散工作形式的项目，但这种设计和实施策略需要小心制定。因为所能实现的目标和结果在很大程度上受所选择策略水平的影响，工作空间的重组不会随优化企业进程而终止，优化企业进程为的是能产生用于取得新的市场的新产品。这似乎看起来是不言而喻的，但通常关于空间分布的组织形式改革策略的影响可能会出现令人不满意的情形，预料的结果也可能不同。这些情况应当注意，经常需要合作企业一起解决。❶

四、两岸企业实施远程合作的好处

远程合作预想了企业运作、市场供应、协作和资源共享的新机遇以及关于市场服务和产品的富有创意的新思想。在熟悉的周围环境，企业雇员可以很好地工作，与此同时，过程合作也为雇员创造了新的机遇与挑战。一方面，过程工作与合作被视为未来劳动力市场、企业竞争力以及维护当地经济安全的希望；另一方面，远程的工作和组织形式创新管理机制，为合作开拓创新提供动力。远程合作可能会给两岸企业合作带来以下好处。

1. 增强两岸企业长期竞争能力

一个企业的竞争能力很大程度上取决于它在处理过程设计时的盈利能力。经济上的盈利可以通过运营总成本、反应时间、产品质量和生产的柔性来实现。在这些方面，具有积极影响的新的组织设计和技术概念具有实用价值。很多观点支持由工作间解体的组织概念所带来的经济效益，它们是倡导和使用远程合作工作模式的推动力。主要体现在以下四方面：

（1）成本因素：两岸工资水平存在差异，人员成本经常是企业活动工作地改变的动因。在人口密集地区的高地价解释了单元组织大范围分散化的原因。设备的使用和更新换代以及新投资的增加都会影响运营成本。

（2）时间因素：利用不同的地区或不同工作模式和假日安排使得组织处理的连续性成为可能。另外，合作生产在满足市场上顾客需求的反应速度加快也会节约大量时间。

（3）质量因素：有目的地使用两岸在产品要求上的不同需求者的力量

❶ 郑力、［德］Frank Possel-Doelken 编著：《合作制造方法、技术与应用》，清华大学出版社 2003 年版，第 101～108 页。

提高质量标准。例如，可以通过不同的市场经验提高产品生产工艺水平，提高产品质量。

（4）柔性因素：在对变化的市场需求的反应中逐渐增长的对柔性的需求使得合作企业的能力范围适应特定问题的需要，这表现了一个组织动态地适应环境变化的能力。

如果说新的合作产生的附加技术对人的工作状况有正面影响而且考虑到外部的竞争对手的影响，那么其合作前景是光明的。合作企业将会提供实用的组织和技术条件来利用它们的人力资源以促进其发展。远程合作的组织形式很适合这种价值观和社会偏好。它允许个人目标，如自我决策、移动性、灵活性和独立性等，成为组织观念的基本组成部分。

2. 企业地理位置分散——企业的资源共享

支持两岸企业不同人力资源的组合与使用，只有在地域分散和地域独立的组织中才成为可能。价值联系和竞争优势可以通过合作企业地域的分散来实现。两岸企业合作可以分别在两地生产与销售，不必把企业集中在一地，分散生产共同销售来满足两岸或世界市场的要求更加具有竞争优势。两岸企业合作通过过程协作异地生产可以开创一个在全球市场上有巨大影响力的中国新纪元。

两岸远程合作最大的好处是实现资源共享，避免重复投资带来的资源浪费，从而达到资源合理配置。然而，要做到这一点，不只需要两岸相互理解、信任以及宽容，还需要对文化和组织结构变化以及对其自身力量和缺点的清晰认识，取长补短，优势互补才能真正获得合作成功，实现竞争能力提升。

3. 拓展更广泛的就业机会

两岸远程合作对促进劳动力就业有很大好处。原因是，远程合作不但不会影响各自企业员工的就业，还会增加新的就业机会。远程合作开拓了新市场，产品市场占有率会不断提高。可以预测，随着两岸企业合作加深，对人才的需求不断增加，增加就业和提高收入水平是必然趋势，我们可以乐观期待。

对两岸合作的未来展望，随着信息技术使得两岸企业价值链的重组、组织区域的重构和工作区甚至到不同企业地理分散成为可能，但采取什么样的措施来应对不断激烈变化的市场环境还不是很清楚，而且，经济原因和设计方法变化的前提对未来的工作模式有怎样的影响也不确定。分布式合作的四个假定是这种方法的基础：变化是永恒的，所有的工作是分散的，知识是最重要的资源，时间是永远不够用的。

远程合作组织就是接受这些假定并且把它们用在重构组织上的一种尝试。从欧洲的经验上看，远程合作组织在各个领域显示了它们的作用：跨越了时间和空间限定的界限，跨越组织内部和外部的界限，在组织的成员资格或无成员资格方面扩展了长期契约上的界限。然而合作也有它的限制，例如，它的技术基础也会受到两岸政治行为方式强加在社会机构上的限制。这些重构组织的倾向在今天更为明显。预测最后阶段是地区分散性的组织，也就是全球工作空间。从任何时间任何地点的观点来看，我们可能有了对未来两岸企业合作和工作方式的初步想象。

第五节　合作的技术管理

合作企业的成败都可以用全面质量管理（TQM）理论来说明。TQM 是一种持续的、自我调节的过程，使得合作企业中有关各方协调利益，以求共同发展。传统上，质量管理方法及技术也被用于进行企业合作的一些预防措施。质量管理是建立成功企业间合作的基础。合作企业管理面临着诸多问题，更多的不在于实际合作期间的行为，而在于是否有精细的准备、全面详尽的计划以及预防性的组织。图 3－9 表示如何应用全面质量管理来挖掘合作的潜力。其方法有助于以 TQM 为取向的制造业合作企业的管理。它以三个主要因素作为基础：合作基石、合作市场和合作管理。

上述方法的思想基础是：合作开始之前，当边界条件已经确立时，合作要取得成功，就必须在这个阶段迅速建立各种合作组织与交流平台，并且这些形式一定要有自我调节能力，要取得最大的弹性和速度。边界条件

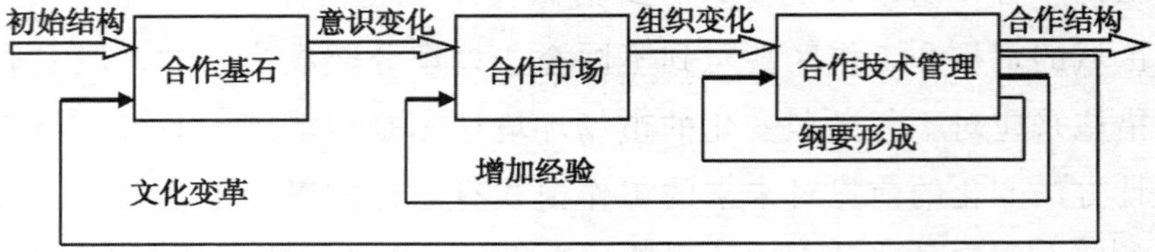

图 3-9　全面质量管理（TQM）型合作模式

到位时，在合作交易中，两个或两个以上的企业以和谐的合作文化为基石，各自调整自己的目标、未来发展和支出计划。这时，我们才能说合作各方的利益一致并取得平衡，这样的合作企业现在符合 TQM 的基本原则。这种合作将会是长期的、共同的、利益一致的、必然取得成功的。

关于两岸企业的合作能否成功进行，我们认为，合作成功的基础就是建立一个共同的合作框架。上述合作的结果是一个各方共同建立的合作框架，这一框架就像一个完整的平衡表系统一样服务于整个合作。在这个平衡表框架中，TQM（全面质量管理）的结构元素为各组织形式提供了发展空间。其中雇员和所有组织单位都可以与其伙伴公司联络。在合作中，双方将用到一些方法和技巧以弥补自己的不足（见图 3-10）。因此，形成合作的结构模式后，在这样的一个高枕无忧的合作环境中，各种自我管理的形式将成为可能。

一、合作基石

合作不是简单的企业合作，而是人的合作，是企业合作中人的相互作用。只有当企业雇员们的决心、能力与行动自由达到最高时，只有允许这些方面有发展空间时，合作所带来的利益才能达到最大化。决心来自于动力和信念，能力来自于知识和技术，而行动来自于权威。TQM 取向的合作文化将在公司和雇员之间进行，雇员们的头脑产生意识上的变化或变革。取得这一目标的方法是：培养合作意识与动机、进行培训并接受合作责任。

（一）合作意识与动机

合作企业的从业人员在行为和认知上要有所变化。并且懂得合作必然

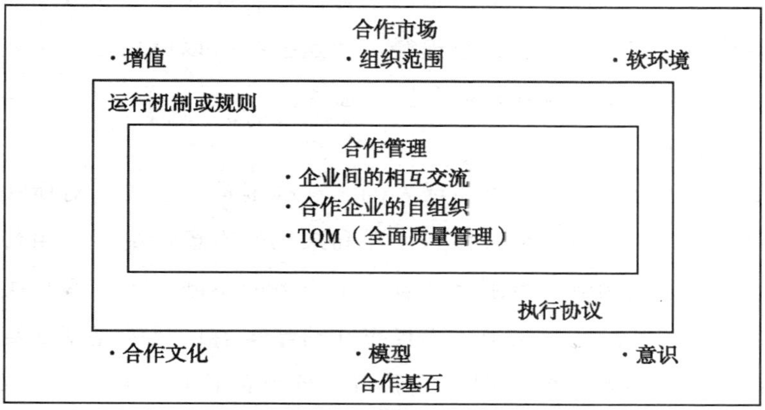

图3-10　合作的结构框架

结果是改变原有的企业面貌。然而，人们总是反对变化，习惯于平时积累起来的工作模式。从企业变革的成功之路来看，只有很少的企业针对变化的项目获得了成功，甚至当变化被认为是必需时仍会遇到阻碍。

每一位管理人员都会遇到一些不喜欢变革的雇员。大多数情况下，雇员们不喜欢领导层的改变和不愿意学习新技能的原因是很好理解的，但有时人们对变革抗拒的原因却是令人困惑的。一个对工作有热情，而且有知识和能力并能轻松作出改变的员工却奇怪地拒绝任何改变。

问题出在哪里呢？如果说不清楚问题就不可能获得合作成功。当我们进行分析研究后发现，对于变革的抵制并不一定真正意味着人们反对变革，很多人只是下意识地防备变革可能带来的利益冲突。这种内部的矛盾冲突看起来是对变革的抵触，但实际上这只是人们对变革可能会带来的利益变化的防御行为。比如说，一个雇员拖延了一个计划进行，可能只是害怕计划实施后他必须承担更困难的、他难以胜任的工作。或者他出色地完成一项任务后，他可能会面临着更艰巨的任务。

因此，不了解雇员这种心态，期望改变雇员的任何努力都是徒劳的。改变雇员的行为，首先要改变他们的意识。意识是变革的动力来源，意识不改变行动就不可能迅速和正确。而意识的变革来自信任，信任是坚持变化的基础。为了获得信任，最根本的是提高敏感度和认识。以下是解决问题的重要控制、成功要素和有效途径。当这些都得以应用时，企业才能形成必要的组织能力来适应和采取合作的态度。

1. 表明困难

改变是由不断增加的困难所激发的，这种困难源于人们对所关心的问题的认识。首先，我们必须认识到现在和未来的市场情况不能由传统的顾客—供应商关系来调节，特别是随着电子商务的不断发展，客户关系管理变得尤为重要。其次，确保困难不仅仅在情绪上有所反映是很重要的。只有对问题有了真实客观的了解才能获得对问题的认识。行为变化的过程，改变事物的意识必须在对问题有了全面认识之后才能发展。

达到该目的的途径之一就是解决在“痛苦工厂”存在的问题。在那里，工作人员面对的可能是一片消极的前景。处在这种情况下的工厂必须采取行动来提高认识和改变以前的行为与管理模式。包括管理人员在内的所有人员都应该对改变现状持支持态度，并有决心改变这种消极状况。

2. 创造机会

除了感觉到困难之外，由意识改变到合作所带来的机会也可能激发相应的变革。因此，机会和压力一样可以用来激发变革。当我们面临竞争的环境发生变化时，为了生存和发展，人们往往会寻找变革带来的机会。但是，有时这种机会比响应紧急状态更难产生变革必要性的认识，在示范应用方面进行组织变革的意识应进一步加强。合作所产生的多元化的公司其组织原则可以由计划策略来证实。

3. 消除疑虑——质疑心理假设实验研究

一旦明白了自己的防御性心态和造成这种心态的心理假设，人们就会立即采取行动去克服它们。但这个步骤的第一步是观察而不是立即行动。在合作公司或企业里，变革的意愿在很大程度上受自我效应的影响。管理人员常常在这种环境中扮演提意见的角色。他们会加快或减缓改进，或一开始就采取等待和旁观的策略。由于自我防御效应的影响，提议者最终按一般成功经验决定变化的执行。依据对台企与大陆企业合作的调查，如果在变革过程较深入、较困难的时期能避免消极的自我防御心理的效应，大多数管理人员会坚定地确信变革的成功，而且这些管理人员在项目中必须担任积极的促进者角色。调查研究是按照以下步骤进行的：

步骤一：观察并记录现在的行为。

合作企业的职员们必须先观察自己的心理假设会使自己做出什么事情。我们特别要求他们在这个时候不要改变自己的思维和行为方式，因为我们需要找出他们的行为与他们的心理假设的联系。这样人们才有机会了解在什么情况下存在于他们内心的心理假设会影响他们的生活和工作。比如台湾地区企业的某员工就假设，如果他与大陆同事关系良好，就会与他的台湾伙伴疏远，这使他错过了很多机会。因为当有人提出一个好主意时，嘲讽是他的第一反应，这使他丧失了主动与同事合作，更出色地做好工作的机会。

步骤二：寻找反证。

接着，员工们应该积极地查找过去做过的一些事情，以证明他们的心理假设并不总是正确的。因为他们内心确实存在心理假设，而这种心理假设会系统地并无意识地影响他们对事情的判断能力，如他们对数据的选择，往往会重视某一部分，而忽视另一部分。在人们寻找这种过去的经历时，他们就在质疑自己的心理假设。在我们的帮助下，他们会发现，他们曾过滤掉某些信息，因为这些信息会动摇他们的内心的假设。

例如，当上面的那个台企员工自省时，他想起在另一部门的一个同事跟大陆同事合作得很好，但并未削弱他与同一地区同事的认同感。他还回忆起，他曾被派往一个紧急工作小组，并与他的大陆同事愉快地共事了很长时间，并没有觉得自己的台湾身份受到伤害。

步骤三：回顾过去。

这一步骤是，我们邀请这些人回顾他们心理假设的历史，他们是怎样开始被自己的心理假设所左右？心理假设已经在他们的内心存在了多久？有哪些重要的转折点？

一般而言，人们都会回忆起在干这份工作之前，还没有与现在的同事共事时的经历。心理假设多年来都在伴随着他们，影响着他们的工作，一直到目前这个职务。当人们审视过去时，发现他们并不认同心理假设形成的基础。最近，我们对一位合作企业的女CEO做了类似的诊断，发现她在离婚时形成了一种自我保护心态，在多年的工作当中，这种心态一直影响着她，发现了这一点，她自己也很惊讶。了解人们生活的环境，有助于了解人们如何形成心理假设，也有助于人们思考，这种心理假设现在是否还在影响着他们，进而影响到工作绩效。

步骤四：对心理假设进行测试。

这一步需要对人们的心理假设作某种适当的测试。这是我们第一次要求他们考虑改变自己的行为方式。每一个雇员都应该制订一个计划，并由一个试验伙伴监督执行。如果完全由本人完成测试的话，可能会出现两种倾向：一是可能过于激进；二是可能过于保守，以致无法触及他们内心的心理假设，或事实上认同自己的心理假设。还以前面的台湾员工为例，在与测试伙伴商量之后，他自愿参加一个临时小组，来审核他所在的部门评估新产品方案的程序。由于这个小组一个月后就会解散，如果他觉得与小组其他同事的关系相处不好，他可以很快脱离出来。但是这个小组的工作使他花相当多的精力与其他成员一起共事，这就提供了一个机会，测试一下他作为一个团队成员，完全与大陆同事合作，是否会感到失落。

步骤五：评估试验结果。

最后一步，雇员们要评估试验的结果以及试验本身，设计并实施新的试验，最终挑战自己的心理假设。对前面的台企员工来说，这意味着参加一些其他活动，主动与大陆同事进行交往，以期与他们融洽地合作。同时，在工作之外，他也参加社区内的活动，以证明他与自己的台湾同事关系没有受到影响。

值得注意的是，揭示人们的心理假设，并不总是意味着暴露人们的弱点，即便某些心理假设是正确的，当人们挑战自己的心理假设，并消除其对自己行为的影响时，他们会找到更好的工作和行为方式。事实上，合作企业员工中防御性心理的关键：继续保持与自己族群的联系，同时，尽量减少那些有损于自己对工作承诺的行为。

在我们的调查中发现，在管理人员与雇员进行这一过程时，不要忘记，经理们与雇员一样，对改变自己的防御性心态同样敏感。因此，合作企业的员工由于来自不同的地区和文化，在合作过程中消除疑虑是重要的，建立共同的文化基础是成功合作的基石（文化决定了对合作企业的看法）。

4. 发挥优势

执行变革的意识在很大程度上依赖于每个人的个人意见。接受变革的合作企业的一个特征是把变革看作是一个机会，例如将其作为一个值得考虑的挑战机会。个人优势需要向实际涉及的人和在他们的工作环境中体现。所得收入必须一直和雇员的个人利益一致。这是体现面向 TQM 合作文化的唯一途径，它体现了雇员利益公平的原则。在合作投资计划中，这对建立能积极促进雇员进行合作的岗位很有帮助。除了更理想主义的动机之外，还有很多机会创造个人的物质利益。合作机制提供了将劳动与报酬成功结合的机会。

5. 对不相信变革的人表示理解

人们多年来将适应和服从作为合作达标的条件，并认为除非有人再三保证可以成功之外不作任何变化才是明智的。管理者常常对其雇员所表现的对变化的敌对态度负责。被认为是代理的人有理由对来自管理的任何要求变化的提议产生正常的不信任。积极参与合作事业的意愿在很大程度上依赖于实际能力。动机在训练中是相互影响的。因此，培训计划，作为建立 TQM 指导的合作基础的重要部分，将在下面描述。

（二）培训

一个广泛的、对企业所有的员工进行的有针对性的培训计划是至关重要的，它会逐渐产生一种全企业的合作文化。这就要求有一个标准组织用于对员工进行有目的的培训，从各个知识层面开始提供给高层管理人员、中层管理人员以及员工们，他们有不同的工作优先权（见图 3－11）。这些模块化可以限制于特定的群体，或者同一模块可以具有不同层次。培训必须交替地由上而下、由下而上展开，从而能够获得大量的促进因素使管理发展到更高层次。

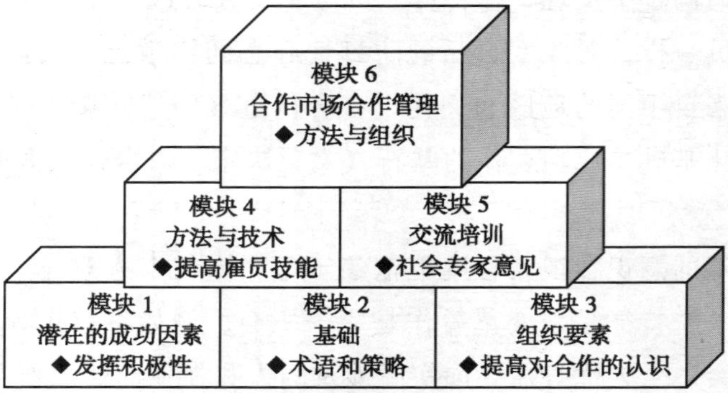

图3-11　模块化培训概念

培训计划必须采取大量的、有特点的、方法有效的社会形式，并必须适合参加学习的相关单元。计划可以合作的基础开始逐步提高，并且通过市场和管理合作投资的经验不断得到改善和提高。经验表明，首先管理人员必须接受透彻的培训来达到高水平的相互交流，从而使领导者确信需要进行合作。在培训快完成时，可对培训员工适当地委任以相应的责任，如合作促进者、公司顾问或支持人员，以作为额外的鼓励。

1. 潜在的成功因素

在模块1中，最为关键的是让参与者明白不同公司合作的潜在成功因素是什么？为什么要合作？合作的优势是什么？从而对合作产生积极的意见。知识的传授在理论上必须靠调查合作投资成功的公司得以加强。除了巨大的潜在合作投资外，让参与者明白成功的因素是很重要的。当硬件因素对协调的软件因素能给予支持时，合作投资一般都能获得成功。

2. 基础

模块2告诉我们合作的管理基础，对合作投资或合作生产的各方面——如合作的形态、合同的责任与义务等要进行解释。除此之外，也概述了对合作投资或合作生产的组织有较强影响的公司内部的管理策略。有效的合作只有在有限的高质量的支持下才成为可能。这和培训人员、物流、产品开发等策略一样重要。

3. 组织要素

模块 3 概述了合作伙伴公司面向 TQM 结构的组织要素。这个模块的目标是提高建立共同协作的、具有特点的职员管理文化的必要性的认识。为了逐步建立面向 TQM 的合作协议，在公司内部相互信任是很重要的（关于信任前面已经作了详细论述，这里不再阐述）。

4. 方法与技术

模块 4 表示必须提高合作企业雇员的技能。适度复杂的技术——比如说丰田提出的看板方式，弹性生产管理技术以及其他相关全面质量管理技术，都应在方法与技术这一模块中加以培训和落实。

5. 交流培训

培训计划里的模块 5 主要集中于开发和扩展雇员的社交能力或沟通能力，并辅以复杂的交流培训课程以适应新的要求。合作行动要求公司范围内和公司之间进行封闭式和开放式的交流，这些应可以通过一些交流得到启示，目标是改善交流技能，这样在不熟悉的地方它们能较好地与顾客或竞争者进行沟通。

6. 合作市场与合作管理

模块 6 也是最后的并且是最重要的，面向 TQM 合作文化的开发和组织可以从合作市场和合作管理的观点中得到解释。公司间的合作培训计划应该在开始时仅仅保证少数管理者得到培训，最后扩展到全部职员，以增加合作成功的因素。

（三）接受责任

为了在合作企业各级组织中都建立起合作的文化氛围，必须授予职员一定的权限。当公司已置身于一种合作的文化氛围中时，当公司领导已经习惯于各种合作规则时，当公司各级人员有信心做出各种决定时，合作的责任能较好地得到体现。

1. 责任委派范例

合作企业底层组织能否拥有决策的权限主要取决于这样的问题：合作

企业的一般职员希望也愿意进行相关的决策，让他们犹豫不决的原因是他们不清楚他们的决定是否同整个企业和各管理层的愿望及公司的管理方针一致。所以，很重要的一点是，合作企业的上层管理者在描述企业大的发展方向时，尽量让全体职员都能理解他们的意图，鼓励职员参与，从而使职员有责任感和主人翁精神，能正确地为变革而努力，为转变整个企业的观念出谋划策。

2. 建立模型

应该认识到，如果没有对合作企业发展目标的相关问题给予明确阐述，是很难说服职员让他们勇于对自己的行动承担责任的。较为重要的一点是应给出关键的概念、模型或指导原则，从而为合作伙伴指明方向，使合作行动的目标保持一致。如果这种机会没有被把握住，可能会引发各种不同的意见或看法，这些不同的意见或看法可能会导致误解或冲突。

另外，合作伙伴之间的利益平衡及分配原则也是很重要的。企业合作形式的重要性会在合作的风险中得到发展，它们之间的关系会更加紧密。但是，所建立的模型和现实之间有很多不同之处，单纯依赖合作模型产生的结果不一定可靠，并会逐步产生新的合作的可能性。信任程度和合作伙伴的可信程度可以作为衡量模型的基础。模型必须能帮助唤起管理人员及下属职员的热情，从而把这个模型变成现实。不过，也有很多困难：当模型影响力太小的时候，它不能产生足够强大的吸引力；当它太过于理论时，就不具备可操作性，也不可能保持它的影响力。合作的理论需要得到管理人员在实际操作中的认同，其主要问题是理论能否作为一个系统框架并正确指导职员的行为。

3. 突出积极参与者

如果合作的模型被正确地理解，那么保证它能在合作企业各级范围内得到实现是很重要的。这不仅关系到能否保证模型得到实用和面向实际情况进行集成，而且对职员对于合作概念的认识程度及执行合作规则的程度也有很重要的影响。合作的积极参与者能积极推动合作的向前发展，他公开表示自己在合作中的位置。这些合作的积极参与者会在工作中付出更大的努力，从而达到实现合作目标的意愿。因此，要突出积极参与者的角色，对他们给予奖励和鼓励，发挥他们的积极性和创造力。

（四）合作的基础特征

两岸企业合作基础的发展是一个长期变化的过程，它需要很多具有创新的质量管理机制。合作企业的领导与员工在合作意识上的变化是多方面的。企业间广泛合作主要可以分为以下几个阶段：

（1）传统的组织和管理观念将导致合作危机，企业里只有少数人懂得相互合作时，企业合作的问题常常被忽略。

（2）各种困难因素显著增加时，烦恼和不安会变得更加明显。

（3）问题不断集中并进一步发展时，寻找新方案的行动就开始了，这种行动被用来作为开拓合作关系的潜能。

（4）新的机会和潜能表现出来时，培训阶段就要开始，使行动变得合作化。

（5）合作企业的关键领导接受可能的合作，并获得最初的经验，大多数员工逐渐接受合作的文化教育。

（6）新的管理和组织结构的形成，同顾客、供应商和竞争者的合作关系要得到较好的发展。

当一个面向 TQM 的企业有下列特征的时候，表示合作的状态和合作的基础已经形成：

（1）大多数管理人员和少数职员已经有了面向 TQM 的合作风险意识的时候，他们就有资格进行合作了。

（2）当支持变革和合作的态度在企业里被共同肯定时，合作的企业已经为组织变革开辟了道路。

（3）企业按照所建立的模型发展，管理部门负责执行合作的管理和组织工作，系统性地进行相关决策，并允许职员对他们自己的行动负责。职员被允许合作时，责任就可以下放到底层。

下面我们介绍如何达到合作的共识——即一种用来寻求合适的合作伙伴，并就合作领域达成一致的方法进行分析。

二、合作市场——达成共识

与传统的营销功能一样，合作营销主要通过广告和网络系统以及补充新的合作伙伴来促进合作。营销合作定义了合作伙伴之间合作的协议和合作活动的范围。因此，营销合作的主要功能是合作伙伴之间合同的签订、合作目标的协调、实施合作的规则以及合作完毕分离的规则（见图3－12）。

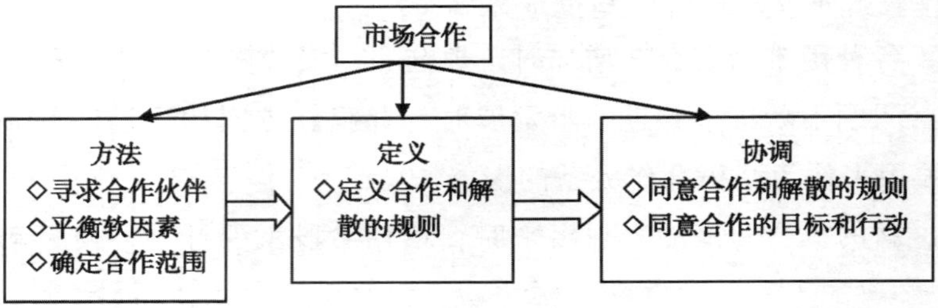

图3－12　市场合作的方法

市场合作的动力来自在合作前寻找协调的、匹配的技巧以及互补的能力。通过合作双方企业文化等软因素，取得能力的匹配和补充，当损失达到最低点时，合作的效率和效果显著地达到最高点，同时合作的利益也在最大限度地得以体现。所以，充分考虑合作双方的硬因素和软因素的差异是非常重要的（见图3－13）。相互补充的企业核心能力（硬因素）与合作中的目标和成就有很大的联系。而合作的文化（软因素）是由合作协议规则和解散规则决定的。

（一）接近合作企业

与其他企业达成合作协议的原因可能是由积极的因素决定的，如认识到了市场或竞争的机会，也可能是由消极的因素决定的，如出现的问题所施加的压力。在开始接触可能的合作伙伴之前，企业应该明确自己的能力和必要条件以及对合作形式的看法，这一点非常重要。

1. 相互了解阶段

相互了解阶段包括合作伙伴之间的大致调查、最初的接近和交换看法。

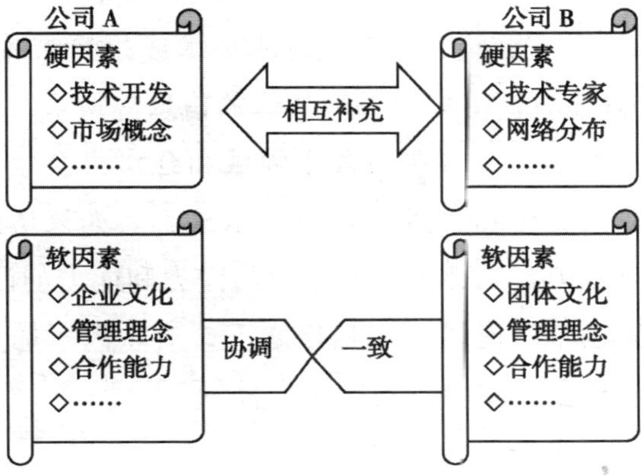

图3-13　在营销合作中的硬因素与软因素

寻找合作伙伴有几种可能的方法。除了现有的联系外，还有其他来源，如官方信息库、互联网、合作交流、代理、顾问公司、两岸两会办事处、协作团体或研究所等的信息。双方合作的时机可能来源于一个认识的机会，也可能来源于以前的合作伙伴之间的紧密关系，所以寻求合作伙伴的机动性和灵活性就显得很重要了。预备会议是完成接触的适当手段，其目标是沟通有关合作的想法。例如，两岸论坛这样的会议允许企业展示自己的公司和文化而不必承诺什么。这种机会应该提供给所有潜在的合作企业。

上层管理阶层应该在组织预备会议上扮演积极的角色。在合作风险的各种想法上应该以活泼、建设性的方式进行讨论。应该允许争论，并且如有可能，应该允许那些有相关想法的人员一起参加讨论，关注新进展和补充性的想法。有关进一步接近的决定应该在集团接受合作的基础上作出。如果一切顺利，它将标志着合作的开始和发展。或者，它将可能会导致合作尝试的失败。为了在一开始就使各方处于平等地位，应该聘请一位外部顾问以保证关于合作的讨论在一种中性的气氛中进行。另外，聘请独立的会议主席可以避免讨论因僵持而结束的危险，毕竟两岸关系比较特殊。

可以在一系列对合作企业的参观访问中进行观点的交流。根据在预备会议上被通过的决议设想，每个对加入合作感兴趣的企业可以召开一系列的情报交流会，此会议常能采用非正式的形式。了解企业的最一般的形式是对该企业进行访问。当涉及特定的制造技术或生产技术产品的细节时，或具有创新的 IT 方案时，可采用更为具体的信息交换形式。

访问的目的一方面是为潜在的合作领域和合作机会收集想法，另一方面是为对合作企业的运作和思想有一个基本理解。如果访问中有了评价结果，这将有助于对软因素的评价。对企业的潜力和能力的洞察还不充分时，有效地评价硬因素还不可能做到。相比之下，对软因素的权衡应该在早期就被评估，并对合作企业作出肯定或否定性的评价。

2. 对软因素的权衡

软因素是由基于面向 TQM 的合作结构决定的。软因素的重要性与所选择的合作形式、一般标准和参与者的个体必要条件有关。合作的不同形式要求具有不同合作程度，例如企业机密、人才流失、财务需求或时间因素等。

企业文化的兼容性以标准的准则为基础进行解释。进行自我评估的 EFQM 模型考虑了类似职员定位、团队协作能力、管理行为、决策、顾客和结果定位、教育培训等属性。软因素的平衡必须被当作一个协调和控制的过程，而不是每个事物都同等对待。软因素——如企业文化，可能在各企业之间有一定差别。在合作时唯一的条件是它们能被很好地结合在一起，并且相互之间具有良好的协调性和互补性。EFQM 模型应该被进一步扩展为包括个人在内的因素。软因素平衡的结果能与蛛网模型相一致的量来表达出来（见图 3－14）。

对于软因素的评价结果与图中的蛛网应该相一致。企业内执行评价的软因素以图示的形式加在合作伙伴企业的软因素评价上，企业的轮廓就呈现出来了。这种方法能表示企业合作的程度以及那些需要进行的活动。这种图示方法显示了合作目标范畴、合作方向、可能产生的分歧以及需要进行共同行动的领域。

（1）合作的目标范畴：显示的区域越大，需要评价的软因素的质量就越高。蛛网的最大区域表示了与软因素质量有关的合作目标范畴。

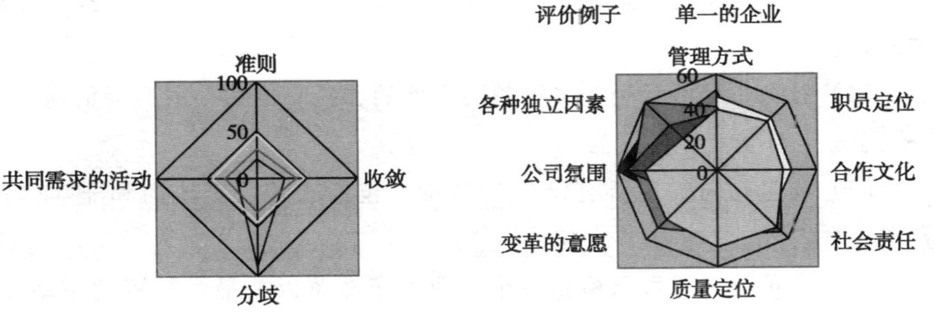

图 3-14　类似蛛网形状的软因素分析

（2）合作方向：合作方向用图中重叠的区域表示。重叠的区域越大，合作伙伴越合适。

（3）分歧：分歧的区域用某家企业单独履行的职责所填充的区域来显示，另一家企业应努力加强建设软件条件，尽可能快地使二者重叠的区域达到最大。

（4）共同需求的活动：共同需求的活动区域由目标范畴、统一的合作方向以及分歧之间的不同之处决定。

软因素能进行定量或定性评估。当进行定性评估时，准则必须首先进行评估。如合作性好，意味着管理态度特性的最大值；而家长式管理，则意味着管理态度特性的最小值。数量上的评价是在确定特征的基础上进行的，这些评价准则特征如同学校评价分数一样。TQM 准则在合作模型中可以描述成下列几种情形：

（1）管理方式主要与企业的管理模式相联系：可能是合作式管理，也可能是家长式管理。决策可能是由集体成员共同制定的，也可能是按级别来制定的。被评价的是企业管理方式的模型。

（2）职员定位由那些事实上包含在决策过程中的程度来衡量。专业性的开发衡量、教育和培训都应予以考虑。职员的满意度、企业的认可度、由于疾病和成员更换而造成的旷工现象是衡量的指示器。

（3）在合作文化的框架内，各种因素，比如开放性、潜在合伙人的确定性和可靠性以及他们关于企业间合作行为的任何可能的经验，都需要经过调查。

（4）社会责任涉及企业本身范围之外的委托。例如，主要评估标准之一是企业与环境有关的行为。

（5）质量趋向确定所有结果的质量，包括服务、实体的和非实体的资产。

（6）变革的意愿可以检验一个企业关于改革以及最终投资的主动性。对于将来进行主动变革的声明将和现在产品、过程和资源变革的程度进行比较。

（7）企业氛围的描述反映了企业的开放性、团队精神、同事间日常的交流等。

（8）数目众多的较为特别的合作要求和因素能在多种或单一方面进行调查和评价。例如，合伙人必须具有可塑造性吗？企业的规模或场地能承担什么任务？这是什么类型合作？两岸政府和社会文化的差别重要吗？

对软因素的评价应该不带任何偏见。两个或者更多潜在的合作伙伴都评价自己或评价对手。不同的评价应该和伙伴共同讨论。蛛网准则应该贯穿在评价合作方向的风险阶段，并且提供支持。当这些标准固定下来时，软因素的评估细则就产生了。

3. 识别合作的组织领域

不仅要平衡软因素，还要识别在接触中潜在的合作领域，从而以此为基础来定义在可能的合作项目中将要执行的任务。在识别潜在合作领域的过程中，合作企业一起定义合作任务和开展合作的目标。最后，为了合作中共同的未来，分析未来的各种蓝图并从中归纳出可能的合作领域是很有必要的。这时需要考虑的信息包括以前的会议内容、相关法律文件以及已经形成的关于合作方面的基本知识。归纳的内容应该考虑合作企业的特点以及各自独立的情况。其结果并不一定如预期的那样普遍有效，而是反映出几个可以进行合作的方法。

在识别可能的合作领域期间，应该慎重确定，伙伴企业的互补能力应被考虑进去。再有，将来的前景应该从机会、可能的痛苦和互补能力之间寻求平衡，在反复研究的过程中明确。前景一方面从市场的机遇中产生，与合伙人无关；另一方面，则基于与伙伴企业共同的优势和劣势可能会产生的市场机会。场景方案技术是一种理想的工具，它系统化地展示各种可能的合作。为了识别潜在的合作领域，只是对大略的场景方案进行建模是不够的，因为后来的工作中需要核查更多的细节。未来的蓝图将在会议上确定。在现场会议中，参加会议的人员能在一种创造性氛围中提出自己的看法，并将各种意见予以比较。这样，正在工作的管理人员就能向前看，进行对全局有重大意义的思考。当合作领域在包括各级上层主管的交叉学科过程中被预测时，潜在的合作领域能被最大限度地接受和应用。

潜在的合作领域来自设想或计划。它可以是一个完整的场景方案、场景方案的部分是由几个不同场景方案构成的组合。这些合作领域就是这样有计划地定义和识别的（见图 3－15）。会议的结果必须详细地传达给合作企业。下面更具体地定义潜在合作领域的本质。

潜在的合作领域			
初始方案	功能	目标	评价
[配置]	[定义]	[目标与贡献]	[分类]
相关例子			
☆集成生产供应概念 ☆市场个性化 ☆市场多样化	☆在自动化工业中的小规模生产与开发的概念	☆模块化平台的分化 ☆小型市场服务	高

图 3－15　识别潜在的合作领域

（二）定义阶段

一方面，定义阶段的目标是定义为了达到合作目标而需要完成的工作；另一方面，定义合作企业的边界和约束条件也是很重要的。它可以保证指导路线、协调合作的准则，并且它们将在此基础上产生可以接受的与合作关系有关的规则。

1. 定义工作要求与目标

服务、有形资产和信息属于企业的业绩范畴，由于合作双方的互补性而产生的附加价值是企业合作的成绩。企业的能力——商品和服务的生产要求能力，产生于雇员，并取决于企业的资产和资本特征。所要求的能力可以从正在进行的活动的具体描述中得到，是合作执行的必要条件。在合作计划中，对于将来的合作规划提供所需能力和具体的性能指标，而不必指定某项任务由哪个企业来完成。

（1）潜在的合作领域分为几个适当的范围。合作任务被分为各种子系统或子模块。这些潜在的合作范围特征也许决定了具有指导性作用的外部环境和交叉范围。关系树或关系图在这种环境里作为工具使用。

（2）单个因素逐步形成，从而允许描述和评估对当前状态的影响、将来发展的选择、现在或将来的相互作用。一般来说，可以发现对潜在的合作产生重大影响的众多可能因素。最终大量的关键因素在思想交流的过程中产生。通过对这些软因素的分析，必须在与合作企业进行协调之前制定出相关的执行规则。

2. 定义合作结束时的解散规则

正如需要的结果一样，在实际工作前制定清楚明确的规则是很重要的，这样才能使合作企业之间协调一致。这些规则的制定必须与企业文化软因素相一致。这种规则的制定是为了在与伙伴企业分手时能较好地在合作的边界范围内协调各自的需求和利益。

（三）协调

协调过程（利益平衡过程）的目标是达到一致的利益，它一般就是一份协议。只有目标一致了，行动才能被接受并最终被确定下来。协调过程的目标体现在如下几个方面：

（1）在合作结果、目标、原则和合作风险上达成一致，这样，所有的合作伙伴就能共同努力。

（2）对工作内容、质量和意义有足够的认识，尽量减少期望和现实之间的差距。

（3）保证一种积极奋发的氛围，以产生实现共同目标的积极态度。

可以建立一个专门的协调部门来使结果、目标、原则和合作风险达成一致。可以通过双方协商来建立这个协调部门。

（四）合作营销的特点

一般来说，参与合作营销是一件十分复杂且具有挑战性的事，每一项功能都与其他的功能相互影响。常常有这样的例子：合作伙伴是由某一合作机会来决定的。所以，这里提出的概念不是合作投资的一个工作序列模型。有意识地留下一些独特的、微妙的实现空间是很重要的。

合作营销的主要工作在于：

（1）认真选取和区分合适的合作伙伴；

（2）建立和决定产品、服务以及合作和解散规则的目标；

（3）准备发展共同运作的系统框架。

至关重要的是在合作营销的框架中对以下的 TQM 核心需求达成一致，因为它们互有区别：

（1）合作伙伴必须有相容的软因素，合作文化必须相配；

（2）合作伙伴必须提供满意的硬件因素，一个伙伴的能力必须有助于增加另一个合作伙伴的价值；

（3）合作计划必须使合作双方都能获益，实现双赢的目标；

（4）合作一方的表现要合乎另一方的要求，这个要求必须是现实的。

总之，需要确定合作项目，并区分优先级。一开始，项目必须讲究质量，且能够为共同的合作框架做好准备。

三、合作管理技术

合作投资项目中的合作管理包括设计和控制企业之间合作所需要的活动，包括规划，应用组织技术，领导人员，获取信息，引入控制手段等。

合作管理是管理功能中的一部分，它与合作活动中的方向选择和合作伙伴的利益一致。传统的和面向 TQM 合作管理的不同点主要在于合作管理活动的范围和时间上的责任和权力的分布。面向 TQM 的合作管理刚刚起步。这种合作管理的组织是建立在合作和合作营销基础之上的。从合作计划的结果上看，合作伙伴之间的接触还太少。从长远来看，两岸企业之间的接触还是有重要作用的。

合作管理的技术与管理功能相似，主要有计划、组织和通信、交流与控制等。下面我们详细加以说明。

（一）规划与自组织（合作企业的自组织）

未来发生的事件和问题将由领导计划小组决定，目标和边界条件为了将来的合作计划而制定，面向 TQM 的计划并不包括已经完成的合作营销，细节上的计划只在需要时才执行。

目标不是静态的，它应该是动态的，它会时时有变化，每时每刻都在规定的框架内有所改变，需要时必须重新商讨计划，以使合作顺利进行。目标的定义和转化都包括资源的再规划。这种规划不在合作小组规划之内。自治原则是为了在合作队伍中达到最大的适应性。在合作的领域中减少单独的标准和活动，将在合作控制监视下扩大合作的灵活性。

自治的强度依靠一些参数，比如说合作伙伴所受的教育和训练、合作任务的复杂性、参与企业的数量、合作目标和表现的评估或者交换技术的敏感性等。当参与者都十分称职、有动力、有能力且合作目标和运作准则达到一致时，可以达到最大程度的自组织。

自组织形式上可能会产生的一个问题是——合作中的自我保护倾向。由于在自组织允许的自由度下，有可能由雇员的个人目标决定行动。如果这些目标与计划目标一致，这也许会导致计划的成功；但是，当这些目标与计划目标不一致时，就可能导致计划的失败。这就是自组织会导致自我保护的危险，即个人目标与事先在框架中达成的目标不一致。

确切来说，合作工作的意义是建立一个合作结构，以高效地达成某一目标，尽量避免误解和冲突。这个结构必须先组织好自己内部的事务以避免在发展过程中发生冲突。冲突管理是自组织中的一个基本元素。与传统合作投资中的组织相比，它的各个功能没有明显的界限。相反地，产品和服务的合作生产是技术、功能集成的结果。这种集成赋予产品新的价值，减少管理需求。一个额外的组织结构是不允许出现在合作队伍中的。决定权力存在于合作团队中，合作团队的代表应当在合作企业中选举产生。

在合作项目的自组织框架中，一个用于控制和监督预防与改正措施的协调方法可以用以下步骤来进行：

（1）将执行协议记录下来作为实施的理由；

（2）指定一个人监督实施进程，草拟一份预备会议和项目主要计划的报告，记录第一次汇报的日期；

（3）对潜在的问题进行描述，意识到存在的问题，并与已存在的活动一起进行调控；

（4）调查立即实施的必要性，并对其进行描述；

（5）分析一个潜在或实际问题的原因；

（6）从长远角度提高企业经营水平并制定相应措施，分析产品生产与服务的保障方法，分析可能的相互依赖性；

（7）在示范项目中测试这些措施，然后逐步在各领域中实施；

（8）监督这些措施的效果，并注意与其相关的评价。❶

在实践中，对每个合作伙伴中合作效果的测量会有所不同。一个已经定义好的方法，可以确保不同的活动能够系统地并且以一种可比较的方式进行。这要求合作小组之间的预防与改正措施能透明和公开。除了进行单项测评以外，这个系统也有可能应用于整个合作项目之中。对所有的措施作了清楚的分析之后，给出一个对项目进程总的建议。所有的项目都是通过同样的系统化方法来管理的。也就是说，为了确保实施的合作任务的效果，它们都要经过上述同样的步骤。项目重要性的变化是通过改变项目管理的强度来考虑的。整个步骤过程一旦完成，合作项目就成功地结束了。

合作自组织本身也要求提供一种系统框架用以确定本组织单位的范围。外部组织通过同意合作的目标、产品或服务来启动合作项目。由此，上述

❶ ［美］Eamonn Fingleton，*Inpraise of Hardindustries*，早川书房，1999 年 12 月 15 日，第 20～38 页。

“8 步系统”也可用作整体合作项目的管理工具。

(二) 面向合作的 TQM 管理技术

面向 TQM 管理的功能是发展、保持和促进合作关系。这首先意味着创造一个合作的基础，同意在合作开始前必须到位的边界条件，其次，维持和巩固这个合作共享的基础。面向 TQM 的管理能积极促进合作。面向 TQM 与传统管理方式相反，它只关心合作的开始和合作的继续，而合作小组则对合作事实本身进行相关决策。一个合作项目面向 TQM 的管理采用的主要工具就是管理评价。这些评价首先显示了关于合作目标的协议是否达成一致，其次，它们是否有效。评价主要针对以下两个方面：

(1) 是否要求对合作再次进行定位以响应不断变化的边界条件和目标；

(2) 通过评价合作目标实现的程度来评价合作的有效性。

对合作的重新定位，一方面可以由于合作的不稳定环境的变化而引发。承认这一点并将其纳入综合评价中是管理的功能。另一方面，合作小组本身所承担的工作也可导致产品或服务协议的变化及目标的变化，并使得对合作的重新定位变得至关重要。这一事实将由小组或发言人在评价会议上提出。

总之，上述“8 步系统”的文件是管理者和合作小组之间交流的一个很好的基础，特别是在评价合作效果的方面。操作目标协议的有效性是基于合作小组发言人在管理会议中起草的报告之上的。目标的评价导致合作的延续或再次定位，它应该尽可能地做到可以进行量化评价。为了做到这一点，各个合作方同时得出的评价结果要同时获得有关合作方的管理者同意。这个结果是对已经达成一致的边界条件的确认，也是对操作目标协议、与产品或服务有关的协议以及新的合作规则的重新定位。这样，评价就能给予合作相关的指导。管理评价是按照时间表在规定的间隔中或在有急需行动时的额外会议中进行的。

(三) 交流与控制

从面向 TQM 的观点来看，除了纯粹的转换功能以外，信息交换的次要作用是促进相互信任。由此，在面向 TQM 合作的信息交换操作中交流就占据了优先的地位。比如，将合作项目的结果传递到其他伙伴方的产品、过程或资源；组织内信息交换；合作组成员和管理人员之间以及两方面管理小组之间的知识转移等。将结果转移到新的组织区域也是企业管理的功能，或至少是由企业管理功能而发起的。与合作状态有关的交流能促进企业对项目的接受。通常情况下，原理上可以应用各种交流技术，如交流论坛、发言、讲座、公告板、出版物或互联网等。

合作中的控制与交流是由合作规则来决定的。信息的直接交换代表了一种对信息的收集和提供信息的要求。合作双方彼此通过双边联系来相互交换和补充知识。项目和管理之间的转换是在评价会议中产生的，并在此后按要求对其进一步发展。控制就是将计划数量和实际数量进行比较，作出对偏离的分析，以促进对合作项目的更好控制。面向 TQM 的合作可以进行自我检查与控制。

管理评价允许对合作项目进行效率方面的评估。只有在合作项目的目标具有可评价形式时，合作的效率才能被方便地评估。另外，生产产品或服务的效率也可由审计的方式来决定。多种形式的审计可以在关键领域中进行。

(1) 在最大的自组织情况下，审计可以精简为只对那些合作规则进行简单的调查。通过对那些合作规则的调查可逐渐建立起合作伙伴之间的信任。这时实际上就不要所谓的控制手段了。

(2) 当那些合作不把控制作为一种检查手段而是作为一种持续发展的机会时，审计在合作小组内就具有一定的意义了。反之，当其重点转移到监督与汇报上时，其结果只能导致一种合作之间的不信任。

(3) 无论协议是否被保持，内部审计都可以有选择性地进行监控，并可作为自我评估程序的一部分。由管理指导的控制就可精简为对所遇到对象的测量和评估。

总之，交流与控制的关键是信任，只有通过审计与评估，才能增加彼此之间的信任，这是推动合作成功的宝贵经验。

(四) 合作管理特征

传统的合作管理与面向 TQM 策略之间的差别已经在管理功能的规划与

组织、管理的基础上，并在交流与检查的领域中给予了说明，这样，面向TQM管理的特征可以表示为：定义行动框架，促进合作，开始和继续合作，实现目标与协议，自组织，执行相关功能，对直接的项目达成一致的执行决策。以上特征面向不同的合作对象，为两岸企业合作提供一些可能性，以帮助达到合作。

四、两岸企业之间发展网络合作

合作网络是按照滚雪球的原则发展的。开始是两个或两个以上企业之间的双边或多边合作关系，然后在这个基础上发展另外的合作。这种合作关系就是一步一步形成的，然后扩展到形成一个能自我增强的网络。这些是整个系统导致的影响。当合作方案的数目增加时，一种合作的文化也在发展，这将会达到一种与之匹配的基础。如果这种网络的影响继续扩大，支持合作销售的支出就会稳步减少。面向TQM合作的活动集中在技术领域和市场提供的开发机遇。这种合作网络的特点是具有较高的灵活性，能以最少的消耗和原料来实现合作。消费者对于这种合作网络能提供高质量产品的能力及灵活性具有足够的信心，这也是合作企业面临的主要挑战。

两岸企业之间通过网络进行远程合作与服务，今后发展会更加快速，对推动企业间新型合作打下良好的基础（后面将详细讨论）。

下面我们对面向TQM的合作进行简要的总结：这种以全面质量管理和精益生产策略所建立的以合作为基础的结构，目的是开发合作企业变革组织的能力。它也建立一种预防性的方法。例如，为了更好地规划合作项目，对在实际合作工作中较为敏感的部分工作在项目的初期达成一致。

这种TQM管理技术描述了一种主要方法，这种方法不仅在理论上，而且通过实践的合作，注重目前的机遇和意识中敏感的观点，以确保两岸企业在紧张、合作冒险领域内的信息交流和步调一致，也为了平衡各方面的利益。这种质量科学的技术是一种很好的工具，这种工具能支持以上方法和策略的实现。这种技术注重预防和预测手段，从而更好地对合作进行维护和调节。

第四章 两岸产业合作领域——合作方法与技术分析

2008年美国雷曼事件以及2010年欧洲债务危机——这种全球性金性融危机给发达国家以巨大打击以来，全球经济处于低迷状态。为此，以美国为代表，这一些国家领导者开始觉醒。他们认为，仅依赖于信息产业和金融衍生产品实现的经济繁荣只是表面的，特别是信息产业和金融服务业如果没有实体经济作为依托，这些产业就像泡沫一样不断膨胀，经济脆弱性就会立即呈现出来，从而造成虚拟经济和实体经济的倒挂，而且会带来全球性的投机风潮。对此，各国政府都相继出台经济刺激计划，重振实体经济，特别是制造业。美国出台一系列政策刺激制造业回归，重振美国经济。

中国现在已经成为制造业大国，但这些年的发展也给环境和生态带来不利影响。为实现可持续发展，中国大陆也在产业结构上开始调整与优化，发展战略性新兴产业、环境友好型产业，以此来提升产业综合竞争力，并在这些方面不断出台新政策，为实体经济发展提供强大的支撑。

随着全球实体经济的缓慢复苏，特别是两岸签署ECFA后，两岸产业应积极拓宽合作领域，加大制造业合作的力度，努力提高产品的科技含量和附加值。从多领域进行合作，以此来提高大中华地区产业的国际竞争能力。下面我们就从两岸产业的整体发展情况，来探讨两岸产业合作领域、合作的方法和技术问题。

第一节　两岸产业在市场营销与产品研发中的合作

20 世纪 80 年代以来，随着生产方式的转变（日本丰田精益生产方式代替了福特大量生产方式），产品设计策略及其变化能够简单地通过汽车产业的例子表现出来。这里，产品种类的增加、设计周期的缩短、产品的多样性、对于核心设计能力的关注以及最新全球市场变化都是主要的挑战。即便是跨国公司这样的大型企业也不能再单独依靠自己的能力进行设计、制造并将新车型推向市场。因此，企业之间特别是和供应商进行密切地合作是十分必要的。

为满足降低协调支出和缩短设计周期的要求，汽车产业对其供应链的结构进行了大刀阔斧的改革。供应链建模系统和模块的直接应用，使供应商数量减少了，制造商们需要一种更为系统化的且以合作为基础的供应链系统，以此来大幅度提高生产效率和生产的柔性。从跨国公司的调查来看，已经有 90% 以上的供应商与国际伙伴进行了广泛的合作，其中许多供应商都有多个合作伙伴。

这种“变革之风”并不只是在汽车产业中发生，其他制造产业也在发生变革。1994 年美国 400 家发展最快的企业中只有 44% 实行了商品外购，而如今已经变为 85% 以上。[1] 产品不再是只在一家公司的同一个地方进行开发，而是在遍及世界的不同公司和组织单位中进行开发。因此，各公司之间需要一种新的合作关系，而传统的组织形式也不再适用了。这种合作不仅是以价格竞争为目标，而且是以长期互利互惠的合作来构筑市场能力。

这种变化的环境也导致了在研究和开发（R&D）中全球合作数量的增加。共同的创新策略需要高水平的、相互合作的研究与开发管理组织。合作机构和合作过程，以及在公司各个层次合作的意愿都必须先行产生。为

---

[1] Luczak H.，“Vernetzt und erflgreich, Das Unternehmen der zukunft（2）”，in：*Blick durch die Wirtschaft FAZ 167*，1999，5.

此，要适应世界范围企业变革的挑战，两岸企业必须在市场营销和产品研发中进行广泛的合作，以此来提高市场竞争能力。同时，为了有效地管理已经改变的产品研发过程，两岸的合作企业必须有意识地尝试建立一个扩大的网络组织，以充分合作为目标来建立类似汽车产业中的、从供应链优化组合到研发合作的典范。

全球市场营销战略理论认为，全世界的消费者有相似的口味和偏好。通过大规模生产标准化的产品，企业会意识到单位产品成本的降低是因为学习曲线和其他规模经济导致的。但是，如果企业完全忽视各国消费者口味和偏好上的差异也会走向失败。因此，国际商业市场策划功能需要决定产品的标准化何时是适宜的，何时是不适宜的。同样，企业的研发功能必须在能够开发全球标准化产品的同时，也能开发适合当地客户要求的产品。

市场营销战略与研发关系密切，同时与生产方式也高度相关。市场营销的一个重要功能是识别市场与客户之间的鸿沟。开发新产品需要研发，因此，市场营销和研发之间形成了纽带。新产品的开发必须以市场为导向，只有市场营销能决定研发的人员数量、专业程度，且只有市场营销能告知研发部门是生产全球标准化产品还是生产适合地方习俗的产品。研究表明，新产品成功的主要因素是市场营销与研发之间的密切关系。营销与研发越紧密，成功概率就越大。下面，我们审视市场营销与研发在两岸企业合作中的作用。先从综述市场全球化的各种观点开始，继而讨论市场划分的问题。接下来，看看组成合作企业整体市场的四个主要因素：产品属性、分销战略、沟通战略和定价战略。营销方法组合是合作企业提供给其目标市场的一系列选择。许多企业在不同国家或地区根据不同国家文化、经济发展、产品标准和分销渠道等因素在营销方法组合上有所变化。

一、全球化市场与品牌

美国学者西奥多·利维特（Theodore Levitt）在《哈佛商业评论》撰文，用抒情的笔调描写了世界市场全球化的景象。他的观点成为有关全球化争论的避雷针。利维特写道：

一股强大的力量驱使世界成为大同社会，这股力量就是技术进步。它使通信、运输和旅行无阶级化。其结果导致一个新的商业上的现实情形，即标准化的家用产品在全球化市场以前所未有的、难以想象的规模出现。

消失的是国家或地区性喜好和习俗上的差异。市场全球化即将到来。正因为如此，多国商业世界即将结束，多国公司也将不复存在。多国公司在多个国家运作，在每个国家调整产品和运行方案，导致相对较高的成本。全球化公司以坚定的一致性原则进行运作，导致相对较低的产品成本，就好像全世界是一个单一整体，它在各处以同样的方式销售同样的产品。

从商业角度上看，最能证实这一点的是麦当劳从法国的爱丽舍大街到日本银座的成功、可口可乐在巴林的成功和百事可乐在莫斯科的成功，还有爵士乐、希腊色拉油、好莱坞电影、露华浓化妆品、索尼电视机和列维斯牛仔裤在全球的成功。

自古以来的国家的口味和做生意模式上的差异消失了。大同的偏好不可避免地导致产品标准化、制作标准化和贸易与商业机构的标准化。[1]

上述这段描写确实是富有感染力的，但观点是否全部正确呢？全球性网络媒体的兴起、帮助塑造全球文化的能力，它们似乎都在强化利维特的观点。如果说利维特是正确的，他的观点对全球性企业的市场战略就有重要意义。但从最近学术界的研究来看，一致认为他的观点有些夸大其辞了。尽管利维特在许多基础的工业产品如钢铁、大量化学制品、半导体芯片以及通讯和家电产品上的观点得到大家的赞同，但全球化似乎是个例外，它并不适用于许多家用产品市场和工业制成品市场。产品个性化要求在工业制成品和食品方面（更注重营养与特色）就有相当大的不同。目前，国家间文化和经济上存在的差异在全球性消费者口味和偏好趋同上起到了主要的阻碍作用。另外，像绿色贸易壁垒和产品技术标准上的差异也限制了企业向全球市场标准化产品迈进的能力。从中国大市场来看，这些年由于大

---

[1] T. Levitt, "The Globalization of Markets", *Harvard Business Review*, May-June 1983, pp. 92 ~ 102.

陆人民收入水平的提高，市场规模扩大，加之整个亚洲市场的变化，如何在这些变化中找到自己的位置，寻找两岸企业的合作领域，是必须要详细加以讨论的。[1]

二、市场细分与分销战略

（一）市场细分

市场细分（market sementation）指识别购买行为上与其他群体在重要的方式上有差别的消费者群体的过程。市场可以运用许多方法被细分：地理方法、人口统计方法、社会文化要素以及心理要素等。因为不同的细分展示不同的购买行为模式，企业通常一部分一部分地调整其营销方法组合来满足要求。为此，一个产品精确的设计、价格战略、使用的分销渠道以及沟通战略会全部有所变化。目标是拉近特定范围消费者购买行为与营销方法组合间的距离，从而最大限度地向该地区促销。例如，汽车产业就利用不同的消费者群体对个性化的追求，采用不司的营销方法组合手段在不同的社会经济背景的地区出售汽车。丰田公司利用不同国家和地区消费者收入水平不同而销售不同样式和价位的汽车获得巨大成功。它的策略是采用不同品牌的汽车代表不同的消费者群体，以切实迎合不同市场的需求。

在分析两岸企业合作的市场细分问题时，我们必须清楚两个主要问题——大陆与台湾之间在市场细分结构上的差异程度和超越大中华区域向国际市场发展时市场细分的存在。市场细分的结构在大陆与台湾之间可能会有相当大的差异。因此，合作企业不应该假设在大中华区域与国际区域的市场细分是一对一的局势。国际市场与大中华区域市场在市场细分上并不匹配，反之亦然。合作企业必须开发独特的营销组合，以迎合指定的区域市场与国际市场的购买行为。

例如，一份最近出台的消费者研究报告指出，中国新一代年轻人对电

---

[1] ［美］黛布拉·E. 迈耶森：“激进的变革，和平的方式”，载《哈佛商业评论》2001 年 10 月号。

子商务购物比较热衷，而老一代的人则对传统购买行为比较感兴趣并喜欢物美价廉的商品。这两个群体的存在意味着在大陆市场销售产品时需要利用营销组合的方法以适应不同群体价值观和购买行为。相反，超越国界的市场细分的存在加强了国际性企业观察全球性市场、把它视为单一的实体并寻求全球化战略的能力，进而在世界范围出售标准化产品，利用相同的基本营销方法组合手段帮助在不同国家市场进行产品的定位和销售。对超越国界的细分部分，在其中的消费者必须拥有强制性的相似点以及像年龄、价值观和生活方式等的重要尺度，这些相似点必须转化为非常类似的购买行为。尽管这一部分在某些工业品市场存在，在消费品市场上却较少。一个个体逐渐形成的全球化市场开始吸引国际消费品市场营销专家的注意，这一部分就是所谓的全球青少年市场。全球性网络媒体为这一群体提供条件，使他们的价值观趋同，购买行为相似。这说明他们很有可能因相同理由购买同样的消费品。即便如此，市场行家认为有必要说明不同国家的一些习惯行为。

（二）产品属性

一个产品可视为一系列属性的集合体。如汽车的属性包括动力、设计、品质、运行表现、能耗、舒适性和安全性；而食品的属性包括口味、质地和大小。当产品属性与消费者需求相匹配时产品就卖得好。像宝马汽车向需求豪华车和表现的人群出售产品就销售得好。台湾食品由于口味和安全性受到大陆消费者欢迎，从而在大陆市场销售得很好。而且在大陆建厂的台企像统一和康师傅都获得了成功。

（三）经济发展与文化差异

随着经济发展水平的提高，人民受教育水平也在提高，这两方面的相互作用导致消费者的行为受到影响。比如麦当劳食品主要是青少年和收入水平相对低的群体，而咖啡则在一些收入比较高的知识群体比较受欢迎。因此，随着收入水平和教育水平提高，产品结构也要发生变化，营销方法也要改变。特别是销售方式体现人们价值观的变化，必须引起营销上的广泛注意。

（四）产品与技术标准

从国家在产品与技术标准上的差异来看，利维特全球市场的观点仍有待进一步探讨。由各国政府实施的不同的产品标准会排除大规模生产的可能性。目前，在食品方面，大陆的产品标准与发达国家不同，这导致出口方面的限制，而且还影响了国内市场（如奶粉）。

从技术标准的差异上看，它也限制了市场的全球化。而差异的原因是由于历史的特殊时刻特定的决策，而不是政府的行为。这些决策的长期影响无疑是深刻的。如电器产品在不同国家的标准不一样，反映在电压和频率上的不同。因此，相同产品在销往不同国家时也必须进行技术参数的调整。

（五）分销战略

企业营销方法组合的重要元素是其分销战略，即向消费者推广产品所选择的手段。产品推广的方式是由企业整个战略决定的，同时分销战略的选择要根据产品面向的市场情况而定，要考虑如下几个因素：零售集中性、渠道长度、渠道的排他性。

1. 零售集中性

一些国家或地区有的零售体系是非常集中的，有的相当松散。在集中的零售体系中，一些零售商可供应大部分的市场。而在松散的零售体系中零售商很多，但没有一个拥有市场的主要份额。在大陆市场只有几个大的卖家控制零售业市场，而其他零售商占市场份额相对很低。

集中性的许多差别根植于历史传统。在美国，汽车的重要性及相对年轻的城区导致零售体系集中在大商店或大型超市，人们可以开车购物。这有助于体系的集中化。日本则相反，零售体系比较松散。另外日本法律体系保护小零售商也是其中原因之一。大陆和台湾也不同，大陆比较集中，台湾较为松散。

2. 渠道长度

渠道长度指生产者与消费者之间中介的数量。如果生产者直接卖给消费者，渠道就非常短。如果生产者通过代理商、批发商、零售商出售产品，就是一个很长的渠道。长或短渠道的选择是生产性公司主要的决策。而一些国家比其他国家销售渠道长。渠道长度主要由零售体系松散的程度决定。松散的零售体系更加依赖于批发商对零售商的服务，这就使渠道变长了。

近年来，互联网与电子商务和现代物流的发展，有助于缩短销售渠道。以亚马逊书店为代表的网络销售的兴起，大大缩短销售渠道并降低成本，引发新的分销战略的思考。

3. 渠道的排他性

销售渠道的排他性使外来者很难进入。如在中国，大型超市通常很难让新公司产品得到货架空间。零售商更偏好历史悠久、有知名度的大制造商的产品，而不把宝押在名不见经传的小公司或外来公司的产品上。

总之，市场细分与分销战略的选择决定企业将利用哪种渠道靠近潜在的消费者。两岸企业在合作时，必须考虑细分市场与产品分销战略。选择一种合适的分销战略，可以减少产品推广时间，有利于企业的快速发展。因此，合作时必须要考虑对手的优势，达到优势互补就会使合作走向成功，实现互利互惠。

三、定价战略与营销方法组合

（一）定价战略

定价战略是整个合作企业在营销方法组合中的重要组成部分。我们可以看一下国际定价战略的三个方面。第一，观察实行价格差异的情况，即在不同国家或地区相同产品要价不同的情况；第二，看一看什么价格是战略的定价；第三，回顾一些法规上的因素或地区歧视因素，如有的国家对大陆企业的产品价格进行控制和反倾销调查，而对台湾地区的产品可能没有限制条例，这些会限制企业在某一国家或地区制定其产品价格的能力。

1. 价格差异

在国际市场上，价格差异存在于不同国家消费者对同一种产品的要价不同。价格差异涉及的要价是在市场能容忍的范围内。在竞争力强的市场上，商品的价格会低于垄断力强的市场。价格差异能帮助企业、使其利润趋向最大化。在不同国家或地区要价不同，这在经济上和管理上是明智的。但这里存在一个风险，就是可能招致反倾销调查。

有利的价格差异有两个必须的条件：第一，企业必须能够区分不同市场的消费者面对不同需求曲线即偏好有差异，这样厂商才能对不同的消费者群体索要不同的价格；第二，两个市场必须是相互隔离的、无法回购，否则，个人或商家就可以利用套利的手段截得价格差异所带来的利益。套利是个人或商家通过购买价格低的国家产品，再卖给价格高的国家市场时实现的。例如，日本丰田汽车在美国和日本国内要价不同，是由于这两个市场不同的需求价格弹性导致的。需求的价格弹性是衡量价格变动对产品需求的敏感程度。当价格一个微小变动引起需求量很大变动时，需求是富有弹性的；反之，是缺乏弹性的。一般来说，价格在需求有弹性的市场价格低些，在缺乏弹性的市场价格就高些。对于富有弹性的商品通常采用薄利多销的手段，而对于缺乏弹性的商品通常采取提高价格策略反而有利。图 4－1 显示了富有弹性和缺乏弹性市场的定价策略。

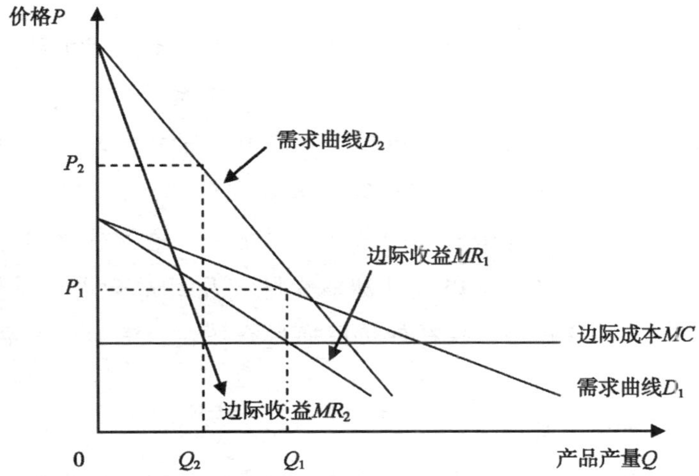

图 4－1　需求弹性与定价分析

（1）需求弹性的决定因素。

一些特定国家或地区的产品需求弹性由两个重要因素决定：一是收入

水平；二是竞争条件。价格弹性在低收入水平国家会更大，因为收入低的消费者会非常在乎价格的涨落；他们腰兜里钱少，因而更关注价格。因此，价格富有弹性的商品如电视机，在一些国家如印度，就比美国更贵。因为对印度来说电视机是奢侈品，而美国是必需品。

一般说来，竞争越激烈，消费者讨价还价能力越强，消费者越有可能购买要价低的企业产品。因而，大量的竞争者导致需求弹性比较大。在这种情况下，如果一家企业把自己的产品价格抬高，高于竞争者的话，消费者会转向竞争者的产品。当企业面对很少的竞争者时，正好相反。竞争者不多时，消费者讨价还价能力相对较弱，且价格不是重要的竞争武器。因此，企业在竞争不强时会把产品价格标得比竞争激烈的市场要高。

（2）在价格差异中实现利润最大化。

对掌握一些经济学理论的管理者来说，在图 4 - 1 中的描述显示不同市场面对不同需求曲线情况下，企业对相同产品索要不同价格 P_1 和 P_2（$MC = MR_1 = MR_2$），从而获得最大利润。

2. 战略定价

战略定价主要有三种，分别是：掠夺性定价、多点定价和经验曲线定价。掠夺性定价和经验曲线定价会导致反倾销风险。因此，在实行掠夺性定价时要看一看相关国家有关反倾销条例和其他条例性政策，以免带来麻烦和损失。同时，考虑到不同国家针对大陆和台湾产品采取不同条例时，合作企业就要考虑到以哪个伙伴的名义出口更好，这就是两岸企业合作的好处（比如说，日本和美国以及欧洲对大陆产品经常会进行反倾销调查，而对台湾地区产品比较少，这样就可以通过合作在台湾生产产品并出口较为有利）。

（1）掠夺性定价战略。

掠夺性定价是将价格作为竞争武器，把竞争力弱者赶出市场。一旦竞争者离开市场，公司就提高产品价格，享有高利润。这种定价战略要起作用，公司一般必须在另一个市场有利润，用来补贴在试图垄断的这个市场的过分低的价格。西方国家经常指责中国企业实行这一战略。争论是这样的，因中国国企在国内具有垄断地位，产品价格要价较高，而且市场是被保护的，所以在国外市场要价较低，而损失部分由国内市场的高利润或国家给予的补贴来平衡。因此，中国企业的产品如太阳能电池板这样的光伏产品经常被一些国家进行反倾销指控。另外，许多日本公司经常采用这一策略来占领国外市场，像松下电器通过掠夺性定价成为世界最大的电视机制造商。

（2）多点定价战略。

多点定价战略成为两家或多家国际商家在两个或多个大的市场竞争时面对的问题。比如，多点定价是佳能和尼康共有的问题，因为两家公司在世界不同国家的市场进行照相机产品的竞争。多点定价的概念指一个公司在一个市场的价格战略对另一个市场对手的定价战略的影响。一个市场过低的价格会引出另一个市场与该公司关系重大的对手的竞争性反应。

因此，对于两岸合作企业产品的定价决策必须集中监查和研究。从跨国公司的营销策略来看，全权代理定价的决策对各国子公司的经理们来说是很诱人的，因为能获得局部利益。但经济全球化以来，世界一个地方的定价战略会引起另一个地方的竞争性反应，公司最高管理层至少需要监督和首肯已确定的国家市场的定价决策；而当地经理人需知，他们的定价行为会影响其他国家的竞争条件。

（3）经验曲线定价战略。

经验曲线（见图4－2）指的是在产品整个生命周期中所观察到的生产成本的系统降低。一些研究观察到：差不多每次累计产出翻番时，产品生产成本就会下降到某个特征数值。这一关系是在飞机工业中首次观察到的，在那里每次飞机机体的累计产量翻番时，单位成本通常下降到原来水平的80%。于是，第4架机体的生产成本就会是第2架机体的80%，第8架机体的生产成本是第4架的80%，第16架是第8架的80%，依此类推。图4－2中描述了生产成本和产量之间的这种经验曲线关系。

对于经验曲线，我们可以用学习效果和规模经济这两个因素来解释。学习效果来自于经济学家罗默的“干中学”理论：通过学习由非熟练工人

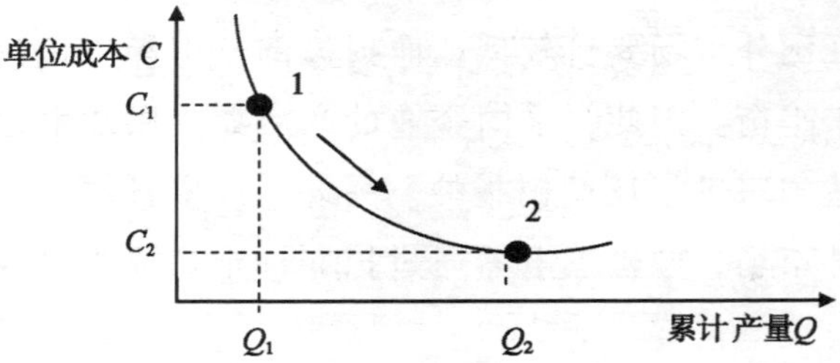

图 4－2　经验曲线

到熟练工人的过程，生产效率提高导致成本节省。规模经济指的是由生产大量的产品而取得的单位产品成本下降带来的好处。规模经济由许多原因产生，其中最重要的一个似乎是把巨额固定成本分摊到大量的产品上的能力。

因此，随着合作企业共同生产的产品产量的累积增加，由于经验效应，单位成本会不断下降。学习效果和规模经济是经验曲线的基础。因为过激的定价（及过分的促销、大量广告）可以是快速建立累积销售量的一种方法，因而使经验曲线走低，所以价格问题是关键问题。经验曲线进一步走低的企业相对于那些经验曲线进一步上扬的企业在成本上有竞争优势。因此，两岸企业合作生产可以实现规模经营和学习效果双重优势。

3. 法规对价格的影响

合作企业进行价格差异或战略定价的能力会被国家的或国际上的条例所限制。最重要的一点，企业自主定价的自由往往被反倾销条款和竞争政策所约束。

（1）反倾销规则。

掠夺性定价和经验曲线定价都会与反倾销规则相冲突。从技术上讲，倾销是出现在企业以低于成本的价格出售产品时的一种现象。大多数规则对倾销界定得比较模糊。如，一个国家依据 WTO 规则（原关贸总协定 GATT）第 6 款可以对进口商采取反倾销行动，只要符合两个标准：销售是在“有失公允的价值”情况下，且“国内行业有实质的损失”。问题在于，它并未说明什么是公平的价值。模棱两可的表述导致一些争议：只要在国外的销售价格比在本国的价格低，尽管不低于成本，有时也被认为是倾销。

反倾销的规则制定了出口价格的底线，且限制了企业进行战略性定价的能力。在大多数反倾销行动中使用的、相当模糊的术语表明，企业进行价格差异的能力也会遭到挑战。

（2）竞争政策。

大多数工业化国家都有条例法规来促进竞争，限制垄断。这些法规条例可用来限制一家公司在特定国家的价格。在合作企业进行产品定价时要考虑到相关法律条款的限制，以免带来不必要的麻烦或指责。

（二）确定营销方法组合

合作企业最希望不同地区在营销方法组合方面有变化，把当地文化、经济条件、竞争条件、生产和技术水平、销售体系及政府规则等的差别考虑在内。这些差别要求在产品属性、销售战略和定价战略上要有变化。这些因素叠加起来影响的结果，使企业很难在世界范围采取相同的营销组合方式。

通常在营销方法组合的一个或几个因素方面有相当的标准化的时机。企业会发现使全球化的广告信息标准化，以及使核心产品属性标准化或品牌化来实现实质上的成本经济是可能的。同时，他们会发现以国家为基础，利用当地的差别制定销售战略和定价战略是可以做到的。“定制与标准化”的争论不是孤注一掷的问题，常常是营销方法组合的一些方面标准化，而另外一些方面则是定制，这是明智的，这依据不同国家市场的主要条件而定。

四、新产品研发上的合作

成功开发并推入市场的新产品的企业会赢得巨大的回报。如美国杜邦公司生产了一系列成功的发明产品：赛璐玢、尼龙、氟利昂和特氟隆（不粘锅）。索尼公司的成功包括开发生产随身听，默克（Merck）制药公司在20世纪80年代生产了7种新药；3M公司主要力量放在胶带和胶粘剂，开发了一系列新产品；英特尔公司一直引领新型微处理器在个人电脑应用方面的开发创新，思科系统公司开发了路由器，位于互联网连接的枢纽，指导数码信息的流向等。

我们从全球视角来看一下主要国家的研发花费数字，见表4－1。

表4－1　研发总花费（百万流通美元，PPP）

国家	1985年	1990年	1995年	1999年
丹麦	785	1 384	2 194	2 720
芬兰	879	1 542	2 197	3 652
法国	14 571	23 762	27 595	27 880[b]
德国	19 984	31 935	39 366	46 218
日本	40 064	66 965	85 256	92 663[b]
挪威	940	1 315[a]	1 733	21 456
瑞典	3 068	4 180[a]	6 069	6 845[b]
英国	14 444	19 955	21 604	6 845[b]
美国	116 026	149 225	183 694	243 548

资料来源：OECD，Main Science & Technology Indicators（1991，1993，1995，2000）.

a. 瑞典、挪威1990年数据来自1991年数据。

b. 1999年法国、日本和英国数据来自1998年数据；瑞典数据来自1997年数据。

从表4－1中我们可以看到各国在技术进步方面的重视程度。美国之所以一直是世界科技领先国，其主要因素是科技投入的不断提高。另据《经济学家》杂志（2002年6月29日），欧盟国家与美国在研发的花费上有很大距离。全球研发的花销为6 527亿美元，美国占40%。尽管欧盟承诺提高研发经费到GDP的1.93%，而美国则是2.69%，日本为2.98%。还有一个有趣的现象是，68.2%的美国研发经费来自私营企业，欧盟私营部分资金为总额的56.3%，这对商业利益意味着什么，值得我们思考。❶

当今世界在技术上的竞争与其他方面一样重要。技术进步的步伐自18

---

❶ ［美］本·斯泰尔、戴维·维克托、理查德·内尔森著，浦东新区科学技术局译：《技术创新与经济绩效》，上海人民出版社2006年版，第30～57页。

世纪工业革命以来不断加速，今天依然如此，结果导致产品生命周期大大缩短。技术发明既创造产品也毁灭产品，一项发明能使一个成功的产品一夜之间成为过时的东西。但是，它也创造出许多新产品。我们看一下近年电子工业发生的变化。20 世纪 50 年代之前的 40 年，真空管在收音机继而录音机和早期电脑上是主要部件。但晶体管的发明打破了真空管的市场，同时，又创造了与晶体管有关的新机遇。晶体管比真空管体积小得多，开创了一个微型化的趋势，延续至今。

这一技术变化带来的创新打破了原来的生产过程，使企业保持技术前沿的地位变得愈加重要，否则就会被竞争者的新发明所淘汰。因此，两岸企业合作最重要的一点就是技术研发方面的合作，通过两岸企业协同合作、优势互补可以打造共同的竞争优势。为达到这一目的，两岸企业必须在研发、市场和制造几个环节建立合作。下面我们看一下研发活动选择地点和在产品研发合作方式、市场与制造之间建立合作的问题。

（一）研发活动的地点设置

新产品的想法大多是由科研、需求条件和竞争条件激发出来的。在其他方面相当的条件下，新产品的开发速度在下列因素影响下更快速一些：

（1）在基础和应用研究开发上投入更多资金；

（2）需求非常强烈；

（3）消费者很富有；

（4）竞争很激烈。

基础和应用研究开发能发现新技术，然后使它们商品化。强烈的需求和富有的消费者为新产品创造了潜在的市场。公司间激烈的竞争刺激了新发明，因为公司都试图击败竞争对手得到因成功发明而获得的潜在巨大的先行优势。

第二次世界大战后大部分时期，这一水平最高级别的国家是美国。美国付出比别国更大比例的 GDP 用于研发工作，其科研机构在世界上是最大、最活跃的；美国消费者是世界最富有的群体，市场规模很大，而美国公司间竞争激烈。正是这些因素使美国成为领先的市场，新产品在这个市场上开发、引入。因此，美国是开展研发活动最适宜的地方。

此后20年发生了很大的变化。美国对新产品研发的垄断已经被削弱了许多。尽管美国公司在许多新技术方面仍处于领先地位，但日本和欧洲公司也是强大的对手，如丰田、索尼、爱立信、飞利浦公司等在各自行业引领产品创新。日本和德国现在花费的、用于非军事方面的研发费用占GDP的比率比美国的比率要大。另外，日本和欧盟都有巨大的、富有的市场，它们与美国的富裕程度相差无几。

结果，把美国视为领先市场不再合适。如今，中国经济不断成长，已经成为世界第二大经济体。消费者富有群体在增加，而且中国的研发经费支出不断提升，市场竞争程度在加大，市场化趋势在提高。这些都为两岸企业合作、在研发地点选择上提供了好的条件。两岸企业的研发机构根据不同的情况可设置在大陆，也可设置在台湾，还可设置在香港等。像其他许多大型的跨国公司已经开始加大投资，把中国作为研究机构的主要基地（如微软中国公司）。

（二）产品研发合作方式选择

两岸企业之间需要一种新的合作特性，因为传统的组织形式已不再适用于今天的合作企业。新的合作不是仅以价格竞争为目标的市场机构，而是长期互利互惠的合作。根据两岸特殊情况的需要，研发地点可以在各自地区，但可以通过网络进行协同产品开发。

1. 协同产品开发

目前，环境变化速度的加快导致了在研究与开发领域中合作数量的增加。共同的创新策略需要高水平的、相互合作的研究与开发管理组织。合作机构和过程以及在相关企业各个层次合作的愿望都必须首先产生。

为了有效地管理已改变的研发过程，合作伙伴要不断尝试建立一个扩大的网络组织，以充分合作为目标进行广泛的协同产品开发。协同研发就是根据市场变化，结合各自研发优势进行共同研究，制定新产品结构，通过远程通信来解决产品设计中的疑难问题。协同开发必须彼此之间信任，通过事先沟通和培训达成一致的技术术语，以减少误解或沟通上的障碍。

因此，在产品设计和开发中保证高质量的通信对于策略规划是十分重要的。

2. 利用远程合作改善设计过程

目前，对通信的需求主要指的是以计算机为基础的通信技术的发展，以及数字式通信网络的快速发展。这些发展将导致一次以计算机为基础的协同工作的技术创新，即远程合作。

远程合作虽然具有一定的优点，但必须指出，它的范围并不像想象的那样广泛和容易。主要原因在于，远程合作中的不同企业背景、工作过程和信息处理标准以及能力。根据格鲁丁（Grudin）的定义，远程合作必须满足八项要求❶。

（1）在参与者中产生均衡的效用：如果远程合作在合作伙伴中产生的效用不同，关于远程合作的介绍很可能会失败。因此，应建立起平衡机构。

（2）获得大量的使用者：远程合作需要快速的传播，以便更多潜在的使用者能利用它。

（3）社会和组织结构的挑战：远程合作会导致通信标准和规则的改变，这会被一些使用者曲解为一种威胁。

（4）处理与组织相关的意外情况：在组织中存在许多统一的过程，但是以远程合作为基础的、不规则的、柔性的有效工作过程也是必要的。

（5）应用方便：远程合作的功能必须符合人性化，并且使合作的开销保持在较低的水平。

（6）有效性评估：缺乏有效合理的工具去评价远程合作的效用。

（7）综合性方法：由于远程合作会遇到技术方面、组织方面以及个人方面的问题，综合性的解决方法比以往单一的技术方法更为重要。

（8）使用者的各种因素：远程合作应考虑到潜在的使用者不同的任务、条件、偏好以及个人兴趣。

以上显示了引入远程合作的过程。远程合作在汽车工业中对于经济的

❶ Grudin J. "Groupware and Social Dynamics: Eight Challenges for Developers", in: Baecker R. M., Grudin J., Buxton W. A. S., Greenberg S. Eds., *Readings in Human-Computer Interaction: Toward the Year* 2000, Morgan Kaufmann: San Francisco, 1995, pp. 762 ~ 774.

促进得到了很好的证明。例如，德国和日本汽车工业的成功经验表明，远程合作在合作伙伴的数量和空间支持下，加工时间可大大缩短，并且有利于减轻员工的负担。与此同时，汽车工业的进步也证实了经济进步和合作质量的增长。两岸企业可借鉴发达国家经验，尝试远程合作，以此带动两岸企业在协同研发和生产中的合作。

3. 基于特征的合作产品开发

利用远程合作改善设计过程和合作开发时，针对制造业特点，在图纸设计方面和具体的加工方面经常会出现问题：在技术上可行的产品却不能精确地进行制造以达到其要求。根据技术分析，系统的或者意外的误差往往是不可避免的。为此，根据欧洲企业合作的经验可知，两岸制造业合作的同时建立一个公差信息系统是必要的，它一方面能通过公差计算出时间与成本，另一方面能充当整个产品生命周期的企业过程决策支持系统。因此，公差信息系统可以将技术与经济因素结合起来，允许所有参与的部门可以从很早的阶段并行地对它们的开发过程和结果进行优化。这种基于公差的特征设计方法能促进合作功能公差的确定、成本计算及能力的规划。

（1）特征技术。

在这里，特征可以定义为一个代表产品某部分区域意义的信息单元。所以，一个特征可以被描述成一个产品属性的集合。它根据产品不同的属性种类在不同的产品生命周期阶段具有不同的意义，因而一个特征不仅仅包括一般 CAD（计算机辅助设计）系统中的几何形状特征。特征技术的一个主要目标是加强产品生命周期各阶段的相互联系并以此减少产品开发时间和周期。

在基于特征技术的公差集成信息系统中，产品开发的各个视图都包含有一个公差特征（见图 4－3）。用户可以过滤掉其他特征属性从而得到所需要的特征信息。

（2）公差信息系统。

在设计过程中公差信息系统是决策支持中的第一个工具，它以反馈循环的方式集成于价值链中。设计工程师从公差信息系统中得到反馈信息，

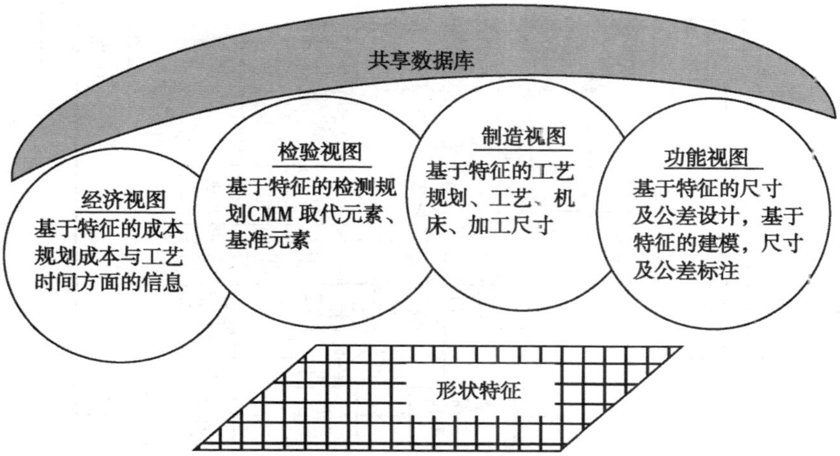

图 4－3　不同视图的公差特征

对其设计进行修改或者完全改变原有的设计。此系统使与公差相关的信息在整个产品开发过程中透明化。

公差信息系统与来自 CAD 中的公差数据、制造中的实验数据库、生产规划与控制系统中的信息以及销售信息系统相连接。如图 4－4 所示，它描述了集成公差信息系统的概念。灰色的区域表示反馈循环，白色区域表示那些代表传统产品开发过程的增值单元。

当接到一个新订单时，一个产品需求清单就会由计算机自动生成。开始的那些元素为销售信息系统的参数。需求清单能帮助设计者检查设计解决方法的完整性并将其作为相关生产成本的输入信息。

在基于特征的公差信息系统的辅助下，设计者可以在不考虑功能视图的情况下进行公差分配。将公差特征加入 CAD 系统中可以产生对数据库的提问。这些提问表现在：对于那些已经标注好公差的几何元素能否通过企业现有的机床制造出来，这些机床的数据储存在实验数据库中；另外，应通过 PPS 系统查询到当前有哪些机床是空置的。

制造特征的绝对成本应与需求清单中的权重需求及销售信息系统中的目标价格进行比较，计算相对的特征成本以便让设计者了解整个产品的成

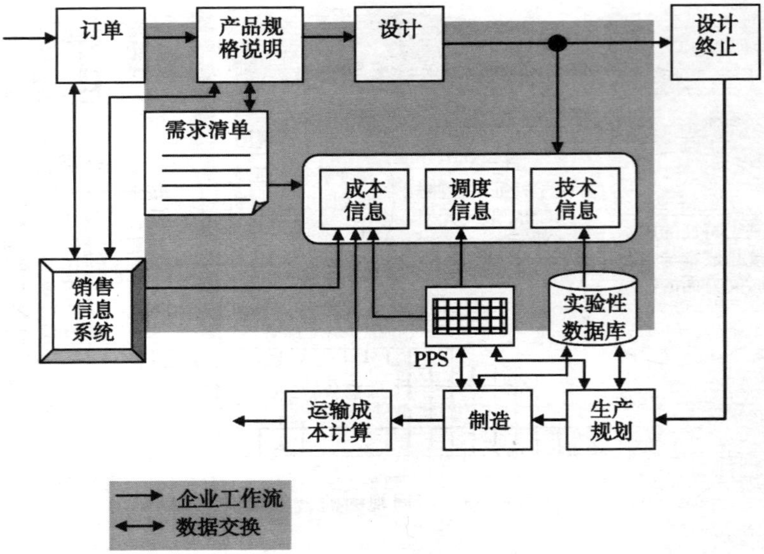

图 4-4 集成公差信息系统

本结构。这些已有的信息可以在 CAD 环境中提供给设计者。基于这些信息，设计者可以修改其设计并分配相关的公差。

下一步是将公差信息系统的概念进一步扩展到企业的整个增值链中，同时，将项目从特征级进一步扩展到产品装配级。

（3）分布式公差知识应用参考模型。

分析产生公差信息的单元之间的联系是必要的。另外，应知道每个区域里哪个工具能较好地存储并提供这些信息。这种调查的结果为一参考模型，它代表了公差信息资源之间的相互依赖以及在整个产品生命周期中公差信息之间的区别。参考模型表示了怎样利用开发过程中的一些知识来进行企业过程建模以及开发数据处理系统。图 4-5 从较高层次描述了此参考模型。

（4）公差知识库。

公差信息分布在不同区域，在企业范围内的公差信息系统是通过公差知识库来实现的。这个知识库包括基于产品模型的公差信息和基于过程模

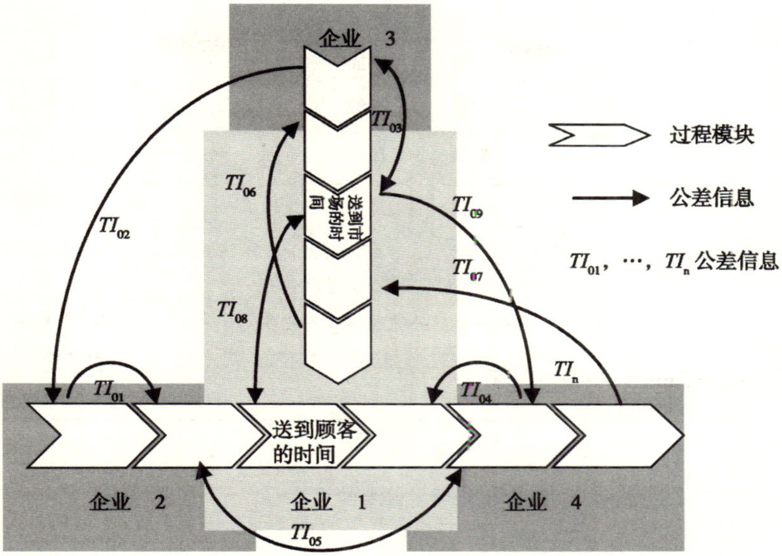

图 4－5　分布式公差知识应用的参考模型

型的公差信息。通过使用特定的软件工具来处理某一特定领域，如 CAD、CAM 及公差知识库等，这样某一领域就能获得相关公差信息。这些公差信息同时也在另外一些领域生成并保存在那里。

通过一个原型设计可以具体解释这种概念。图 4－6 是解释这个支持工具的相关结构图。

（5）功能设计。

由于大多数产品的功能要求直接依赖于几个公差的功能面，因此公差是设计过程中主要考虑的因素。但由于缺少合适的公差评价工具而经常导致设计的失败，其结果可能是由于公差太小导致造价太高，或者其公差根本没有制造的可能。

克服这种缺点的方法是将制造和设计集成于 CAD 系统中。这个 CAD－公差集成系统能支持设计者根据尺寸和公差找到一些功能，如“轴承座”或者“液压传输系统”的实施方案。当设计者已找到相关功能的方案后，CAD 系统中就会产生前面提到的设计特征。附属的公差是与功能相联系

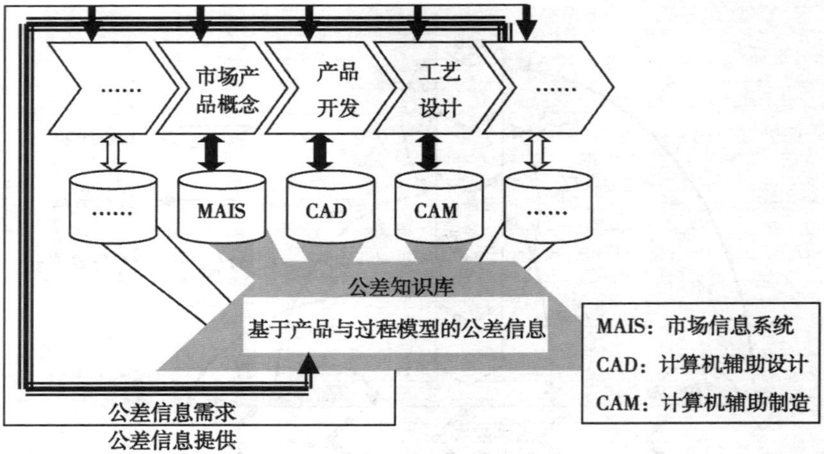

图 4－6　公差知识库

的，且根据优化实现定义好的功能。随着多个特征的组合，与一个功能面相关的公差信息会随着属于这个面的特征数目的增加而增加。

由于功能与应用的公差特征较多，基于“向量公差”的概念，另一个用于公差模拟和分析的工具用来进行公差分析。这些分析包括公差语义检查和功能计算，如计算配合度和偏移度。

（6）特征扩展方法。

用以上方法进行产品设计的结果是一个满足功能要求的优化模型。基于特征的公差信息系统的特征扩展方法还能帮助进行产品早期设计的可制造的优化分析、规划和成本分析设计过程中不同部门间的合作。不同部门在设计过程中的合作如图 4－7 所示。解决方法、设计原则甚至设计过程中子功能的修改都有可能是由于设计过程中的扩展公差信息引起的。

已经有软件设计系统实现了扩展公差特征的概念。使用互联网技术，这个系统保证了计算机平台的独立性。产品生命周期的各个部门可在产品开发的早期阶段获得优化产品质量的公差数据。使用简单的数据咨询可以保证基于特征的公差信息系统处在已有的软件包（如 CAD 系统、PPS 系

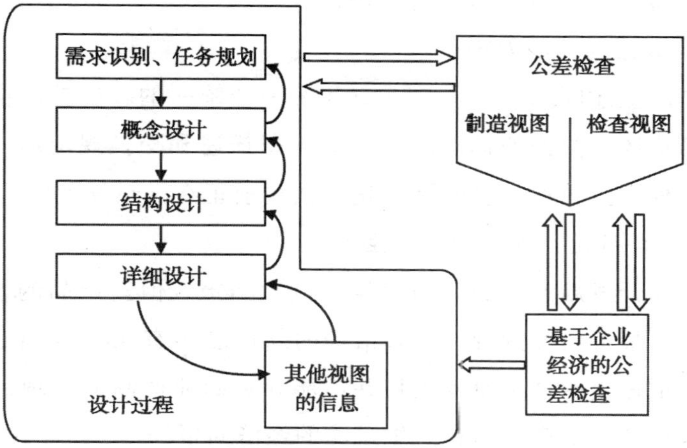

图 4－7　设计过程中的合作

统、MAIS 系统等）。❶

综上所述，在 CAD 环境中，基于特征的公差概念是把新的并行工程理论带入企业的合适载体。由于设计者手中掌握了更多更好的与制造、生产规划和成本相关的信息，因此能进行高质量的公差分配。由于工艺规划者能够获得特定公差配合的信息，所以在工艺实施过程中能够避免误导性的解释。因为较早地考虑了与成本相关的数据信息，设计者就不会设计出不合适的产品从而导致高成本的公差。

4. 产品数据交换技术

计算机技术和先进制造技术的发展，给企业合作带来前所未有的机遇和挑战。随着制造业逐步向信息化迈进，目前 CAX 技术和 CAD/CAM 技术以及 3D 打印技术获得了广泛的应用。与此同时，企业也面临着亟待解决的新问题。比如：

（1）异构的 CAD 系统和 CAD/CAM 系统间的数据交换；

（2）产品设计信息的集成与共享；

❶ 郑力，［德］Frank Possel-Doelken 编著：《合作制造方法、技术与应用》，清华大学出版社 2003 年版，第 101～107 页。

（3）企业设计资源的保存与管理；

（4）大数据通信的处理技术。

为了解决上述问题，必须建立或开发一个统一的、支持不同应用系统的产品信息描述和交换的标准，即产品数据描述和交换规范以及未来的云计算系统以处理大数据交换问题（这方面目前正在火热发展中）。

（三）整合研发、市场营销与生产

尽管成功开发新产品的公司会赢得巨大回报，但新产品的开发有很高的失败概率。最近研究发现，引入市场的新产品中有45%没有达到可盈利目的。这一证据表明许多研发项目并不能导致商业产品的出现，且33%～60%已进入市场的新产品没有产生足够的经济回报。

如此高的失败率，原因各不相同，包括开发的技术需求量有限、没能使用有前途的技术实现商品化、没能以合理的成本制造新产品。企业可以通过坚持紧密的交叉职能性的配合和整合，在三个涉及新产品开发的核心功能——研发、营销和生产——之间避免这些错误。在研发、生产和营销方面牢固的交叉功能性整合可以协助企业确保：

（1）产品开发项目是由客户需求驱动的；

（2）新产品设计必须容易制造；

（3）开发成本必须受到控制；

（4）进入市场前的时间越短越好。

研发和市场营销的紧密整合要求保证产品开发项目是客户需求驱动的。企业的客户是新产品想法的主要来源。识别客户的需求，尤其是尚未满足的需求，能刺激成功的产品创新。企业营销部门会提供客户需要的有价值的信息，作为与客户的接触点。如果想把新产品恰当地商业化，整合研发和营销是关键。没有对研发和营销的整合，企业就会冒着开发没有需求的产品的风险。

研发与生产之间的整合会帮助企业保证产品是在设计时考虑了制造要求，这样可降低制造的成本，提高产品质量。整合研发和生产还帮助降低开发的成本和加快产品投放市场的步伐。如果新产品不以制造能力为前提进行设计，在现有的制造技术条件下就会很难制造，产品将不得不重新设计，且产品进入市场总的开发费用和时间会显著增加。在产品计划期间修改设计会增加开发成本的一半以上，并增加1/4的产品进入市场的时间。大量的产品创新要求新的制造程序，这就使研发、生产间的紧密整合更加重要。尽量减少上市时间和开发的成本要求同时开发新产品和新程序。

（四）建立交叉职能团队

两岸合作企业达到交叉职能整合的方法之一就是建立由研发、销售和生产的代表组成的交叉职能产品开发团队。因为这些功能位于不同地区，团队有时会由双方成员或多方成员组成。团队的目标是把产品开发项目从最初的开发概念引入到市场中。产品开发团队要有效地运作并按期实现开发目标，下面几点非常重要。

（1）团队由一位“重量级”项目经理带队，他（或她）在组织内有很高地位，有得到实现目标所需要的财力和人力资源的能力以及权威。他应该把主要心思放在项目上。他应该信赖这个项目，并善于整合不同功能的各个方面，帮助员工为一个共同的目标一起工作。该领导也应该是团队与更高一级管理层的沟通者。

（2）团队应该至少包括关键功能的两名成员，分别来自双方合作企业；队伍成员应具有提供有效的专业知识的能力，在其领域应是高层次人才，愿意为团队的后果分担责任，能够把自身专业和政治党派或民族的面子放在一边，以双方坦诚合作为己任。如果核心团队成员全心全意地在这一过程中为项目作贡献，把精力放在项目上，而不是在他们自己所从事的某项专业上，这样的团队就是最难得的。

（3）在可能的情况下，团队成员应具体在一个地点工作，以便沟通，创造一个同志加兄弟式的氛围。如果团队成员是从不同企业机构聚拢在一起的，这就产生了一个沟通问题。一个解决办法是，在产品开发期间把关键人物都调到一个地区工作。

（4）团队应有一个清晰的计划，尤其对关键的开发进度和开发预算更应如此。团队应有激励机制，当开发上具有里程碑式的工作完成了，就应得到奖励。

(5) 每个团队必须开发自己的沟通过程和冲突解决方法。一旦产生误解或冲突必须在短时间内解决好，以便帮助团队成员了解开发目标。

总之，建立交叉职能团队对合作各方顺利完成项目以及解决开发中出现的问题是极为有利的，也是两岸企业成功合作的关键所在。合作企业必须整合研发和市场，从而足以使新技术商品化，这也要求合作企业启用交叉职能团队。

第二节　两岸在生产作业中的合作

“十八大”提出优化与调整产业结构、确保就业和稳定增长的目标。在发展战略性新兴产业、环境友好型产业和提升产业综合竞争力等方面不断出台新政策，重点为实体经济发展提供支撑条件。其中，装备制造业成为发展实体经济的重要领域。据统计，中国大陆装备制造业销售额2009年已经跃居世界第一；2010年机械装备工业总产值达到14.38万亿元，产值和产量居世界第一；[1] 工业自动化控制系统和仪器仪表、数控机床、工业机器人及其系统等部分智能制造装备产业领域，销售收入超过3 000亿元。尽管中国大陆装备制造业总产值目前已超过14万亿元，其中高端装备产值超过1.6万亿元，但在很多关键技术和产品领域，还与欧美发达国家有一定的差距。[2] 因此亟须在关键的高端制造领域，实现技术、零部件和产品的重大技术创新、突破。

另外，台湾地区似乎也面临同样的难题。即使在工具机和部分关键零组件制造领域，台湾地区具有一定的全球领先优势，但是在装备制造产品上却缺少知名品牌和广阔的市场。加之产业链上的中间环节薄弱以及研发

[1] 李文鸿，朱正军，史本广：“装备制造业须调整转型创新升级”，载《宏观经济管理》2012年第5期，第34～36页。

[2] 王晶艳：“装备制造业总产值将达40万亿”，载《当代商报》2012年6月6日第3版。

创新能力不强等问题，也成为制约台湾装备制造业整体实力提升的因素。但是，我们发现两岸在装备制造业领域面临的是不同的困境。如果两岸制造业能够合作，势必会形成优势互补、协同发展的有利局面，从而提升两岸装备制造业整体水平，提升其整体竞争能力。

一、大陆与台湾地区的装备制造业发展概况分析

（一）大陆装备制造业整体概况

按照国家整体国民经济行业分类，装备制造业主要包括机械、电子和兵器工业中的投资制成品、金属制成品，通用装备制造业，专用设备制造业，交通运输设备制造业，电器装备及器材制造业，电子及通信设备制造业，仪器仪表以及文化办公用品装备制造等 7 大类 185 个小类。在这些装备制造业领域中，高端装备制造业是体现技术高端、价值链高端、产业链核心的装备制造业。2010 年 10 月，国务院正式发布了《国务院关于加快培育和发展战略性新兴产业的决定》，其中发展高端装备制造业成为一个重要的产业目标。

高端装备制造业从大类上分，包括智能制造，主要包含高档 CNC 工具机、精密加工设备、海洋工程装备、工业机器人与专用机器人等。发展高端装备制造业，重点包括 5 个细分行业，分别为航空、航天、高速铁路、海洋工程与智能装备。预计到 2015 年，大陆高端装备制造业年销售产值将在 6 万亿元以上；到 2020 年时，高端装备制造业销售产值占装备制造业销售产值的 30% 以上，满足国内市场的比率超过 25% 。在高端装备制造领域主要是突破数控系统和功能零组件薄弱环节，加快高档数控工具机产业化，并且重点发展 4 大主要机械产品，包括智能仪器仪表与控制系统、关键零部件及通用部件、智能专用装备等、高档数控机床与基础制造装备和自动化成套生产线实现重点突破。目前大陆在智能装备的产业规模约为 3 000亿元，但是市场多被国外厂商垄断。从大陆厂商市场占有率看，智能仪器仪表与控制系统为 10% ，工业机器人与专用装备为 20% ，中档数控机床为 20% ，高档数控机床为 1% 。到 2015 年，销售收入达到 1 万亿元，国民经

济重点产业所需高端智能装备及基础制造装备国内市场占有率达到 50%；2020 年销售收入达到 2 万亿元，国内市场占有率达到 70%。近几年来，受国际经济形势下行压力，装备制造业发展速度放缓，面临着“转型升级”关键节点。企业规模、设计和制造技术能力偏低，重大技术装备和高新产品生产能力严重短缺。80% 的集成电路芯片制造装备、40% 的大型石化装备、70% 的汽车制造关键设备及先进集约化农业装备仍依靠进口。多数出口产品是贴牌生产，拥有自主品牌的不足 20%。在工业母机机床方面，高档数控机床 90% 以上依靠进口，高档数控系统 95% 依靠进口，高档仪器仪表 90% 依靠进口，有些产品的进口还受到发达国家限制。国外机电产品在大陆市场上的份额已达 30%，某些技术含量高的产品进口份额也已占大陆市场的 50% 以上。全社会固定资产投资中设备投资的 2/3 要依赖进口。

目前，全球主要发达国家和发展中国家在装备制造业主要领域的增速仍存在较大差距。其中，发展中国家增速高于发达国家的领域主要有基础金属制品和通信设备，而其他领域发达国家仍具有较强的发展潜力和优势。

（二）台湾地区装备制造业发展情况

在台湾地区，装备制造业属于机械工业一部分，其在模具、电子生产设备、塑料机械、木工机械、切削机床、成型机床等领域具有世界级水平。据统计，台湾地区机械制造业出口以工具机（即机床）为主，2010 年工具机产值占机械设备业 13.2%，成为全球第六大生产基地。

台湾地区装备制造业的发展特点非常明显：一是其产品的品质与性价比在全球，特别是在亚洲地区都有较大的比较优势；二是其产品配套能力和物流速度优势显著。例如，在台湾地区的任何产品，10 千米之内都可以进行绝对配套；在产品统筹采购与售后服务方面，占有绝对区位优势。全球多数地区的产品从订货到取货要半年左右时间，而台湾地区正常情况下是 3 个月交货期。在技术研发领域，强调绿色机器、高效率、高精度、高速和高品质化的装备制造业发展。但是，在超音波振动切割技术研究（东台精械）、镭射制造（熔覆成型及微细加工）、工具机智能化（简易操作、线上生产统计、智能监控等）一些重点技术领域还需要提升研发能力。从出口地区上看，台湾地区机械工业出口地区主要是香港和大陆。但是近几年来，台湾地区对泰国的机械工业出口也呈现强劲发展态势，体现了东盟“10+1”的后续效应正在升温。台湾地区主要机械工业产品的进口地区是日本和美国。但是从大陆和香港特别行政区进口产品的增速较快，说明大陆和香港特别行政区将可能成为台湾地区未来的机械工业产品进口地区。

二、两岸装备制造业从贸易走向合作

（一）两岸装备制造业贸易发展的阶段与贸易方式

当前，全球工具机的生产与消费重心已经由欧美日移转到海峡两岸，根据加德纳（Gardner）公司的统计数据显示，2008年，两岸的机床生产总值已经超越日本成为全球最大的工具机生产基地（日本19.3%、大陆17.0%，台湾6.1%）。[1] 同时，两岸工具机制造商已经有三家进入全球的前十位（分别为沈阳机床、大连机床与友嘉集团）。由于全球制造重心集中在中国大陆、印度等亚洲新兴国家的现象会愈来愈明显，预计未来两岸工具机产业将更加飞快成长。两岸装备制造业的发展主要以两岸产品贸易（台湾对大陆出口装备制造业产品）为主，其间大致经历了三个主要阶段。第一阶段1991~1997年是台湾地区对大陆地区出口的扩张期。台湾地区对大陆地区出口机械设备产品由1991年的244亿新台币增加到1997年的866亿新台币，增加了622亿新台币；而同期台湾地区由大陆地区进口的机械产品合计只有170亿新台币，也就是除了1997年突破50亿新台币以外，大约每年从大陆地区进口机械产品值约为20亿新台币。第二个阶段为1997~2009年，大陆地区在这期间对机械设备的需求已开始转向高精与专用设备为主，对进口机械设备的需求大幅提高。这期间台湾地区对大陆地区出口机械产品由1999年的788亿新台币，增加到2004年的1 572亿新台币；同期台湾地区由大陆地区进口机械产品也在2004年首次突破一年300

[1] “2008年中国机床保持30%增长充当世界机床增长的发动机”，载http://www.c-cnc.com/news/newsfile/2009/3/6/165251.html，2014年2月14日访问。

亿新台币的规模，2005 年达到 334 亿新台币。[1] 第三阶段为 2009 年以后，两岸装备制造业进入全面合作阶段。尤其是 2009 年金融危机后，陆资入岛以及 2010 年两岸 ECFA 的签署，为两岸在一些关键领域合作创造了新的机会，大陆市场成为台湾地区装备制造业发展的重要支撑。在两岸装备制造业的合作领域中，工具机是一个主要的领域。在台湾地区，工具机习惯称工作母机，为制造各种机器及加工设备的机械，其在整个机械工业发展中居极关键的地位，故有“机械之母”之称。台湾地区，工具机行业主要包括金属切割、金属成型、零组件（工具、刀具生产）、检测设备、生产与仓储系统、工业用机器人与机械臂六大类。大陆工具机产业 2010 年产值为 209.1 亿美元，进口额 94.2 亿美元，出口额 18.5 亿美元。其中磨料模具与切割刀具成为工具机产品中出口额最大的两类，共占工具机出口额的 44.6%。但数控金属加工机床出口平均单价持续下降，下降幅度较大的有卧式加工中心、龙门加工中心、数控磨床和数控冲床。据台湾地区工具机及零部件工业同业公会（TMBA）统计数据显示：2007 年台湾地区生产 2.5 万台立式加工中心，居全球之首；其中有 3 611台供货给中国大陆，总值达到 2.47 亿美元，台湾地区成为中国大陆市场上第二大立式加工中心供应地。2008 年以前，台湾地区工具机贸易总额达到 37.21 亿美元。然而 2009 年全球金融危机对台湾地区工具机贸易产生严重冲击，也影响了台湾地区工具机产业发展。目前，台中精机、永进机械和东台精机等工具机产业的整机厂以及 20 余家协力厂，已经成立了台湾地区工具机产业联盟（MTeam），共同推动工具机产品升级，大幅缩短产品交货期，整个联盟的总产值逾 500 亿元。[2]

（二）两岸制造业应由贸易合作走向生产与研发合作

当前，两岸在装备制造业上的合作主要以产品贸易为主，产业投资和

---

[1] “两岸机械贸易进出口畅旺”，载 http：//cn.sonhoo.com/info/107481.html，2014 年 2 月 14 日访问。

[2] “台湾机床制造商未来大陆发展将大有所为”，载 http：//www.gkoon.com/item/news/2009/02/31845.html，2014 年 2 月 14 日访问。

技术研发合作还尚未形成规模。即使有部分产业投资，也还处在制造业低端，附加值低、规模化小，亟待在高端装备制造（如智能制造）等领域有所突破。再者，在ECFA采购清单中，大陆进口台湾地区的装备制造产品包括161个项目，税率高于15%的只有7项（早期收获计划实施第二年减为5%，剩余全部关税为0）；而台湾地区进口大陆装备产品包括冷压及冲压金属片机器用冲头及模、落锤锻模、其他滚针轴承等的税率高于7.5%的有6项（早期收获计划实施第二年减为2.5%，剩余全部关税为0），这说明两岸在装备制造产品贸易方面应加快互惠互利步伐。

在ECFA采购清单中主要产品也集中在产业价值链低端，如变频器、细纱机、梳棉机、清花机、LCD面板机器外壳、注塑机、射频信号发生器、电脑锁边机、二氧化碳保护电焊机、前后帮机（制鞋）、罗拉车等。在高端产品领域合作还相当欠缺。与此同时，两岸装备制造业也缺少技术研发环节的深度合作，产业链高端产品均处在国外厂商手中。在制度环境方面，大陆装备制造业的市场培育还需要进一步加强，包括市场准入、首台套、创新生态等问题亟待解决，而台湾地区市场空间狭小以及关键技术和品牌也受制于国外厂商等问题也亟须解决。两岸应从哪方面入手、采用什么方式进行合作更佳呢？下面我们以工具制造业合作为例来进行探讨，以引出其他的合作思考。

1. 推进两岸工具制造业之间的合作

工具制造业分支是生产高质量产品的重要一环。根据这种制造方式，工具制造成本占整个产品成本的30%。工具制造在产品生产中非常关键，它决定一个国家产品的竞争能力，因此推进两岸在这方面的合作至关重要。

（1）工具制造业分支。

通过全球工具制造市场的比较可以看出很明显的竞争优势及劣势，如图4-8所示。

几个竞争对手之间如日本、美国、意大利以及德国的雇员平均值都不相同，最大差别达到25%左右。且税前的利润在4%的范围内变化，隶属于ISTMA（模具协会）的另外一些国家在这一点上要表现得更好一些。

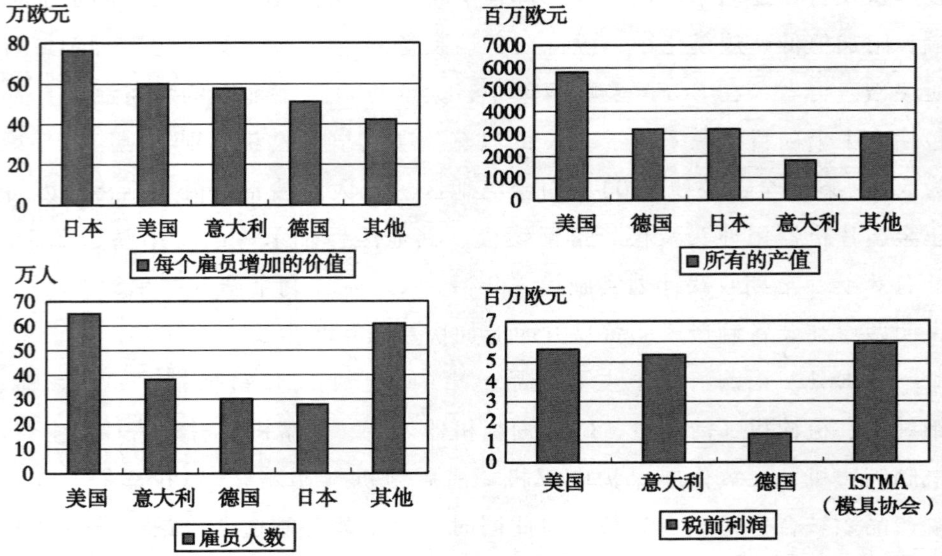

图 4－8　工模具业

资料来源：ISTMA（1998）.

对德国、美国、日本300多家工模具企业的调查显示：它们大都属于中型企业。即使那些非独立的工模具企业也具有大量生产的能力，并具有自动化企业所有装备特征，这就是它们经常被称为“工厂中的工厂”的原因。更为典型的是，这些企业包含一个完整的开发、设计、装配、实验的过程链，从而将设计与制造紧密地连接在一起。工模具设计以至整个生产过程可以利用这些从产品开发过程中产生的信息，通过提供可靠的工具实现传统工模具制造的操作过程。一些单个服务如工模具的维护、维修等也由工模具制造商来完成。

（2）工模具制造商的产品及其客户。

根据德国工程师协会（VDI）标准2815，名词“工具”指的是生产工具，特别是那些施加在物体上的物理—化学过程。例如，铸模用于铸造过程中，即熔化的铁水在压紧的模腔中铸造成型。成型过程可以分为锻造和钣金成型。但是，所有铸模的共同特点是工件部分或完全的复制。

在工模具制造业中，塑料和钣金成型的模具比例高达 2/3（见图 4－9）。除了这些模具的高产出外，注塑模与铸造模或锻压模相比具有较高的商业价值也是造成前面这些模具结构复杂的原因。

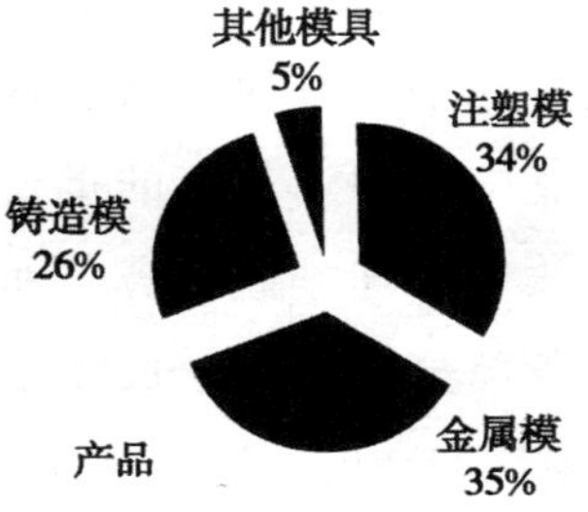

资料来源：Gehring et al.1990.

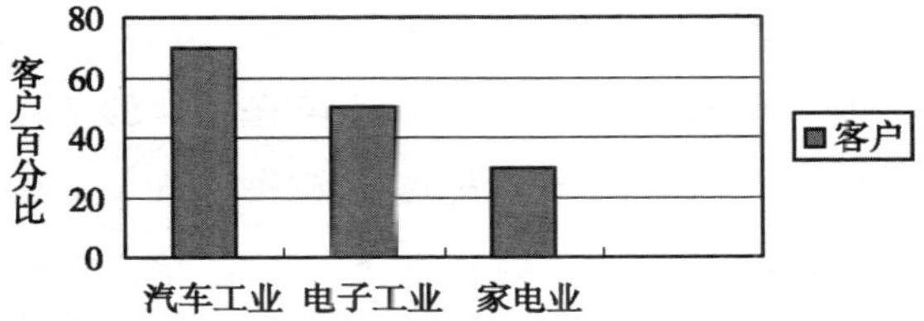

资料来源：Toenshoff, Meyerhoff（1996）.

图 4－9 工模具企业的产品分析和客户

汽车制造商是工模具制造商的最大客户。通过对全球范围内工模具产业的调查发现，70% 的工模具公司是为汽车工业提供服务的，将近半数的工模具公司与电子工业有客户关系，而大约 30% 的工模具公司与家用电器商有伙伴关系。

工模具制造领域的发展包括对实际情况的分析，同时也应该对将来较为重要的发展趋势作一定的预测。这样的分析需要对市场的概况有深入的了解并得出相应的结论。[1]

首先，我们要了解工模具生产活动的主要领域。对所有工模具生产过程在结构和优化方面连续的需求并不新鲜。为了使这些单独的过程更加合理，各种项目已经或正在进行。例如：CAX 链对工具生产工业具有特别重要的作用。因为工模具高度的复杂性和较多的复杂曲面形状，CAD 设计和 NC 处理代表了在工模具生产工业中起决定性作用的因素。关于生产零件的信息需要以 CAD 文件的形式传递给顾客，尤其是在后来新的技术条件下，

[1] 张义龙：《区域物流与经济资源最佳利用理论方法、技术与应用》，吉林大学出版社 2010 年版，第 289～328 页。

新的 CAD 文件应能准时地被读取或修改。否则在 CAD/CAM 链中的某个破坏将不可避免地导致能量的浪费和额外的错误。

经验表明，在生产过程的支持下，对 CAD/CAM 系统的系统性应用能发挥巨大的潜力。这种情况适用于通过对以前设计子集的局部利用或通过有规律的重复过程的自动化而实现质量的最优化。除了已有的制造过程优化技术以外，新技术的想法和实现是在模具制造业中增加竞争力的重要因素。创新技术的一个典型特点是它们能够更为有效地处理一些任务，而且能为更大的模具制造公司提高效率作准备。在服务部分，快速形成技术提供了模具制造业发展的基本条件，它能提供单个零件制造的解决方案。

其次，由于模具制造业主要为汽车制造业服务，这就意味着汽车制造业的变化会对模具制造业带来直接影响。事实上这种强烈影响模具制造业的基本趋势可以被归纳为：一方面，交货时间将会明显地继续减少；另一方面，在汽车部门的重要趋势就是供应商减少。例如，奥迪在 4 年的时间内将它的直接供应商减少到一半。那些在经过精简战略后仍靠直接供应商的公司，将得到一个不断扩大的订单数量，并且将面对这样的选择——或者提高它的生产容量和竞争能力，或者更多地依靠下级供应商。那些被排除出汽车供应商队伍的必须转向其他市场，或者与直接供应商联系以争取成为转包者。

目前，在大陆工业发展中为了多次达到量的飞跃，影响到整个产品开发链的模具制造业必须被重新定义。共同增值的现象必须通过信息交互代替现在流行的合作规则。少数直接供应商要求与模具制造商之间有一种新的合作方式。未来，随着大陆重型装备制造业的发展，模具制造业的制造商将作为系统供应商的模具制造商。所有这些变化都反应现今要在模具制造业立足，两岸模具合作势在必行，越早越好，通过合作建立模具制造业的新地位。

通过对工模具的分析，总结模具制造业的发展方向和趋势，可以得出以下结论：

第一，系统提供商和部件提供商的区别不在于谁是胜者或败者；

第二，作为 OEM（原始设备制造商）——系统承包人——零部件供应商这一合作链，只有链中每一部分都进行优化后，这种合作方式才可行；

第三，较早参与到这条链中并不意味着较早开始其工作，因为对部分能力的要求会有变化。

毫无疑问，应将所有合作者分为系统生产商和零部件供应商。但应当声明，这种划分并不意味着已分了胜者和败者。相反地，应强调各部分缺一不可，只有两方面共同努力才可能拥有良好且利润可观的市场。

另外一个重要观点认为：只有各部分都已优化，“模具制造业的合作链”这种模式才能成功。因此，在这个变化的过程中，只有根据优化合作来重组组织结构和生产过程的公司才会成为胜利者。将来采用传统客户—供应商模式的公司所占有的市场份额会显著减少。两岸合作发展的影响可以较早地集成到顾客合作链中，该要求的改变不仅仅涉及生产的开始瞬间，而且涉及服务过程。模具制造将不得不处理新的和旧的无用的任务，这意味着可效仿的能力将明确改变。

2. 两岸合作建立基于 Web 的敏捷切削工艺参数规划系统

全新的敏捷制造模式正不断吸引着高等院校和工业界的注意力。敏捷制造使用现代信息技术来建立对市场需求的变化作出快速反应的虚拟企业。近年来，与网络相关的技术大大促进了通信与合作的能力，网络技术使得信息、设备等资源在地理上分散的合作者之间实现共享变得更加容易。网络技术对敏捷制造的重要性是毫无疑问的，因此，两岸可以通过 Web 技术合作开发一个原型系统以探索提高企业敏捷性的方法。一个考虑分布式资源的、基于 Web 的敏捷切削工艺参数规划系统首先实现，与互联网相连的其他地理分散的站点上的工程人员可以使用标准浏览器来实现工艺参数规划和优化；可以实现企业资源的查询与共享，合理利用企业的动态资源。同时通过客户机调用服务器上的工艺参数规划模块，实现技术能力的共享。

Web 集成的工艺参数系统在网络环境下能得到最好的技术支持、突破现有资源的限制，能合理组织和利用更广范围内的资源；同时，Web 技术在制造工业中的应用具有光明的前景，需要进一步研究基于 Web 的敏捷制造智能技术，以探索两岸敏捷制造的实现形式。

三、两岸装备制造业合作前景展望

（一）积极培育大陆市场，加快岛内市场的转型

大陆对重大智能成套装备的研发、示范和依托工程是装备制造业发展的重要动力。因此，大陆地区投资与市场发展潜力非常大。但是，大陆装备制造业的内需市场存在的区域市场要素分割、资源分散等问题比较严重。相比之下，台湾地区市场空间虽然不大，但是能够做到资源快速整合。因此，两岸装备制造业合作一是重视大陆市场培育，二是能够通过整合地区间的产业资源促进“共同市场”建设，如结合智能制造的“智能制造装备品牌建设工程”，根据大陆和台湾地区的区位优势，制订并实施品牌培育战略。

（二）加快两岸具有互补优势的共性技术研发

两岸装备制造业在垂直化整合模式基础上，应重视关键的共同技术研发合作。可基于 ECFA 的制度平台和两岸的“产业搭桥”专案，选择一批有前景的高端装备技术项目，争取台湾地区企业落地大陆和大陆企业落户岛内或者实现远程合作。在共同的关键技术和专利上，以及在知识产权制度对接基础上，提前开展布局。例如，在工模具和工具行业，大陆与台湾地区虽然在硬件规格方面与国际水平相当，但是在实际的机器加工效能、精度、稳定性与可靠度等方面都无法与日、欧厂商相比，售价不到日本产品的六成和德国产品的四成，这其中的关键原因是欧洲或日本厂商已经大量运用机电整合（Mechatronics）、检测技术、在线监控（On-Linemonitoring and Control）、传感器（Sensors）、软件（Value-added Software）和系统整合工程等软实力（Soft Power）技术来提升机器的加工效能与可靠性。因此，两岸亟须在这些领域和关键点上实现共同突破，如在工具机行业应该瞄准工具机制造的软性技术、在一些细分的技术领域开展合作。

（三）重视两岸协同型产业链建设，积极培育合作共赢的产业生态

大陆机械制造业发展较早，体系健全，但创新能力有待提高；台湾地

区中小企业是主体，集中在组装环节，但精致化、精密化特点突出。此时，如果能够建设协同型产业链，实现“你中有我，我中有你”的完整产业发展格局，势必弥补彼此弱势，提升共同的产业竞争力。同时，面对大陆核心技术和主导市场在外，以及台湾地区人力成本上升、核心人才流失严重等问题，两岸应积极培育合作共赢的产业生态，避免产业投资的“过热”与“过冷”；同时，有效利用两岸在装备制造业领域的政策便利措施，寻找合作的突破点。更为重要的是，两岸应积极培育产业发展的外部环境，在产业集群、研发平台、市场准入、知识产权、人才使用等方面为两岸装备制造业向高端化、智能化和服务化发展提供支撑。[1]

第三节　两岸产业在供应链服务领域的合作

20世纪50年代以来，一些物流专家、战略专家和运筹学专家开始鼓吹企业一体化规划这个概念；供应链管理就是这个概念的具体化，它主要集中在增值链的优化研究上。因此，也就诞生了供应链管理（SCM）这样一个比较流行的新名词。

近年来，信息革命的步伐正在加快，个人计算机运算速度、电子商务和数据管理软件的能力和适应性都取得了惊人的进步，并在很多领域得以应用。目前正在热捧的云计算平台的不断推出，真正意义上使全球进入了大数据处理的时代。这个时代的到来就可使客户、零售商、生产商、供应商及转包商之间建立起一个合作网络，其初始目标是为了通过信息通信手段来取代传统库存，最终实现一体化规划的目标。这个目标将通过增加相互交换的计划与控制信息来达到。企业还应该知道，使用这些工具的精髓在于，必须改善其企业流程。

企业资源规划（ERP）系统的广泛应用提供了有利于供应链活动一体

[1] 李应博：“从全球实体经济复苏看两岸装备制造业合作”，载《亚太经济》2013年第2期。

化的事务处理型数据库。但是，在很多企业里，ERP 系统的应用范围和适应性并没有满足预先期望和实际需求，它对供应链管理一体化的作用也没有充分地实现。

此外，供应链管理的竞争优势并不是单纯靠更快、更廉价的数据通信获得的。正如越来越多的管理者认识到的那样，企业事务数据的获取并不能自动地导致更好地决策。一条基本的原则是："企业要在供应链管理中有效地应用 IT 技术，就必须正确划分事务型 IT（transactional IT）和分析型 IT（analytical IT）的形式和功能。"❶

行业中的很多企业的生产与配送都开始这种划分，并进行相关的规划，建立最优一体化生产合作系统。一个企业的供应链一般由两部分组成。一是地理分散的各种设施，通过这些设施，企业的原材料、中间产品或产成品得以获取、运输、储存和销售；二是连接这些设施的运输链，通过运输链产品得以流通。设施可以掌握在企业手里，也可以掌握在供货商、客户、第三方供货商或其他与企业有商业往来的实体手中（见图 4－10）。企业的目标就是产品在通过供应链时得以增加价值，并以正确的数量、正确的规格、正确的时间和有竞争力的成本运送到地理分散的市场上，以满足市场需求。

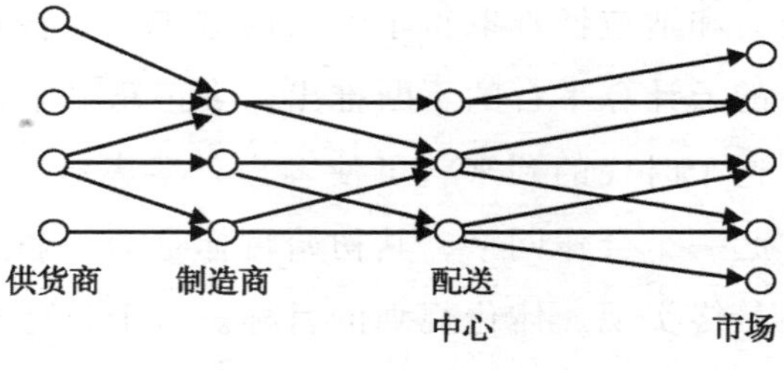

图 4－10　供应链系统网络

两岸产业合作就是要达到最优一体化目标，而这个目标是通过增加相

❶ ［美］杰里米·夏皮罗著，陈克欣、孙国卓译：《供应链建模》，中信出版社 2005 年版，第 1 页。

互交换的计划与控制信息来达到的。要探讨两岸一体化供应链的实现，首先介绍一下供应链的一些实现问题，其次是讨论如何着手建设供应链系统，最后是成功的欧美企业一体化的实践经验带给我们怎样的思考。

一、两岸供应链一体化的一些实际问题

（一）目前两岸供应链的合理化目标

自从两岸开启交流和经济合作的谈判以来，许多研究机构和学者、企业对两岸经济合作的供应链合理化目标进行了研究，研究的结果如下。

1. 台湾地区物流业发展现状

台湾地区物流业的主要特征是企业数量众多，除少数大型海空国际运输公司外，普遍规模比较小，且大多着重于本地区物流市场，并以提供传统的报关、承揽、仓储等单项或两项服务为主。2008 年，台湾地区物流企业约有 11 074家，其中以汽车货运业最多，共4 933家，约占 44.5%。增长最快的是航空货运承揽业，共增加 68 家。2008 年台湾地区就业人数约为 19.9 万人，物流业营业收入 7 063.3亿新台币，其中以海运服务业最高，约为 2 975.78亿新台币，占总物流业营业收入的 42.1%。2009 年 7 月，在台湾地区发布的《服务业发展方案（2009～2012）》中，物流服务业被列为发展新兴服务业的 7 个重点行业之一。该方案的目标是到 2012 年，物流业实现整体营业收入 11 618亿新台币，就业人数达到 22.2 万人。❶

台湾地区“自由贸易港区”计划以建造一流的国际物流枢纽中心为目标。自 2005 年“自由贸易港区”计划正式实施以来，总贸易额从 2005 年的 12 亿新台币增至 2009 年的 1 434.7亿新台币。截至 2009 年 11 月，各海港累计有 64 家航运商及从业者取得营运许可，其中有 43 家实际营运；桃园航空货运园区已进驻 81 家运营商及关联企业。

台湾地区物流业界比较重视信息技术的应用。目前，台湾地区传统的

---

❶ 杨林：“海峡两岸物流业合作发展分析”，载《海峡科技与产业（产业瞻望）》2012 年 7 月。

仓库、运输和海空运货代等业务逐渐向现代物流营运模式转型，仓储、理货与搬运等物流设备正在朝着自动化、信息化的方向发展。台湾地区在食品和饮料的物流配送技术以及物流中心的建设方面，已经达到了相当成熟的阶段，在快速宅配、常温与低温作业仓储、共同配送及搬运四大服务体系方面达到了与国际接轨的较高水平。台湾地区物流业通过信息技术的应用，实现虚拟作业模式中水平和垂直的整合，带动国际物流及第三方物流的发展。其中，大荣货运与东源物流就是成功的例子。

2. 大陆物流业发展现状

大陆物流业是改革开放以后才形成的。20 世纪 90 年代后期，随着大陆经济体制改革的发展，企业产权关系日益明晰。生产、流通等企业开始认识到物流的重要性，大陆开始出现不同形式的物流企业。大多数物流企业是由原运输企业、仓储企业、商业企业或工业企业等改造而来，它们在实践过程中学习国外的先进技术和管理经验，逐步掌握物流运作规律并进行组织管理。随着对外开放水平的提高和经济全球化的深入，加上信息化的推动，大陆物流业也逐步走向国际化与全球化。

进入 21 世纪后，大陆物流业迅速发展，服务水平显著提高，物流发展的环境和条件不断改善。物流企业格局发生变化，形成多种形式的物流企业。传统单一的多家各功能物流企业包括运输企业、仓储企业、货物代理企业进行重组优化，从而快速转型为现代物流企业，实现服务延伸；一些制造企业、商贸企业采用新技术和新方法，进行流程改造并实施服务外包，迅速成长出一批新型的现代物流企业。物流技术、设备更新换代，人才培养和技术创新等行业基础性工作均取得明显成效，为进一步加快物流业发展奠定了坚实基础。2008 年，国际金融危机使大陆实体经济受到严重影响，物流业也在所难免，出现了市场需求急剧萎缩、一大批中小物流企业经营困难等一系列问题。为保持经济稳定增长，政府于 2009 年陆续出台了钢铁、纺织、轻工业等十大调整和振兴规划，物流业位列其中。《物流业调整和振兴规划》的出台对于物流业自身平稳快速发展，推动产业结构调整和发展方式的转变，增强国民经济整体竞争力具有重要意义。

近年来，大陆企业物流信息化有比较快的发展。以物料需求计划为核心的企业资源计划（ERP）系统在各类企业中得到推广应用。钢铁、煤炭、家电、汽车等行业，都在大力推进信息化，其中物流信息化是信息化的重点。根据中国物流信息中心对国内1 000多家企业的调查显示，有信息系统和数据库支持的企业占被调查企业的70%，大型企业信息化普及率达90%以上。条形码、智能标签、无线射频识别（RFID）、电子数据交换（EDI）、全球定位系统（GPS）等信息技术应用范围扩大。物流信息技术在企业物流设施中也发挥了重要作用。根据第三次中国物流市场供需状况调查报告显示，大陆大型制造企业在物流作业中采用物流集装单元化技术的占31%，使用工位器具的占67%，使用叉车/拖车等搬运设备的占76%，采用吊车/起重机的占27%，在生产线采用连续、自动输出线的占46%，采用自动包装与码垛技术的占19%，采用其他物流技术的占23%。[1] 特别是我国北斗导航系统的成熟和推广对信息化将起决定性作用，为两岸合作奠定坚实的基础。[2]

3. 预期两岸供应链合作合理化目标

虽然对于两岸供应链这项研究所得结果可能不一样，但总的优化趋势还是有共同之处的。对于两岸许多物流企业，特别是中小型企业，全球性竞争优势只有通过超越其自身企业边界才能得到。在这种情况下，两岸物流企业既存在差异性，又有较强的互补性，合作互补发展空间很大。大陆物流业可以通过合作来提升物流技术和管理水平，台湾地区物流业也可以通过合作来扩展服务市场范围，提高竞争力。两岸如果合作打造共同供应链管理可能会创造出惊人的竞争能力，其合作后可能产生的优势可以预测如下：

（1）可减少企业生产周期（包括生产及运输）；

---

[1] 杨林："海峡两岸物流业合作发展分析"，载《海峡科技与产业（产业瞻望）》2012年7月。

[2] ［美］杰里米·夏皮罗著，陈光欣、孙国卓译：《供应链建模》，中信出版社2005年版，第2~8页。

（2）提高两岸透明度、信任度以及快速反应能力从而得到更可靠的交货能力；

（3）通过大范围的库存供应链管理可减少原有的库存量，消除长鞭效应；

（4）通过减少高成本的紧急应对措施（如空运等）使成本降低；

（5）通过信息通信联络尽快地发现与物流相关的问题。

以上所提到的合理化目标将导致两岸企业之间紧密合作，且两岸独特的供应链管理的概念也会应运而生。

（二）市场预测与物流

在系统理论中所分析的主要对象都是处于非线性状态的。在这种状态下，我们会经常引用混沌理论中的一个例子：蝴蝶效应，即蝴蝶煽动一下翅膀会引起全球气候的变化。事实上，一个复杂系统的行为，如全球气候变化，是不可能通过拉普拉斯决定论来作出预测的，因为一个精确计算所需的相关参数是不可知的，且参数的数量非常之大以至于无法处理。所以，系统的不可预测的非线性行为是不能排除在外的。

这似乎对于那些处理供应链中库存变化的管理者来说是不好的消息。一个被称为“长鞭效应”的普通现象就是物流系统的非线性行为的一个著名例子，该效应描述了真实的供应链是所产生的库存水平变化的非线性增加的现象（见图 4－11）。

供应链末端是客户，其需求决定了企业在进行生产和分配过程中的行为。经调查发现，在实际的供应链系统中，当客户的需求稍微有点变化时，供应链底端的供应商就会面临不断变化的库存量。典型的行为表现为对于每一客户与供应商之间的需求沟通，其订单数量都要增加。

在自然科学与工程学中产生“共鸣”的现象已经众所周知了。在制造技术中，如切削和磨削中，我们可以记录在一定的主轴转速下扰动的非线性增加。任何复杂的系统都有可能产生共鸣的几个点，在那个区域其输入条件引起的非线性现象是不可预测的，并且有的时候呈现出不可控的行为。对于现实供应链系统来说，虽然客户的需求变化影响不同公司的库存水平，

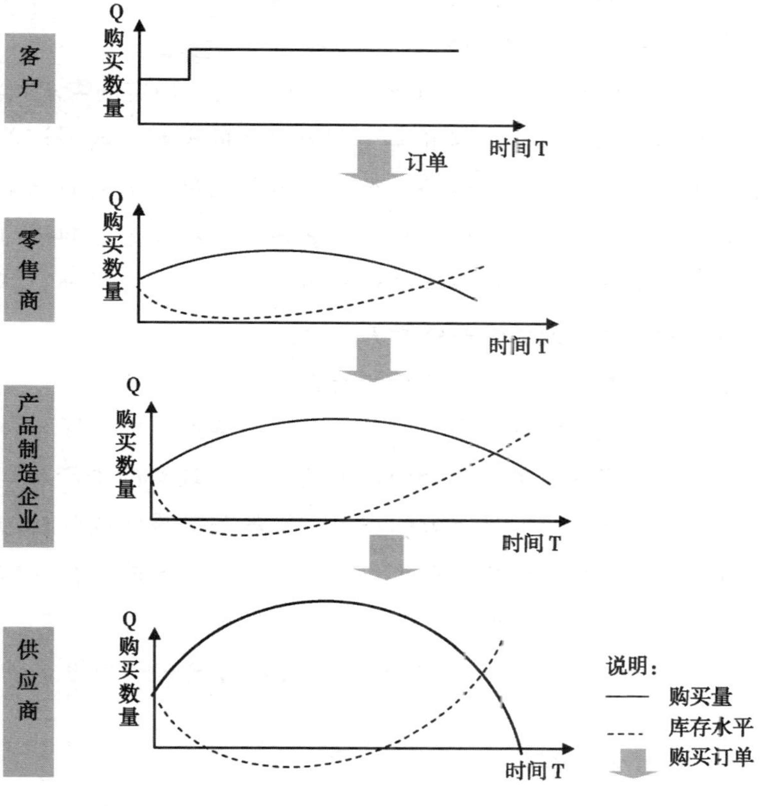

图4－11 供应链的长鞭效应

但是供应链系统中库存变化的增加又是因为需求轻微的变化引起的，这似乎看起来有些不合逻辑。乍一看，解决这种问题的方式似乎很简单，但有关供应链管理的各种内容都需要从分析这种简单的问题开始。

处理需求变化的频率和力度，还有其他众多参数，如组织、技术、人力资源相关因素以及网络系统规划等，都会对供应链的行为产生影响。在供应链中应深刻理解“长鞭效应”，物流管理者可以将自己当作一个气象预测专家，尽管他不能进行包括所有参数的精确计算，但他应能预测这个系统可能和行为发生。

事实上，这对物流管理者来说也是一个好消息，除了特别复杂的事物，目前这种预测工具都能干好自己的工作。经过对库存行为的分析可得到以下几个产生“长鞭效应”的原因：

（1）客户与供应商之间缺乏沟通会导致供应商不确定的需求预测。

（2）了解客户订单、工作量和购买订单之间的关系。购买订单是通过生产批量大小并考虑经济性产生的，客户订单是通过经济上的批量大小来进行总计的。工作量和购买订单不足以与客户订单相联系，购买力是与销售量分开的，且不是基于由供应商的销售方针所决定的。另外，早期的购买是因为预测到的变化或运输瓶颈所决定的。

（3）客户给供应商的强大压力能预防材料的短缺。

所以，在供应链中的低效率主要是由以下因素产生的：库存所付出的高额成本、不良的售后服务、较低的运输能力、不现实的生产计划、低效率的运输过程，等等。成功且有效的解决方案的关键是问题分析的范围大小，其详细的程度和相关的机制应加以决定。复杂系统的特征通常是不断地更新，因此所谓的状态空间非常大。每个供应链都有其独特的问题并需要独特的解决方案，我们经常能发现带来实际问题的一些重复的形式或规则。

（三）缺乏决策支持系统

合作企业的反应能力是解决问题主要因素，而决策引导着企业的发展。通常来说，制定一个决策的时间及决策的质量是考虑快速反应整体目标的关键因素。制定决策的时间是由所收集的信息决定的，在这种情况下的信息包括制造系统的状态、历史数据以及将来发展的预测等。同时，在制定决策之前，决策者之间互相交换意见是很有必要的。由于种种原因，两岸目前在供应链系统没有真正意义上的合作，因此没有数据共享和交换，因此缺乏决策支持系统是可想而知的。考虑到未来合作的发展，两岸有必要快速在供应链规划上进行合作，建立决策支持系统。因为决策的质量取决于制定决策时所付出的努力程度如何。例如：

（1）收集到了什么信息（实际状态描述、历史数据、将来的预测、谁的意见）？

（2）收集到了多少信息？其详细程度如何？

（3）收集到的信息质量如何？

（4）讨论时用到了什么控制和通信手段并最终作出决策？

因此，考虑到上述问题，建立一个高质量的决策信息系统，在快速变化的市场中对减少决策时需要的时间来说是非常宝贵的。所以，两岸如果建立供应链规划系统并以此作为支撑，可以提高决策的质量并减少决策所需的时间。

二、两岸如何建立一体化供应链管理系统

（一）一体化供应链规划

正如前述的那样，供应链管理起源于一体化规划。首先，它是采购、生产、运输、仓储和配送等活动的功能一体化；其次，它是这些活动在地理上分散的供货商、物流设施和市场之间的空间一体化；最后，它是这些活动在战略层、运作层、战术层三个规划层次上的跨期一体化。简单地说，战略层规划包括了在长期规划中实施的资源获取决策，战术层规划包括了在中期规划中实施的资源分配决策，而运作层规划则包括了那些影响企业短期经营行为的决策。

跨期一体化也称为分级规划，它要求在各个规划层次上相互重叠的供应链决策具有一致性。跨期一体化是企业保持竞争优势的关键要素，尽管这个观点没有被广泛接受。如果企业的产品是技术落后，相对于企业供货商和产品市场来说位于一个很差的位置的工厂中进行生产，那么有效的运营并不能获得很高的利润。反之，当评估一个新的或重组过的供应链网络时，我们必须使将要在这个网络中进行运营的活动达到最优，至少是近似最优。

跨期一体化的另一个方面是要求产品的供应链在它的整个生命周期中达到最优，包括设计期、引入期、成长期、成熟期直至衰退期各个阶段。与战略规划中的很多领域相似，产品生命周期规划要求供应链与需求管理一体化。例如，当一种新产品处于成长期时，对于生产设备的资本投资或

整合的决策分析就应该考虑到产品营销决策。营销决策可以影响产品销售和总收入，从而影响企业将来的收益，这些因素足以用来对投资进行修正。

多个企业可以共享供应链中的某些环节，这些企业之间的活动一体化现在正受到越来越多的关注，并具有越来越大的重要性。这种一体化显然可以在两个或两个以上合并或并购以及合作企业有效运营方面发挥作用。当两岸合作企业需要加强它们之间的工作联系时，也会出现这种一体化，如两岸农产品配送和分销，或者台湾食品商与大陆食品批发商等。在这些例子中，一体化是比较复杂的，因为每个企业都有其他的供货商和客户，也就是说，它们的供应链彼此之间重叠却又大相径庭。另外，两岸增强的一体化意味着除了企业流程的一体化管理，成本和生产能力方面的机密信息的共享程度也会加强。

一体化供应链规划与IT技术发展之间相互促进，并对其提出了更高的要求。现在的管理者与五年前相比，可以对更加完备的数据库进行更快的访问，问题是如何把这种能力上的提高转化为两岸合作的竞争优势。

（二）供应链管理目标

供应链管理的传统目标是通过使供应链总成本最小来满足某种特定的要求。这里的总成本包括以下几方面内容：

（1）原材料和其他购置成本；

（2）内部运输成本；

（3）设施投资成本；

（4）直接与间接生产成本；

（5）库存成本；

（6）设施间运输成本；

（7）搬运成本；

（8）外部运输成本。

在建立一个特定规划问题的模型时，可以只考虑企业整个供应链的一部分以及与此相关的成本。有人认为，在企业考虑制定战略层与战术层供应链规划时，总成本最小这个目标有些保守，不值得企业去努力。企业更应该追求利润最大化这个目标：利润$_{Max}$ = 总收入 - 总成本，即边际收益（MR） = 边际成本（MC）时，总利润最大。

如果需求是固定的，这就意味着为满足这个需求所应该实现的总收入也是固定的，这样，企业就可以通过实现总成本最小来达到净收入最大的目标。在实践中，虽然使用最优化模型可以对成本进行控制，但在实际操作中却不能仅仅注重成本控制，特别是在制定战略层和战术层规划时要注意到最优化模型的使用。原因是，模型提供了一些在产品成本管理中不为人知的知识，通过对销售进行适当的调整，这些知识可以用来提高净收入。举个例子：当为下一年度作规划时，模型提供的关于提交到各个市场上的产品的边际成本的信息可以用来修改销售计划。如果整个生产能力有限的话，可以指导企业的销售人员通过花费低利润市场中的费用而把产品投向高利润的市场，这种调整是应该做的，但在实际操作中却往往被忽视。

对影响需求管理的决策进行最优化建模的难度在于需要营销人员的参与，而他们一般不习惯进行数量上的分析。而且，即便他们同意在模型中加入营销决策，模型中营销决策的规模与范围也不好确定。不过，尽管供应链与需求管理一体化没有得到广泛的应用，在很多企业中还是得到越来越多的关注。两岸合作建立供应链一体化系统时，要首先考虑到这一点和未来的发展趋势。

供应链与需求管理决策和企业的财务决策同样有着紧密联系，特别是在制定企业战略规划时更是如此。另外，在制定与企业的资产负债表有关的财务决策中使用最优化模型这个问题，在学术上提出的时间已经很长了，但至今还没有得到广泛的实际应用。因为这些模型可以无缝链接到供应链模型中，财务经理们现在越来越希望它们能尽快实现并得到实际应用。

由于两岸供应链一体化规划的要求，IT 技术的支持是必需的。在这里把 IT 分为事务型 IT 和分析型 IT 是必要的，而且要得到加强。分析型 IT 包括两种类型的数学模型的实现与应用。第一种是描述性模型（descriptive model），这是建模者为了更好地理解企业与外部环境之间的联系而建立的。描述性模型包括以下几种：

（1）预测模型（forecasting model），通过历史数据，预测企业的产品需求、原材料成本或其他因素；

（2）成本关系（cost relationship），描述直接成本和间接成本在成本驱动因素的作用下如何变化；

（3）资源利用关系（resource utilization），描述如何利用稀缺的资源进行企业生产活动；

（4）模拟模型（simulation model），描述企业供应链或它的一部分在一段时间内，在一些参数和策略的作用下如何运行。

上述只是列出了多种描述性模型中的一些代表。通过建立这些模型，建模者可以更好地理解两岸企业所要建立的未来供应链一体化系统情况。

第二种是规范模型（normative model），这是建模者为了帮助管理者更好地作出决策而建立的。“规范”一词指的是确定企业应该努力达到的标准过程。在这里“规范”和“最优化”这两种说法的模型其实是一回事。进一步说，最优化模型与数学规划模型是一回事。数学规划模型是一种古老的数学建模方法，已经被运筹学领域内的学者和专家研究了60多年。因此，我们也把最优化模型称为规范模型或数学规划模型。

建立最优化模型需要描述性数据和描述性模型作为输入。在很多应用中，模型建造者都会面对这样一个事实：尽管有些数据不是那么精确，但宁可使用这些近似数据，也不要放弃分析。换言之，在很多模型实施项目中，要达到足够的精确度，需要经过很多阶段、对数据与模型进行修正。

两岸在进行一体化供应链系统建设或开发时应该认识到，要实现有效的决策，开发精确的描述性模型是必要的，同时也是不够的。还要注意到，与此有关的更加微妙的一点是，在建立供应链系统模型时从哪里入手最为简便易行。关于这一点，笔者在分析这一问题之前已经作了事先研究，提出以托盘共用系统作为着眼点，通过最优化运输系统实现供应链一体化。[1]

---

[1] 张义龙：《区域物流与经济资源最佳利用的理论方法、技术与应用》，吉林大学出版社2010年版，第289～328页。

两岸供应链一体化管理，在技术上是不难实现的。在两岸合作构建中，阻碍一体化供应链管理的因素有可能是来自政治上的或某些组织机构上的。例如，如果使用大陆提供的北斗卫星导航系统的话，可能台湾方面会产生阻碍。我们正处在一体化的十字路口，研究人类历史的学者都非常熟悉这一点。信息革命起源于这样一个目标，即计算机与通信网络必须为管理者提供关于他们公司或企业的运营、供货商以及产品销售市场的阶段性数据和完整数据。没人怀疑这个目标可以给两岸合作带来好处，这个目标现在正在推进。历史证明，通过技术进步，对立可以转化为统一，从而确立一个新的目标，周而复始。我们认为，上述技术方面的解决方案与组织机构方面的变革，加之推进两岸共同市场就构成了信息革命中两岸的统一，而且可以通过各种手段加快它的到来。

（三）两岸建立战略合作生产网络

战略网络是企业合作的一种很好的形式，它除了在通常战略目标的基础上合作的法律独立个体之外，还包含了经济依赖关系。这样一个分散的网络化合作伙伴之间的关系是市场驱动的，但是合作比竞争多且好，同时相对稳定。战略网络的通常目标是对价值增加链的理想化。

如果两岸合作的网络成员是生产性企业、供应链服务提供者以及通过价值增值链联系在一起的零售商，那么就会用到战略性产品网络的概念。因此，战略性生产网络可以定义为一系列企业，这些企业属于一个供应链系统，并可很好地执行前面描述的供应链管理。战略性生产网络的主要集中点是企业间技术性订单处理的优化。图 4－12 概要说明了企业网络的不同形式。当具有连续性生产能力且增值链具有很高的复杂性时，战略性生产网络就形成了。战略性生产网络的结构较长期内是稳定的。然而，战略性生产网络不仅仅集中在垂直合作（供应链管理），而且还集中在水平合作（转包合同、竞争性的合作等）。

1. 生产网络

在资源共享的企业之间的紧密合作就是指一种生产网络。这样的生产网络通过分包合同订单给其他网络成员提供增加柔性的机会。从全球性和

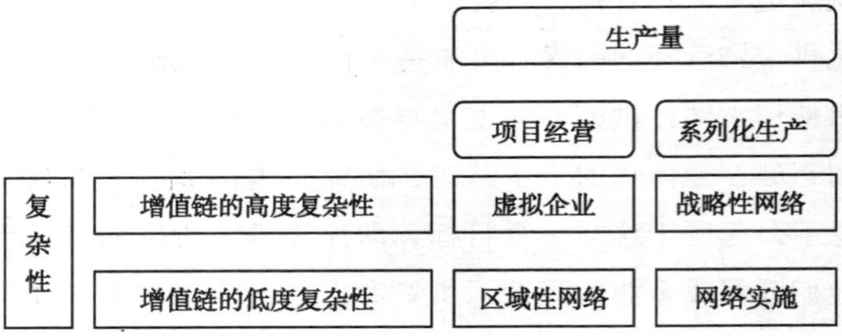

图4－12　战略生产网络的形式

区域性竞争角度来看，只是通过交货和生产产品的手段来连接顾客和供应商的单一公司或企业的形式今后不再实用。因为公司正面临在社会和制造工业领域中不断出现的结构性变化，所以企业要采取一些创新措施来优化其生产过程。使企业能够完全并且迅速地适应这种变化的一个有效途径就是建立一种可变的生产网络。这是一种动态的合作系统或者说是合作网络，合作伙伴可以在一个特定的时间段里进入该网络。作为目前网络化生产管理研究项目的一部分，许多来自生产规划和控制领域的理论方法，比如说漏斗模型、生产量图表和供应链运作曲线，已经被运用到由几个合作者所组成的网络生产管理之中。

两岸企业合作组建生产网络是必要的，一方面，产品变得越来越复杂；另一方面，成功的企业正力图减少自己制造的部分。因此，合作企业要专注于产品的核心竞争能力，这样合作企业才能优势互补，提高商业表现并同供应商和顾客紧密合作。最初这导致了供应链的形成，这种供应链具有在生产商和供应商之间共享信息的特征，而不是只在供应商之间。随着这种趋势的发展，生产网络与供应网络也应运而生。这些网络中的企业与顾客和供应商之间交换详细的数据。另外，一个企业的某些特定的供应商之间也有必要彼此交流。这意味着一个供应商要与其顾客的其他供应商合作，也就是说与他自己的竞争对手合作。这就形成了一个在生产网络中所有成员之间的广泛的信息流（见图4－13）。

参与到生产网络中的各个企业根据自身的需要在生产网络中共享的信

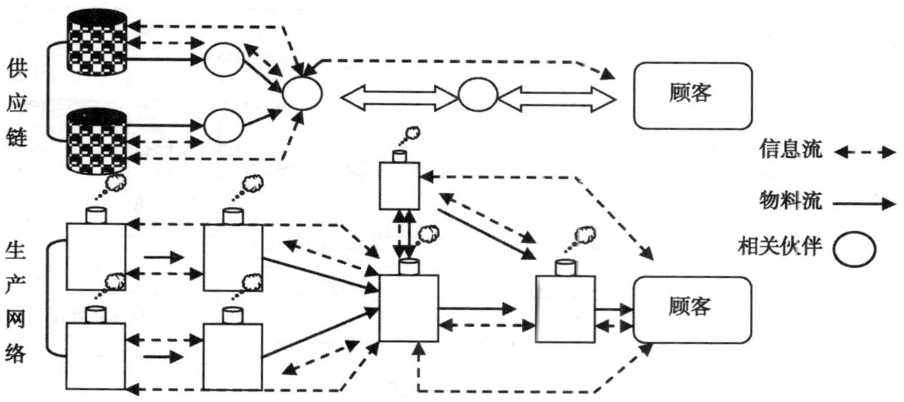

图 4－13　供应链和生产网络系统

息包括，当前和未来设备的负荷情况、网络成员之间的资源可用性以及在网络中沿着增值链的订单处理情况。这些信息应该尽可能地及时进行交换，从而帮助网络成员更准确地制订计划和更有效地调整生产能力。

这种朝着企业之间密切合作方向发展的趋势，要求两岸企业用一种系统化、理论化的方法进行生产网络的管理。总体来说，这种新型模式的发展不但包括当前的合作，也涉及未来进一步的合作规划。

2. 生产网络接口

两岸合作组成生产网络系统，其重要特征就是对闲置资源进行可用性利用。从物流的角度来看，生产网络中合作企业之间的联系是通过分包合同产生的，因为自己生产的产品与分包合同生产的产品没有什么不同。分包合同主要有四种类型：首次分包、产品交货合同、技术驱动型分包以及生产能力驱动型转包。每一种类型代表了生产网络中的一种接口。图 4－14 通过生产商与供应商在价值链中的位置来说明它们之间的接口，每一个箭头表示生产中的一个步骤。

图 4－14 中生产商与供应商或生产商与顾客之间的接口称为首次分包合同。两个合作者在一个封闭式的生产过程之后所签订的主要合同，就是产品交货合同。技术驱动型分包合同出现在下面的情况中：一家企业或公司由于各种原因自己不能完成生产中的环节。例如一种特殊技术无法自己采用。通

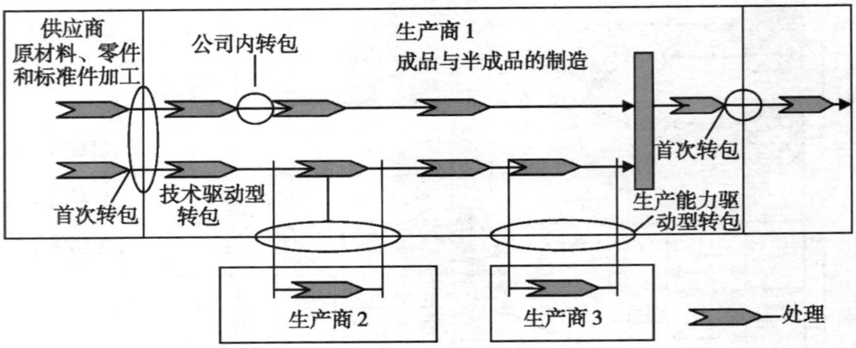

图 4 – 14　网络接口

常这种分包合同是长期的。生产商的生产能力问题是分包合同中最重要的因素之一。在生产能力驱动型分包合同中，当生产能力不足时生产商就把某些部件的生产分配给其他生产商。这种分包合同是短期计划的并且要求一定程度的柔性。第四种类型是在相同公司里部分多余工厂之间的工作分配，称为公司内部的分包合同，也是技术驱动或是由生产能力驱动的。

除了上面所说的以外，还存在分包合同的其他原因。例如，公司可以分包工作给其他的供应商来保持它们的竞争力，或维持与其他公司的关系，从而满足将来所需要额外增长的生产能力。

3. 生产网络中的信息交流

网络生产被认为是用来增加合作企业的柔性的。这一目标将通过网络由不同的合作企业根据资源的负荷和可利用性，通过集中制定计划和进度达到最佳使用资源来完成。

为了协调好生产资料和订单之间的关系，要求有一种高度的透明度，这就要求网络中的其他合作者可以利用详细的信息。因此信息流必须在两个方向上发生：从生产商到供应商和从供应商到生产商。图 4 – 15 给出了共享信息的情况，它提出了一种可能的可视化的手段来表达生产量图表、供应、采购、制造、订单处理以及配送到销售的全过程的信息流动。

4. 两岸产业应用生产网络与物流合作参与竞争

今天，企业组织面临着许多来自市场需求的潜在冲突。电子商务的发

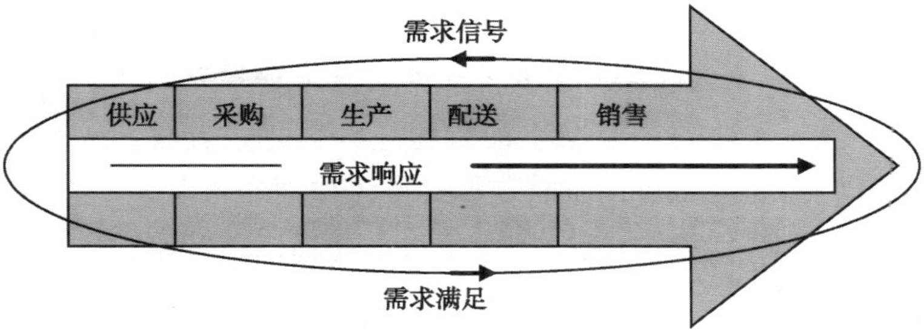

图 4－15　生产网络中的信息交换

展导致所有客户似乎对产品的需求过于迫切，希望企业对他们的需求未卜先知，超前供应他们想得到的产品；同时，不肯付出任何代价，在产品有故障时还要得到赔偿。在一个给定的供应链中，重要的是每个组织和其他合作伙伴的能力结合在一起。两岸供应链伙伴需要优先重视为每一产品系列带来竞争优势的能力。两岸合作通过优先投资、培训、集中精力大搞产品开发和营销，进行网络化生产，深度挖掘合作潜力，增加合作竞争优势。

两岸合作企业应用物流与生产网络可以提高供应链绩效。根据供应链绩效目标理论，可以达到五项竞争目标：质量优势、速度优势、可靠性优势、灵活性优势以及成本优势。

（1）正确地做事：质量优势。

两岸合作最根本的目标是在供应链中实施所有流程，成品按照人们所期望的方式流动，这是其他几个绩效的基础。质量是供应链最可见的一环。产品不可得、产品有缺陷和没有如期交付都是供应链中存在质量问题的症状，这些问题是最终客户可以看到的。稳健的流程是供应链绩效的中心问题。从内部而言，稳健的流程通过消除误差有助于降低成本，通过使流程更加稳固增加可靠性。

例如，丰田公司以“质量至上”为目标，致力于零缺陷产品的生产是无条件的；不仅是高级管理层，而且整个公司上下都要遵守，特别是实际制造产品的工厂。这就是著名的精益生产方式——杜绝浪费，精益生产。

（2）快速地做事：速度优势。

时间可以用来衡量客户收到一个给定产品和服务必须要等待多久。我们把这段时间通常称为“客户到客户的前置时间”，也就是从客户下订单的那一时刻到客户收到产品所需要的时间。这段前置时间的长短可以从零（产品即时可得，如在超市货架上的货物）到数月或者数年（如一栋新建住宅楼的建造）。企业可以用时间赢得订单，他们知道一些客户不想等待，并且为了快速得到想要的产品，宁可多付一些钱。也就是说，在市场竞争中要想赢得优势，快速反应变得越来越关键。

（3）准时地做事：可靠性优势。

时间并不仅仅是速度问题，也是兑现承诺的问题。企业如果不能提供瞬时可得的产品，就必须告诉客户运送产品或者提供服务的时间。交货的可靠性程度体现着企业兑现这些承诺的能力。如同衡量速度一样，使用终端到终端的方法衡量可靠性是非常重要的。例如，在铁路和航空服务等行业中，可靠性衡量标准得到广泛的应用，用以跟踪它们是否在按照公布的时间表运作。在制造业企业，可以用可靠性指标来跟踪供应商在如下两个方面的绩效：

①准时——准时交付的订单比例；

②完整——完整运送的订单比例。

对于供应链流程而言，可靠性的意义在于流程是稳健的、可预测的。例如，丰田在英国的分部通过一个名为链物流程来管理从欧洲南部供应商那里采购来的零部件的进货运送。运送零部件的拖车以 4 个小时为一个周期，4 小时之后它们的零部件被换到向英国方向回程的拖车上，整个过程如同接力赛。这个高度协调的流程的缺点是，有时运入的零部件不能准时到达装配线。丰田公司要求它的供应商和物流伙伴 ALUK 制定对策。例如，如果遇到加莱的法国轮渡工人大罢工就该改走哪条路线。

（4）快速反应力：灵活性优势。

尽管从降低成本的角度来看，以同样的方法在同一时间做事固然很好，但是很少有哪个市场能够有这样合拍的理想经营方式。供应链需要响应新产品和新市场，响应客户不断变化的需求。这反过来意味着它必须具有亡羊补牢的能力。灵活性有四种形式：一，产品灵活性衡量新产品投放到市场上的速度；二，组合灵活性衡量在某个产品系列的不同产品中实施一定程度的转换所需要的时间；三，货物量灵活性衡量响应总需求上升或下降所需要的时间；四，运送灵活性衡量有意识地把交货时间提前或是推后的能力。

（5）提高生产率：成本优势。

成本是构建生产网络和供应链流程中最为重要的合作因素，这是不言而喻的。低成本在市场中转化为低价格或高利润，或者二者皆有。许多产品主要在价格方面展开竞争。另外，两岸企业合作从物流的观点来看，低成本的生产、配送、服务等可以为价格竞争提供支持。例如，从台湾农产品销售上看，两岸合作可以使农产品营销快速推向市场，对一些应季果品起到支持作用。

综上所述，两岸企业合作、共同构造可变的生产网络和构建供应链支持系统，是解决在无序环境中因生产复杂性不断增大而引起各种问题的一个有效途径。可变的生产网络和供应链系统，提供了中小规模企业变得更有效和更有竞争力的潜力。信息和通信技术使得两岸合作企业在一起紧密地工作，并且通过分包有助于合作伙伴之间调整生产能力、负荷和资源的利用效率。

本书提供了一个工具，阐述如何在一个生产网络里便捷地提高生产能力的柔性，如何使网络成员在一起紧密地工作。显然，通信技术的存在是先决条件。尤其是在生产网络系统里分包商的订单的分配，是短期内调整生产能力的主要方法之一。可以在生产网络里管理订单，包括组建供应链的决策。

三、欧洲供应链整合案例分析与启示

从供应链的区域化与全球化推进来看，供应链管理被认为是产生价值和贡献利润的关键点之一。实际上，随着全球化经济的推进，所有公司或企业现在都是或多或少横跨多个国家、地区和大洲的复杂供应链的一部分。它们之间在业务上有着互动、交易和合作，范围从产品开发到产品交货都存在。在这种环境中，供应链合作伙伴能否理解它们各自的力量和价值创

造源泉就变得重要了。通过了解，可以清晰地将两岸合作在全球或区域以及本地业务领域合作的供应链合作中进行明确定位。

从战略上讲，不论本地企业还是跨国企业，都需要从它们的供应链中确保竞争优势，确保每条供应链以及整个供应链具有足够的利润。理解相关结构、驱动力、核心竞争能力和独特能力的企业，将能更好地开拓自己的方向。

从战略和执行层次上讲，合作企业之间除了需要依靠各自的能力外，还要优势互补。这就要基于优秀的流程、精巧的技术和管理技能。企业能够或者想要将它们的现有能力与国际合作伙伴进行整合的程度是不同的，这意味着企业需要知道并利用其独特的供应链管理优势来成功地“参与”供应链博弈。

从组织上看，企业需要学会信任它们的供应链伙伴，并建立持久的伙伴关系。对于把其他企业也看做竞争对手的企业，会形成内部潜在的文化障碍。在战略挑战和经营挑战全球化时，这种障碍会更明显。对于什么是伙伴关系的解释全世界都不同，因此，需要对响应进行恰当的管理。

（一）欧洲供应链一体化分析

随着统一货币的产生与统一市场的形成，欧洲国家间的贸易壁垒逐渐消除。在欧洲从事经营的企业最近几十年经历了戏剧性变化，欧洲开始追求供应链卓越的整合与管理，供应网络系统进行优化组合。尽管在欧洲推动市场的力量因行业的不同而不同，甚至因公司和产品的不同而不同，但是，欧洲的供应链正在发生改变。其中有如下几股力量的推动。

1. 统一市场

欧洲联盟的建立可能是推动欧洲供应链发生改变的最重要的独立事件。单一货币和统一市场的形成增加了欧洲大陆的竞争压力，并将减少成本、改进服务标准提到了空前重要的水平。

贸易壁垒的实质性消除，使欧洲境内跨境贸易的增长速度快于欧盟GDP的增长速度。制造商和分销商正在加紧对它们的生产和分销网点以及网络进行重构和再布置。它们在改进对顾客和消费者服务水平的同时，通过企业间的合作也能够获得规模经济效益。

欧洲的中北部变得日益拥挤，包括英国南部、荷兰、比利时、法国北部、德国大部分地区和意大利，这里主要是居民区、生产和分销中心。荷兰、比利时、卢森堡三国经济联盟同时成为泛欧洲分销中心的核心区域，并是大西洋彼岸的重要入口。北海的德国港口也是关键门户和物流中心，同时，一条新的地中海轴也正日益变得富有竞争力（包括威尼斯、巴塞罗那、马赛、热那亚和利古里亚区），吸引着生产及物流分销相关的投资，并预计在未来进一步增加竞争优势。这其中的原因包括高铁的连接、更少的交通拥挤，和近年来对基础设施的投资及生活质量的提高。[1]

2. 消费者价值、产品协调与上市时间

尽管如此，消费者的价值取向在欧洲各个地方有很大不同，欧洲整个消费者群体开始不断增加对质量、健康、环保和时间价值的关注。消费者需求变得更加复杂，很多人想在购物活动与其他活动之间取得平衡，包括闲暇、家庭团聚和工作。

根据不断变化的消费者价值取向，制造商和零售商的响应是通过产品和营销战略来建立消费者的忠诚度。同时，大多数欧洲企业正努力削减成本，尤其是在成长性较低的行业如日用消费品行业、汽车行业等。毋庸置疑，取得较高的协调化水平，是实施充分有效的泛欧洲采购、制造和分销的先决条件。制造商还面临着产品开发和上市的挑战、满足消费者多样化需求和取得规模经济之间的矛盾。迎接挑战就需要在大量定制生产、按单生产和延迟制造之间取得优化组合。

3. 零售业的巩固与扩张

欧洲的零售业也在经历这一过程，包括公司内部整合、在成熟市场中寻求效率以及大量的跨境扩张。例如，在20世纪末就有1 600多起零售业企业的跨境扩张事件。

---

[1] ［澳］约翰·加托纳著，王海军、马士华、张翔等译：《供应链管理手册》，电子工业出版社2004年版，第171～213页。

大多数法国食品杂货商向欧洲南部和东部扩张，英国公司挺进中部欧洲，德国零售商大批向邻国转移，荷兰公司则散布各地区。领先的专业零售商，从西班牙、意大利到丹麦，也在近几年出现大量的跨境扩张。大型商场、超市和折扣商店已经很普及了。

总的来说，欧洲大部分地区市场不断增加的零售业竞争产生了跨越国境的扩张，促进了产品分类，改善了货架产品供货率并降低了价格。提高服务水平的同时减少了总成本，供应链管理获得了更高的效率。

4. 电子商务 B2C 的起飞

电子商务在欧洲已经成为现实，这几年来在快速发展，电子履约在 B2C 方面进入繁荣阶段。这是对泛欧洲物流服务提供商的一个积极的信号，将推动电子商务不断改善产品服务范围、改进网站质量和信息。

5. 公共服务的私有化和解除管制

进入 21 世纪，很多欧洲国家的政府对一些公共服务机构进行了私有化改革，在几个关键服务行业部分地消除了权威机构保护伞。通信、天然气、电力、石油和饮用水行业，都进行了不同程度的私有化。很多公司不得不第一次面对竞争，尽管程度有所不同。新私有化企业基于成本效益原则，通过引入新的服务条款和管理文化来响应顾客、质量和投资回报。

由于以前忽视了对供应链的管理，很多新私有化的企业不得不去摸索供应链管理，它们常常仅是将物流和采购部门拼凑起来。在移动通信行业，新进入者能最快地实现供应链管理的整合，并通过寻求第三方物流提供商来加速提高它们的物流能力。尽管作出了巨大的努力，这项任务仍面临很多问题，因为这需要减少更多的库存。

6. 泛欧洲供应链网络的优化

重构供应链网络几乎在欧洲所有的关键行业中进行着，为的是产生统一市场下可能的规模经济。欧洲分销中心和当地运输与交货中心的网络已经十分普遍，通常这种网络由 3 ~ 6 个高流通量商品的分销中心和 1 ~ 2 个高附加价值商品的分销中心组成。

欧洲领先的零售业供应链通过集中存货和仓储，已经取得了巨大的收益。它们希望从区域分销中心拿出更多存货，因为零售商分销中心提供更频繁的交货，而且不增加运输成本。然而，某些公司将存货置于使用地点附近，如工厂分销中心或区域分销中心，这也是一个新的、相反的趋势，原因是为了克服拥挤的交通和不可靠的交货时间。

向更少、更大和更专业的泛欧洲工厂与分销中心方向转变的努力，在几个主要行业正成为现实。取得卓越运作是一项永不完结的挑战，需要重构更广泛的供应链网络，制造和分销更多不同的产品，并需向顾客确保更短更可靠的交货时间。这些努力，在几个行业中产生了对改进运作和 IT 能力“滚雪球式”的新投资方式。

7. 集成化供求计划与新运输模式

整个欧洲水平的整合供求方案已经在得到普遍采用，以提高需求预测的精度和交货合格率，同时在更复杂的环境中减少成本。因此，在顾客与供应商之间的合作、高级物流伙伴关系整合、合作产品开发、运输合作等进行集成化供求计划，正在如火如荼地进行。

欧盟正在开发一个战略框架，并制订了一些具体措施来应对欧洲交通阻塞引起的挑战：

(1) 欧洲运输走廊——包括高速运输公路，范围从南到北、从东到西；

(2) 欧洲组合运输网络——包括第一阶段建立公路、铁路和港口的泛欧分销体系，第二阶段建立国内和区域性分销体系；

(3) 基础设施优化计划——包括提高公交运输等级、引入繁忙运输管理规则、保留公共汽车和出租车专用通道、设立交通工具停放中心和专门的客户城市送货中心。例如，法国的拉罗谢尔（La Rochelle）公司设立了一个多级城市分销中心，该中心使用电动交通工具向城区商店提供送货。

专家相信，解决交通拥挤的问题需要将全天候运输、规则修改和鼓励国有与私营企业共同投资的新措施结合起来。规则需要改变的领域有：夜间送货规定、交通工具噪声减少装置和减少污染的排放。有些专家指出，某些形式的道路收费措施必然导致欧洲中部交通拥挤，甚至高燃油税也反映了损失的时间和基础设施的机会成本。这种措施可能导致网络优化方案的重新计算，并形成新的区域经济控制格局。[1]

启示：欧洲供应链在全球范围的潮流中形成并不断改变着，欧洲正在建立真正高级的物流伙伴关系和基于电子商务的供应链合作，这给两岸合作、建立共同市场提供了参考的典范；两岸共同创造大中华区域供应链系统的条件也正在成熟，我们可以学习欧洲的经验，实现两岸合作的高级化——向共同市场迈进。

（二）亚洲供应链的发展现状

供应链的优势正成为世界上大多数国家和行业中公司创造价值与竞争力的原动力。然而在亚洲有点例外，跨国公司以及当地国有或私有企业中的供应链更多是分散的，与欧美比起来缺乏竞争力。

为了具有竞争力，一条供应链必须具有成本效率、响应能力、柔性、敏捷性和适应性，并且容易合作，具有最大的安全性。然而在亚洲，一个有着多种语言、文化、货币、规则、税率、经济基础和上层建筑、商业惯例、组织形式以及多个经济发展阶段的区域，要想获得这些特性也许是困难的。更为复杂的是，这种多样化存在于国与国之间，同一国家的不同地区也存在。这些因素使具有供应链竞争力成为一个很困难的目标，即使对经营得最好的公司也是如此。

广义地说，亚洲供应链的挑战可以被分为六个领域：市场多样化、规则多样化、供应链网络复杂性、不平衡的市场渗透、组织形式与文化差异。这给构建快速反应的亚洲供应链提出更加严峻的挑战。但另一方面，由于大陆已经成为世界第二大经济体，加之中国台湾地区、香港特别行政区和澳门特别行政区，整个亚洲经济可以说都集中在大中华地区，因此，从狭义范围来看，建立大中华地区的供应链可以带动亚洲供应链的整合，减少复杂性并优先实施可获得先行优势。

---

[1] ［澳］约翰·加托纳著，王海军、马士华、张翔等译：《供应链管理手册》，电子工业出版社2004年版，第331～363页。

（三）大中华区域合作与供应链整合

正如前面对挑战所进行的总体分析，在亚洲改进供应链并不容易，然而可以做到。首先通过两岸推动共同市场实现，再以大中华区域为核心探讨供应链系统的优化整合，包括一致的处理过程和程序、整合信息技术、精确可靠的资料和富有远见卓识的管理层。真正的领导者和创新者不去寻求改进供应链的先进方案，而是以更快更聪明的方法来进行管理。这样可以创造供应链的改善机遇（见图4-16）和优化机会。

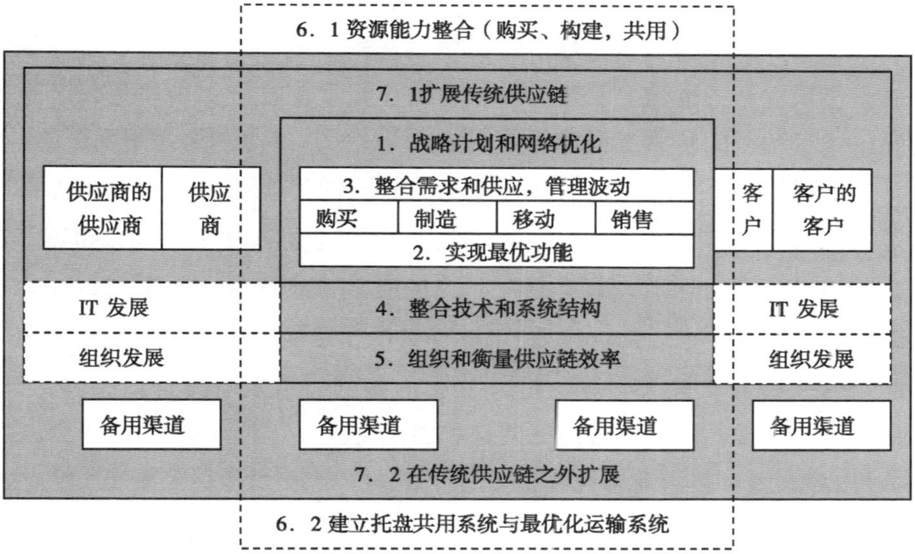

图4-16 大中华区域供应链整合机遇

机会1. 供应链网络战略化与优化

亚洲公司常常有供应链项目，却没有连续性供应链战略指导，事实上，很少有公司具有这种战略。问题在于，即使是最好情况也将导致不断的修改工作，除非这些项目是在一个广泛且范围清晰的经营战略指导下执行，并且供应链的网络优化也支持该战略，否则其影响不会太大。对于一些战略考虑，两岸应考虑共同建立本土化或区域化供应系统（如对工厂、仓储和运输整合等），以实现收益和利润最大化并使整个战略与未来中国发展和亚洲发展密切相关。

机会2. 优先发展，获得杰出职能

杰出的职能和杰出的经营可以改善合作企业在购买、制造、移动和销售过程中的供应链绩效，这应该是两岸在大中华区域从事经营活动的每个企业的核心目标。

机会3. 供求整合，管理波动

从整个两岸的合作出发，有效整合供给与需求是供应链取得成功的基础。领先的国外公司如沃尔玛和亚马逊书店等，已经以多年的成功作出了有力的证明。两岸很多企业目前的问题是基础不牢固，而且这些企业缺乏驱动整个供应链的措施。复杂的供求整合使在目前整个大中华地区甚至亚洲地区进行预测的精确度很差。

为了做好整合需求和供应链计划的工作，两岸企业必须从基础即一个有效的销售和经营计划流程与运输系统开始。这意味着让营销、物流、销售、制造以及采购等相关人员相互有效沟通，一起计划，并识别每一个机会，以信息代替库存，实现精益（JIT）生产。有了这个基础，利用目前相关软件包或自主开发就能帮助相关合作企业或公司作出复杂的经营决策，确保过程一致性，增加资料的完整性和透明度。

机会4. 整合技术和系统结构

两岸合作可以通过开发一系列先进的计划与规划软件提出解决方案，以及通过以往的企业资源计划（ERP）和顾客与供应商系统的成功经验，证明发展端到端供应链的价值所在。中国目前已经有许多公司在实施ERP系统，其中台湾地区在这方面是领先的；通过两岸优势互补和整合，就可通过先进技术提出有效的解决方案。

因此，两岸进行应用整合就可提供创建供应链的真正机会，同时加快数据转移，提高合作企业资料的透明度与合作经营的进程。通过共同开发的软件重构流程，提高供应链优势水平。

机会5. 组织与衡量供应链效率

两岸合作培养供应链竞争力必须首先具有组织效率，这意味着优化整个大中华区域供应链而不仅仅是其中的组成部分。两岸可以通过四种方法解决目前供应链问题，使整个供应链运作更加条理化，从而提高效率。

第一，供应链职能和流程区域化。目前，在大陆地区有些先进公司采取了区域制造、分销和营销战略。然而由于整个大中华区域形态多样化，描述标准化的运作模式或合理化解决方案在目前几乎是不可能的，所以两岸企业可以作最重要的集中化/区域化的努力。例如，建立托盘共用系统提高搬运效率，优化运输系统，将职能合并以减少变动成本，改进规模经营。

第二，职能部门之间的条理化。集中化/区域化增加了公司或企业供应链和计划的透明度，帮助企业在区域和部门中更加牢固地树立顾客需求的理念。这反过来也会帮助企业抓住机会，使两岸企业的业务部门的资产、基础设施、人员和经营条理化。随着大中华区域市场的成长与成熟，可以预见将来会有更多合作供应链的服务中心产生，两岸管理层将讨论更大型的供应链问题——亚洲供应链的构建。

第三，评价人员与结构。要使两岸合作企业效率实现持续增长必须依赖成功的合作开发、吸引和保留关键技能，从单个职能或子流程转变到建立健全每条供应链高水平的职责。当区域本位主义和集中化相互穿插时，变革的需求、资源冲突和观点的分歧会自然增加。如果没有杰出人才和能驾驭各部门的管理者，大多数方案将不太可能增加整个企业的效率。供应链分散的组织中出现了一种快速建立供应链技能的新成本效益解决方案，这种方案对操作基础设施和虚拟供应链提供培训，可根据员工个体和企业的需要提供个性化的服务。这些方案也会使两岸企业有能力在部门与市场之间快速传递最好的做法。

第四，集中于绩效衡量和树立标杆。我们知道，企业在不具备绩效衡量和标杆的情况下，不可能取得供应链的高效率、提高运营效果。实际上，绩效和标杆是形成卓越供应链的驱动力。如果合作企业不具备考核绩效的能力或条件，就不能取得供应链的高效率和优良成果。

机会 6. 智能化能力获取

对两岸企业合作而言，很多机会在于建立具有高级供应链资源的能力，主要方式有三个：自建、购买和租赁，每个都有优点。组织和协调一个大型、复杂的供应链网络，将很快创造一些基于供应链竞争优势的机会。要想推动大中华区域供应链的转变，有一条基本的原理就是建立标准化托盘共用系统与最优运输系统，以帮助快速从各企业和市场之间供应链的单独分散管理转变为对整个大中华区域甚至整个亚洲供应链的合并管理。其好处是：

（1）节约更多资金，产生现金流；

（2）克服区域性、国家和各职能间的变革阻力，克服很多企业在进行合理化和集中化时所面临的强大组织惯性；

（3）设立独立的供应系统（托盘共用与运输系统）给变革提供理由和原则；

（4）人员与技能的快速发展；

（5）提供快速供应能力和基础设施；

（6）使节约集中于具有最大经济附加值的领域，等等。

机会 7. 扩展供应链

在大中华区域合作顺利进行和发展的同时，在整个亚洲继续建立合作关系、推动伙伴建设，这种机会存在于亚洲日益增长的经济体（中国和东盟国家 10 + 1）中甚至中国向中亚扩展的企业中。如果关于信任、情报（资料）分析能力和国家间的输赢等问题得以克服，将使得企业的区域或国内供应链具有更大的竞争力和成本优势。这里有两方面的扩展机会。

第一，扩展传统供应链，打造大中华区域供应链并推进亚洲供应链建设。

扩展传统供应链，打造大中华区域一体化供应链仅需两岸的企业与供应商和顾客建立合作伙伴关系，是一项有三个交换原则的战略。

首先，是两岸产业或行业协作。目前大陆与台湾地区有 ECFA、与香港特别行政区有 CIPA 合作协议的签署。随着两岸服务贸易协定的推进，不久的将来会鼓励作出更多合作的努力。

其次，是分散生产的协作网络与供应链系统协作。分散生产是指根据设施的顺序来开发产品和材料。例如，一家韩国的工厂生产的纱线运到台湾地区进行编织和印染，然后通过一家中国大陆厂商采购日本生产的拉链，运到泰国或越南制成服装，这样经历了五个工厂。毫不奇怪，这种原料、半成品和成品以及销售的移动形成了对供应链的巨大挑战，尤其是对中小型企业而言。这种合作正是实现了经济学中最优配置资源理论：通过大量供应商、制造商、批发商、零售商和顾客的合作，实际上增加了企业的协调和预测能力，加强了合作伙伴的柔性、快速响应能力和敏捷性。

再次，是提高企业间合作的计划化与同步化水平。供应链伙伴之间的合作，应包括供应商管理库存、合作需求计划、联合能力计划或同步订单执行。无论如何，合作对两岸企业甚至亚洲企业而言代表着一种新思维。真正实现自由贸易带来的双赢或多赢的格局，是一个充满活力的愿景规划。当这些要求达到后，亚洲贸易伙伴才可能理解彼此之间的基本经营机制，才能发展统一的流程，以减少成本并增加彼此之间的信任。

第二，未来中国的方向和机会。

可持续发展将是中国今后 5～10 年内导致中国的制造和供应链发展前景发生巨大变化的重要因素。中国对环境整治的力度加大，预示着中国快速增长的时代将会过去，同时也预示着在中国产业范围广泛的改革。这将为改进供应链业绩创造更多的机会，同时又有很多事情需要应对。例如，规则的不确定性和变革步骤的变化带来的机遇和风险，环境保护力度的加大对新兴产业的支持（环境友好型企业、高科技企业、服务业等），对传统的能源消耗型企业的改造或摒弃，要求人的技能水平的提高，对高级管理人才的需求增加等。

总之，随着中国国内经济结构调整，投资方向未来要发生根本性的改变，如果能抓住这一机遇建立大中华区域一体化供应链，将可能是一个成功的好方案。挑战是令人畏惧的，而前景却又是宏伟的。我们应该记住：两岸合作没有什么是不可能做到的，但没有什么是容易的。简洁化和基本技能的掌握，将是未来一段时间内建立两岸供应链竞争能力的关键。

第五章　两岸产业合作的战略管理

两岸产业合作的相关企业在进行战略管理活动之前，必须了解双方所处的全部经营环境、企业的所有资源以及企业与环境之间的相互关系这三方面组成的战略管理框架；认识战略管理的基本概念、层次和过程。从而理解合作的战略是由一组战略构成，共同为实现总体目标服务。这一章主要探讨战略管理的有关问题，如战略管理的内涵、战略管理的一般过程、组织结构、组织文化、人力资源、控制系统以及有关的合作变革管理。

第一节　战略管理的性质和可行性方案分析

战略管理是在20世纪70年代，第二次世界大战后企业竞争激烈、环境复杂多变、经营难度加大的形势下，在美国逐步形成的一门新兴学科。随着科学技术的迅猛发展和经济日益全球化、信息化，战略管理将变得更加重要和复杂。因此，要使两岸企业的合作管理走向成功并形成竞争优势，必须从战略管理的角度进行研究，以推动合作方案的顺利进行。

（一）企业战略的定义与特征

关于企业战略，不同的学者给出了不同的解释。哈佛大学的管理学教授钱德勒根据传统的概念将企业战略定义为："确定企业最基本的长期宗旨和目标，制定行动方案和为实施这些宗旨和目标配置所需的资源。"❶ 这一定义把企业视为一个有机的整体，把战略制定过程视为一个系统过程。

---

❶ ［美］拜亚斯著，王德中等译：《战略管理》，机械工业出版社1988年版，第20页。

1989 年美国达梯学院管理学教授奎恩对企业战略作了如下定义："一种将企业的主要宗旨、目标、政策和行动次序结合为一个有内聚力的整体的机制或计划。"奎恩并对此定义作了进一步的解释，认为战略包括以下内容：

（1）有效的正式战略包括三个基本因素：可以达到的最主要的目的，指导或约束经营活动的重要政策，可以在一定的条件下实现预定目标的主要活动程序或项目。

（2）有效的战略是围绕着重要的战略概念与推动力而制定的。

（3）战略不仅要处理不可预见的事件，也要处理不可知的事件。

（4）在大型组织里管理层次多，每个拥有自己职权的层次都有自己的战略。

而加拿大麦吉尔大学管理学教授明茨伯格对企业战略的定义有着他自己的独到见解。他提出了企业战略是由五种规范的定义阐明的，即计划、决策、模式、定位和观念。他认为战略作为一种计划、一种模式，两种定义是相互独立的。在实践中，计划往往可能在最后没有实施，模式却可能事先并没有具体计划，但最后却形成了。[1]

根据上述对战略的探讨，由此可知其管理特征——现代管理思想认为，企业中许多成功的战略是在事先无计划的情况下产生的。也就是说，企业大部分战略是由预先计划战略和自发产生战略组合而成的。

（二）战略管理的内涵

根据上述对战略的讨论可知，学者们虽然对战略的解释不一，但对战略管理的理解却大体是一致的。战略管理涉及对有关组织未来方向作出决策和实施，它包括两个主要方面：战略规划与战略实施。

战略管理是一整套决策和行动，旨在制定和实施有效的战略以有助于完成企业的目标。[2]

---

[1] 英国会计师公会：《企业分析》，上海教育出版社 2003 年版，第 223～281 页。

[2] W. F. Glueck, *Strategic Management and Business Policy*, 6, McGraw-Hill, 1998.

战略管理是一系列决定企业长期绩效的管理决策和行动，包括战略的形成、实施、评价和控制。❶

战略管理是指在企业总体战略的形成过程中，以及在企业运行时，贯彻落实这些战略的过程中，制定的决策和采取的行动。❷

上述说法的共同点在于，战略管理是一个包括战略规划（从形成到制定）和战略实施（包括评价和控制）的过程。

（三）战略管理的层次

一般说来，一个合作的现代企业的战略可以划分为企业战略、竞争战略和职能战略三个层次（见图5－1）。

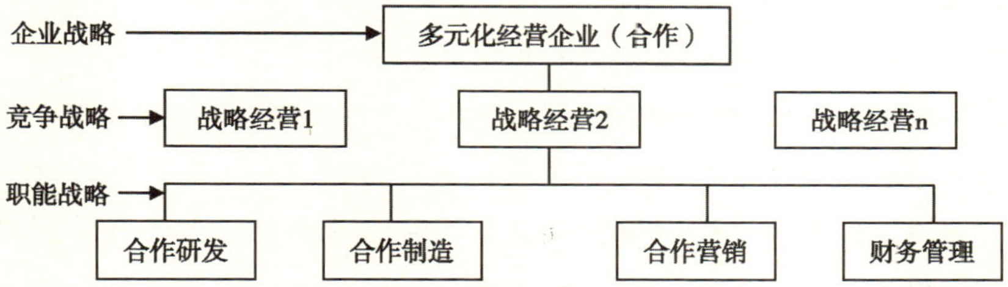

图5－1　战略管理层次

1. 企业战略

企业战略是企业中最高层次的战略，是企业的战略总纲，是企业管理层指导和控制企业的一切行为的最高行动纲领。总体战略的对象是合作企业的整体。它需要根据企业的目标，选择企业可以竞争的经营领域，合理配置企业经营所必需的资源，使各项经营业务相互支持、相互协调。可以这样来讲，从企业的经营发展方向到公司各经营单位之间的协调，从有形资源的充分利用到整个公司的价值观念、文化环境的建立，都是总体战略的重要内容。

---

❶ T. L. Wheelen and J. D. Hunger, Strategic Management and Business Policy, pp. 3～4, Addison-Wesley, 1983.

❷ ［美］罗伯特·莫克勒著，周致等译：《战略管理》，国际文化出版公司1996年版，第1～2页。

从企业战略管理的角度来看，总体战略的侧重点有以下三个方面：

（1）确定企业的使命。即企业最适合于从事哪些业务，为哪些消费者或市场服务以及企业向哪些领域发展。

（2）划分战略经营单位以及制定战略经营单位的发展规划。如开发新市场与新业务的时机与方式；对现有事业是放弃还是维持或者寻求合作扩展；进行调整的深度和速度、广度。

（3）制定关键的战略经营单位的战略目标。

2. 竞争战略

竞争战略是在企业战略的制约下，指导和管理具体经营单位的计划和行动，是公司战略之下的子战略，为企业的整体目标服务。

竞争战略的重点是要改进一个战略经营单位在它所从事的行业中，或某一特定的细分市场中所提供的产品和服务的竞争地位。竞争战略涉及该企业在它所从事的某一个行业中如何竞争的问题，涉及该企业在某一个行业经营领域中扮演什么样的角色以及在战略经营单位里如何有效利用好所配给的资源等问题。例如，如何贯彻落实企业的使命；如何分析发展机会以及优劣势，制定发展目标；并确定竞争战略的重点、战略阶段以及主要战略措施。

3. 职能战略

职能战略是为贯彻、实施和支持公司战略与竞争战略，在企业特定的职能管理领域制定的战略。它是企业内部主要职能部门的短期战略计划，使职能部门的管理人员可以更加清楚地认识到本职能部门在实施公司战略中的责任和要求，更有效地运用研发、营销、生产、财务、人力资源等方面的经营职能，保证实现企业的目标。

职能战略一般分为营销战略、人力资源战略、财务战略、生产制造战略、研发战略、公共关系战略等。从战略管理的角度来说，职能战略的侧重点在于：

（1）贯彻竞争战略的战略目标；

（2）职能目标的论证以及细分化；

（3）确定职能战略的重点、战略阶段和主要战略措施；

（4）战略实施中的风险分析以及应变能力分析等。

第二节　战略管理的一般过程分析

两岸产业合作的战略管理是在充分占有信息的基础上的一个系统的决策和实施过程，它包括若干必要的环节，由此而形成一个完整的体系。战略管理大体上可以分为战略分析、战略选择、战略实施和战略控制四个相互关联的阶段（见图5－2）。

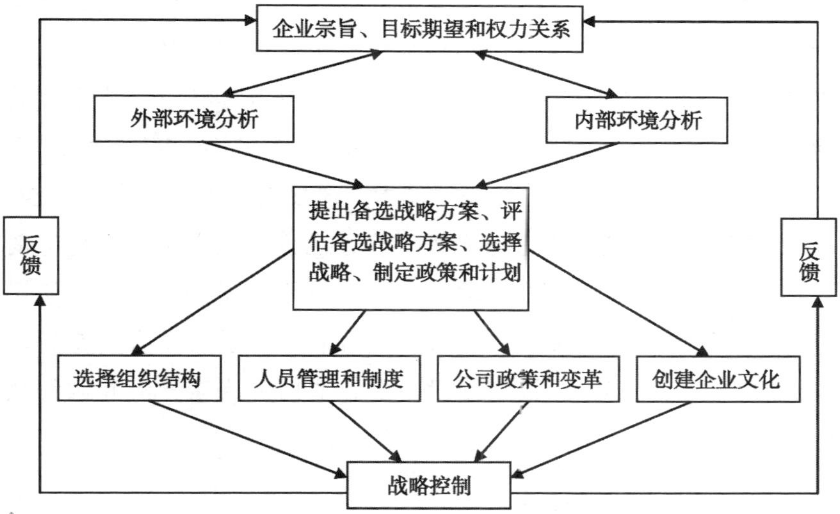

图5－2　战略管理的一般过程

一、合作企业的战略分析

战略分析是对影响企业现在和未来生存和发展的一些关键因素进行分析，具体包括以下三项。

（一）确定企业合作经营的宗旨

战略分析的第一个组成部分是确定企业的宗旨，包括对企业的经营范围、经营哲学、市场目标的描述和对与企业有利益关系的人和组织对企业期望的估计。当然，企业经营宗旨的确定是与企业内部条件和外部环境分析分不开的（前文已详细分析，这里只简单扼要地阐述）。

（二）外部环境分析

任何企业都处在复杂的政治、经济、社会文化、技术等环境中，了解环境对企业的影响对于战略分析来说是至关重要的。企业面临的外部环境主要有两类：宏观环境和竞争环境。外部环境分析的主要目的在于评价企业所面临的机会和威胁。

（三）内部环境分析

企业内部也有很多因素影响着战略的选择。之所以称为内部环境分析是因为这种分析指出了企业的优势和劣势。企业内部的各种环境因素，一般分为三类：（1）企业资源条件，如人力、物力、财力、技术能力、组织、信息以自然条件等资源。（2）企业的战略能力，如营销能力、财务能力、竞争能力、适应能力、生产制造能力、研发能力以及综合管理能力等。（3）核心能力分析，核心能力是指居于核心地位并能产生竞争优势的要素能力，具体地说，是组织的集体学习能力和集体知识，尤其是如何协调各种生产技术以及如何将多种技术、市场趋势和开发活动结合的知识。与外部分析目的一样，内部分析旨在揭示一个企业内部因素影响和制约战略选择的全貌。

二、合作企业的战略选择

战略选择是战略管理过程的第二个关键阶段。战略选择旨在根据企业的目的、优势和劣势以及企业的外部机会和威胁拟定一系列备选方案。约翰逊和施乐斯在 1989 年提出战略选择过程的四个组成部分。

（一）提出战略备选方案

提出战略备选方案时，需要考虑的最基本问题是“哪一个战略方向最明智？”人们在选择战略方案时往往考虑那些最显而易见的战略，因此，在制定战略过程中，考虑可供选择的方案越多越好。

（二）评估战略备选方案

要按战略分析的原则对各种战略的备选方案按完成企业目标的能力逐个进行评估，目的在于选出在配合企业外部环境所具备的机会和威胁与企业内部的优劣势两类要素时的最佳战略。所以，人们通常使用以下两种标准：

（1）要选择的战略是否发挥了企业的优势，克服了弱点，善用了机会，将威胁削弱到最低程度？

（2）战略是否能被利益相关者们接受？特别是合作企业相关方是否认可？

从经济学和会计学的角度来分析和评估非常重要。许多指标可以用来评价收益、风险和可行性。

评价收益：获利能力分析和成本效益分析以及机会成本分析是评价一项具体战略路径的收益潜力的三种常用方法。

风险分析：常用于风险分析的方法是：财务比率分析、敏感性分析、决策模式和模拟模式分析等。

可行性分析：用于分析可行性的两种方法是：资金流转量分析和保本分析。

机会成本分析：用于分析资源共享与资源多种用途时，使资源配置如何达到最优的分析，以及选择的可能性边界。

（三）进行战略选择

企业要选择管理层认为可行的战略方案，可能仅有一种战略，也可能有一组战略供选择。需要注意的是战略的选择并不存在一个最佳的选择标准，同时战略又总是有一定的风险性，所以不可能有绝对正确的战略。最终战略的选择还是管理层的主观意见。企业经理的价值观和利益相关团体的价值观和期望在很大程度上也会影响战略的选择，因而这种选择往往并不一定是理性的选择。

（四）制定政策计划

选择好最佳方案并不是战略制定的终结，管理层要建立政策，确定战略实施的基本规则，所以政策与所选择的战略一脉相承，政策是把战略制定与战略实施相联结来指导决策的指南。企业运用政策来确保所有员工的决策和行动支持企业宗旨、目标和战略。

有些企业政策的生命力很强，甚至比促使它们建立的某个战略还要长命。有时一些政策能变成企业文化的一部分，这些政策使战略更容易实施，但它们能限制管理者未来的战略选择。

三、合作企业的战略实施

战略实施是贯彻执行既定战略规划所必需的各项活动的总称，是战略管理的一个重要部分，战略实施所需要的内容很多，主要包括五大方面：

（一）建立和调整企业的组织结构

为了保证战略的顺利实施，企业需要有一个有效的组织结构以适应战略计划的需要和实现有效的管理。这涉及企业是采用垂直型还是横向型或混合型结构，是集权式还是分权式或者是民主式决策机制，在多大程度上企业应该划分半独立性的工作单位。

必须强调的是，需要运用权变观念去选择组织结构。世界上不存在适用于一切情况的组织结构。著名管理学大师彼德·德鲁克有句名言：“能够完成工作任务的、最简单的组织结构，就是最优结构。判别一个好的组织结构的标准是它不带来问题，结构越简单，失误的可能性越小。”

（二）人员和制度管理

对人员和制度的管理颇为重要。人力资源关系到战略实施的成功与否，在人力资源管理中，最重要的是如何挑选实施战略的管理者，使他们的知识、能力、经验、性格修养以及领导风格同将要实施的战略相适应。

（三）企业文化建设

特别是合作企业，在战略管理中应当注意一个问题，即企业战略与企业文化相适应。优秀的企业文化具有鲜明的个性特征，有利于企业制定出与众不同、克敌制胜的战略。战略制定以后，可以利用企业文化所具有的导向、约束力、凝聚力、激励机制等功能，统一员工的观念行为，共同为积极有效地贯彻实施企业战略而努力奋斗。

（四）创建合作企业的核心竞争力

企业核心竞争力是企业竞争优势的根基，在战略实施过程中，企业必须注意创建企业的核心能力，企业核心能力的创建有两种基本方式：创新、整合与优势互补。

（五）合作企业处理冲突、政治和变革

如果说合作企业政治像瘟疫一样存在于企业之中，企业内部各种团体都有自己的利益要求，各怀心腹之事，这些常常发生冲突，这些利益冲突会导致各种争斗和结盟，而战略变革往往使权力斗争白热化，因而在战略实施过程中应特别注意这些问题。我们在稍后讨论公司政治和变革的问题中详加阐述。

四、战略控制

战略控制是监测企业的活动与业绩，将经过信息反馈回来的实际绩效与预期的战略目标进行比较，如有偏差采取有效措施进行纠正。虽然控制是战略管理过程的最后一个阶段，但是，它能够指出已执行战略规划的弱点，从而使整个战略管理的过程重新开始。

不同的战略和环境对组织的要求不同，因而要求采用不同的控制手段。控制可以是结构性的、财务性的或者是作业性的（后文再详细讨论）。

五、财务职能在战略管理中的作用

财务功能在战略计划过程中发挥着关键性的作用。在计划过程中，会计主管要提供各种重要的财务信息，以评估战略备选方案、选择具体方案以及衡量未来实施过程中的效益情况（成本—收益分析）。财务功能与其他管理职能要实现一体化。即无论何时何地需要作出涉及资金的获得、资金需求量的大小与资金的有效使用等方面的决策，企业的财务职能都将直接或间接地与生产、销售和企业的其他职能有机地结合在一起，以保证企业整体战略的实施与企业的有效运作。

第三节　战略管理的实施

关于战略管理的实施问题，我们主要从以下几个方面进行探讨：组织结构、组织文化、人力资源、控制系统以及有关变革的管理。

一、组织结构与战略匹配

（一）组织结构的含义

组织结构是组织为了实现共同目标而进行的各种分工协作的系统。它可以平衡组织内专业化与整合两方面的要求，运用集权和分权的手段对组织的生产经营活动进行组织和控制。组织结构的基本构成要素是分工与整合。

1. 分工

分工是指组织为创造价值而把其人员和资源分配到组织任务上的过程。一般而言，组织专业化程度越高，其劳动分工的程度就越高。因此，分工方式主要取决于工作性质与技术体系，它使组织的总体任务按照一定的要求进行分解。

2. 整合

整合是指组织为完成其任务而寻求人员和职能的协调。当个别的创造价值的职能部门存在时，它们可能都倾向于追求其各自的目标，因此，一个组织要建立组织结构，让不同职能部门和事业部门协调地活动。协调涉及控制与信息沟通，它使已被分解的任务能有效地完成总体的目标。

总之，分工就是将组织分化成几个不同职能和事业部的方式，而整合就是将不同的部门结合起来的方式。同时，这两种过程决定了组织结构的运作模式，决定了选择合适的组织结构与创造价值的关系。

设计与战略匹配的组织结构是管理者的主要任务之一，组织应该根据自身的状况来设计和选择与之相匹配的组织结构，保证组织结构在战略实施过程中发挥重要的作用。下面我们主要介绍在组织设计中比较常见的几种组织结构的类型。

（二）纵向分工

纵向分工是指组织高层管理人员为了有效地贯彻执行组织的战略，选择适当的管理层次和正确的控制幅度，并说明连接组织各层管理人员、工作及各项职能的关系。纵向分工的基本形式有两种：高长型组织结构和扁平型组织结构。

1. 高长型组织结构

高长型组织结构（见图 5－3）是指具有一定规模的组织的内部有很多管理层次。在每个层次上，管理人员的控制幅度较窄，即直接管理的部下较少。这种结构有利于组织内部控制，但是对市场的反应较慢。

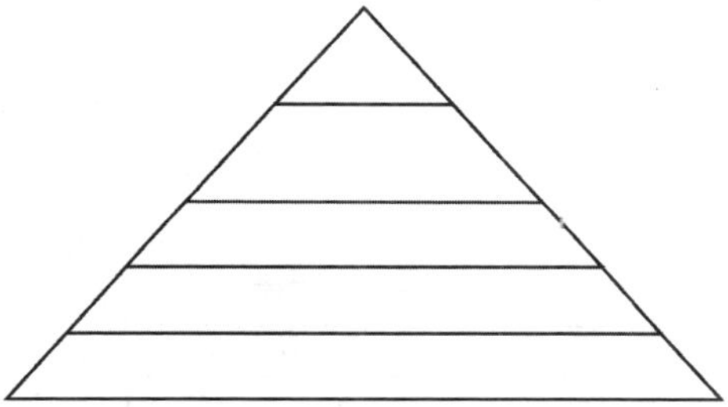

图 5－3　高长型组织结构图

高长型组织结构的主要弊端有：协调与沟通困难；资讯传递容易导致扭曲；管理人员的职权受到限制，不愿意承担责任；中层管理人员较多，行政管理费用高；对市场反应慢和集权程度较高等。

2. 扁平型组织结构

扁平型组织结构（见图 5－4）是指具有一定规模的组织的内部管理层较少。在每个管理层上，管理人员的控制幅度较宽，即直接管理的部下较多。这种结构能及时反应市场的变化，但是容易造成管理失控。

扁平型结构有如下优点：协调与沟通较容易；管理人员有较大的职权，能承担责任；行政管理费用较低；信息的传达不易扭曲；对市场的反应较快等。

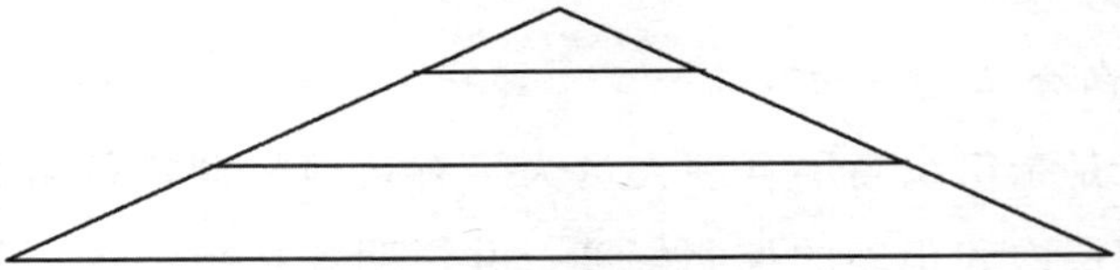

图 5－4 扁平型组织结构图

（三）横向分工

横向分工的基本形式有：简单直线制结构、职能结构、事业部结构、矩阵结构和战略经营单位（SBU）结构等。

1. 简单直线制结构

简单直线制结构（见图 5－5）是一种最初级的组织形式。它的特点是所有的战略决策和业务决策高度集中，由组织的所有者兼经营者一人作出。在这种组织结构形式中，没有正式的组织配置存在，水平分化的程度很低，不存在横向分工，因为每个员工都同时担任着多项职务。

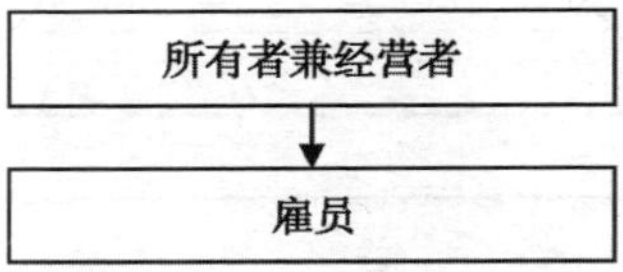

图 5－5 简单直线制结构图

这种结构优点是，便于控制全部业务活动；对产品和市场的变化反应灵敏，能迅速作出决策；激励机制和控制系统简便灵活。

这种结构的缺点是，对业主兼经营者的要求过于苛刻；不利于培养未来的管理人才；业主兼经营者忙于日常事务，无暇集中精力对未来的发展作研究。

2. 职能结构

职能结构（见图 5－6）的特点是组织中相同的任务和活动分别集中成不同的专业职能，也就是将组织活动按相同的职能组合在一起。如财务活动被组合在一起形成一个单一的职能，营销、生产、人事等职能也是这样组合形成的。

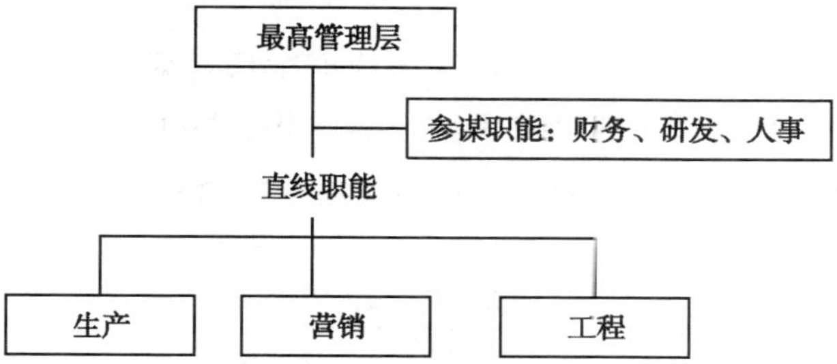

图 5－6　职能结构

中小型企业或者是仅生产一种至几种产品的企业，采用这种组织结构形式的较多。这种形式最适合稳定的作业环境，企业使用的技术常规化，各部门之间相对比较独立，企业通过纵向的分级层次实施控制，也就是说，各职能部门的高级经理具有正式的职权。职能可以分为直线职能和参谋职能两类，它们分别发挥着作用。

直线职能具有直接命令与指挥的职权；参谋职能不具有直接命令与指挥的职权，只是起出谋划策的作用。

这种结构的优点是共享设施，有利于规模经济；总经理更容易与各环节保持联系；保持了对战略决策的集中控制；职能专业化，有利于提高效率；可以对日常业务决策进行区分与授权；有利于资源的集中，鼓励员工发挥专业技能等。

这种结构的缺点是容易导致各部门只顾及自身利益；职能难以协调，部门间的合作困难；直线职能与参谋职能之间会产生矛盾；难以培养出全面性管理人才；协调困难，创新较难；导致对环境变化的反应缓慢或适应性较差等。

3. 事业部结构

事业部结构（见图 5－7）的特点是把组织的生产经营活动按照产品或地区等来进行划分，从而建立生产经营事业部。每个事业部都是一个利润中心，在总部的领导下，实行独立核算、自负盈亏。这种结构可以使总部集中精力进行全局性的战略决策，不被日常具体的行政事务所干扰。

每一个事业部可以根据需要采用适合其需要的最佳结构形式，如果一个事业部的活动被标准化，则可以采用职能结构；如果一个事业部的活动是从事产品的生产经营，则可以采用产品结构，除此之外，矩阵结构也是可以被采用的一种形式。大型企业集团一般采用事业部结构。

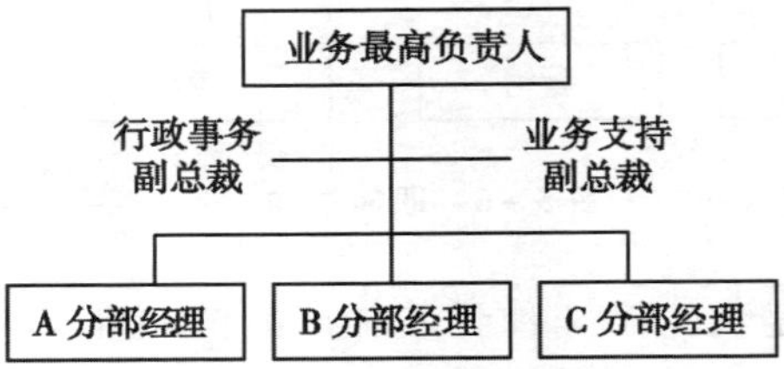

事业部结构图（不同分部结构）

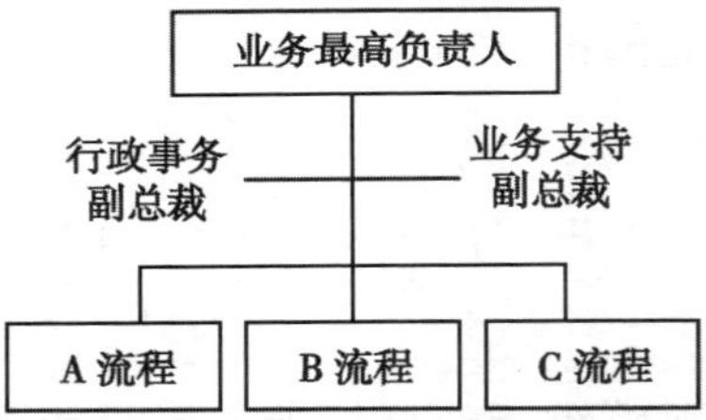

事业部结构图（不同流程结构）

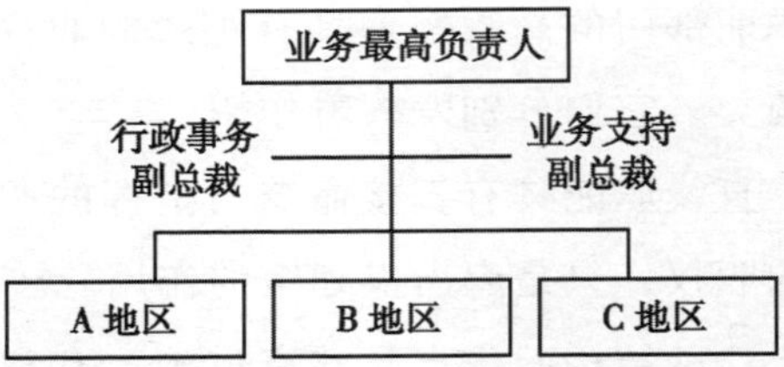

事业部结构图（不同地区结构）

图5－7 事业部结构图

上述事业部结构的优点是增加财务控制，财务控制可以利润目标为基础应用于每一个事业部；适当地分权，可以使最高决策层专注于战略的研究与制定，对环境的变化及时作出反应；事业部具有一定的权力之后，可以根据自身特定环境制定对策；各事业部的经济责任明确；事业部内部仍可以保留职能专业化的功能；有利于培养独当一面的战略人才。

其缺点是各事业部可能会在资源的分配上形成不良的竞争；分权的尺度不易把握；各事业部的资讯可能带有一定扭曲性；各事业部的政策可能出现不协调；不易找到能使负有盈利责任的不同事业部经理都满意的分配间接费用的方法；由于架构重叠，会导致成本的增加等。

4. 矩阵结构

矩阵结构（见图 5－8）的特点是在原有按直线指挥系统与职能部门组成纵向垂直领导系统的基础上，又建立一个横向的以产品或项目为中心的领导系统，两者合成一个矩阵结构。

矩阵结构呈扁平状，层级较少，结构内的员工有两位上司，一位是职能部门的上司，另一位是产品或项目中心的上司。矩阵结构在权力、效益责任、评价和控制上都有两个渠道，旨在兼取职能专业化和产品项目专业化之所长。矩阵结构常见于拥有许多同时具有重大战略意义的产品或业务项目的大公司。

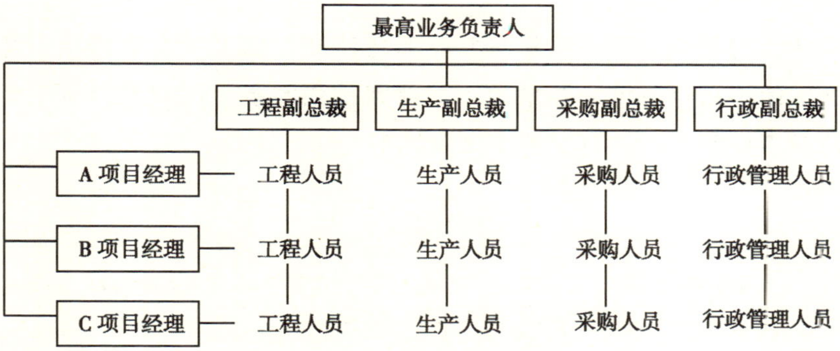

图 5－8　矩阵结构

这种结构的优势在于，有利于在不确定和竞争的环境中开发革命性的新产品；员工可以在自治、弹性的工作条件下发挥其最佳状态；有利于培养战略型的管理人才；能有效地发挥职能部门的作用；能发扬团队精神，促进在项目中的互相帮助与学习；能让高层管理者集中精力于战略的研究和制定，不需要进入单纯的运作事项中；它是一种快速回应竞争情况所需要的具有弹性的优良工具。

这种结构的缺陷是，当职能和项目在资源上发生矛盾时，会给管理带来难度；双重负责容易导致政策的混乱和矛盾；处于双重领导下的员工有时会感到无所适从；需要花费大量时间进行横向与纵向的协调工作；由于结构中的员工倾向于高度技能型，薪酬和管理费用都较高，导致这种结构的官僚成本相对较高；组织越大，矩阵结构的运作越困难，因为工作和角色的关系变得复杂化；人员的稳定性差，一个项目结束后人员就会分散等。

5. 战略经营单位（SBU）结构

战略经营单位（SUB）结构（见图5－9）的特点是根据共同的战略因素，将若干个事业部或者某些分部组合成一个单位，通常以组织所服务的独立的产品或者市场部分为基础构成。

SUB结构的优点是，战略经营单位内各事业部具有同样的战略利害关系，与产品及市场的环境之间比较容易协调；可以加强多种大型经营组织的战略管理和控制；有利于区别和深化公司一级和经营单位一级的计划；明确了不同经营单位经济责任。

SUB结构的缺点是，总部与事业部之间又增加了一个管理层；总部资源分配上的不良竞争可能会增加；总部副总裁的职责比较难以确定；总部副总裁与事业部经理的自主程度难以界定。

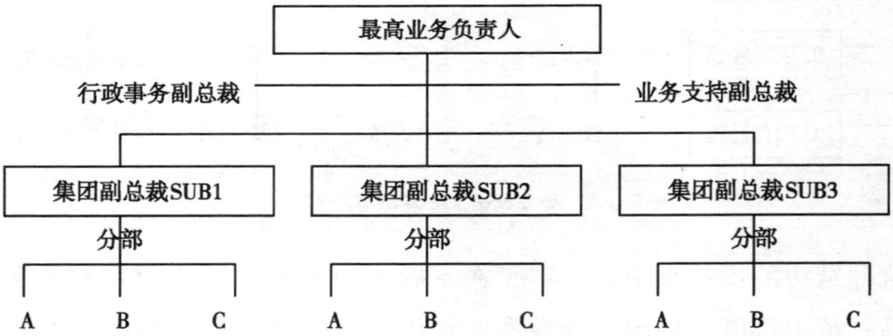

图5－9　SUB结构

6. 地理区域结构

地理区域结构（见图5－10）的特点是，以地理区域作为其组织活动集聚的基础，以此达到快速响应区域顾客对产品的需求，降低运输成本的目的。

地理区域结构提供了比职能结构更多的控制功能，许多地区性组织层级代替了以前单一集权阶层所执行的工作。因为地区性组织比中央集权组

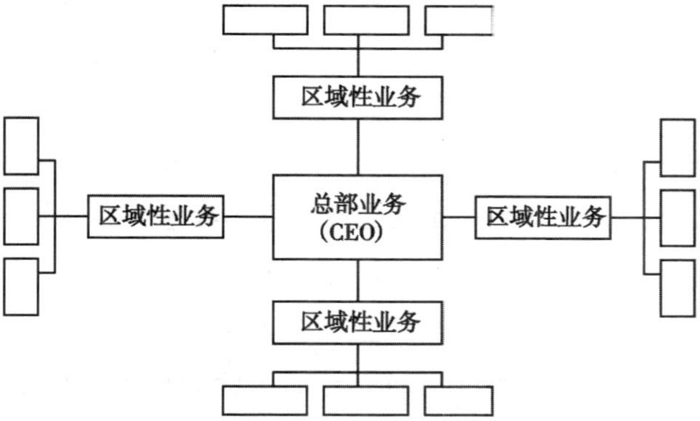

图 5－10　地理区域结构

织更了解区域性需求，它们可以较好地处理地区需求问题。同时，这种结构在采购的职能上还是维持一定的集权化，中央组织可以为所有地区进行采购，达到采购与配销上的规模经济，降低协调与沟通的费用。例如，联邦快递采用的就是这一结构，用这种结构来实现其公司的目标——隔天送达；沃尔玛采用的也是这种地理区域结构。[1]

近几年来，出现了一种创新的结构形式——产品团队结构。它具有与矩阵结构相类似的优点，但是在运作上比较容易，花费也远远少于矩阵结构，因为这种结构将人员组成永久性的跨职能团队。

跨职能团队是在产品开发过程开始时就形成的，因此，如有问题和困难，可以在产品设计之前解决，又因为跨职能团队具有分权机制，职权被分散到团队，所以，可以快速地根据顾客的需要进行决策，做到产品及时改善和创新。

（四）整合机制

整合，就是一个组织寻求协调其价值创造活动以及互相依赖的范围。组织的分工程度越高，组织结构的有效运作所需要的整合程度也越高。如

[1] ［美］迈克尔·库斯玛诺、［日］延岗健太郎著，高文海译：《超越精益思想》，商务印书馆 2004 年版，第 111～127 页。

果一个组织采用较为复杂的分工形式，那它所需要的整合形式也较为复杂，并据此来达到其组织目标的实现。

1. 整合的类型

当组织分工程度增加时，有一系列的整合机制可以用来增加整合程度。根据需要和可能，整合类型有如下几种：直接接触、联络角色、任务编组、团队和整合角色，每种类型发挥着各自不同的作用。

（1）直接接触——其目的是建立一个由来自不同事业部或职能部门的管理者可以在一起工作并解决共同存在的问题的环境。但是，来自不同职能部门的主管人员有其不同的目标和利益，在同等职权范围内，当冲突产生时，会倾向于竞争而非合作。这类问题的解决必须依赖上司的职权，除此之外尚无其他机制可以解决。

（2）联络角色——组织可以通过各部门之间的联络角色来改进其职能的沟通。当两个部门或职能部门之间的接触增多时，协调方法之一就是在每一个事业部或职能部门内指派一个主管专门负责与其他部门的协调工作。联络角色不仅能起协调作用，而且还提供了跨组织的资讯传递方法，在一些大型企业中，联络角色是很重要的。

（3）任务编组——当超过两个以上的职能部门或事业部有共同的问题时，直接接触和联络角色的作用就会受到限制，因为它们并未提供足够的协调。解决这一问题的方法是采用任务编组。

任务编组就是每一职能部门或事业部的一位成员被指派到创立的任务编组，去解决特殊的问题。从本质上来讲，任务编组是一个专门委员会，其成员负责向其部门汇报所提出的议题和解决问题的建设性措施。

任务编组是暂时性的，当问题解决之后，成员回到原部门或事业部，或者被指派到其他的任务编组。

（4）团队——当一些问题一直重复出现时，为了有效地解决这些问题，组织必须建立一个永久性的整合机制，永久性团队就不失为一种较好的整合机制。永久性团队本质上是组织的常设委员会，很多的战略性方向是在委员会的会议中形成的。比如新产品开发委员会，它就是从整体上负责新产品的选择、设计以及营销等工作，并建立与新产品开发所相关的职能的整合体，通过这样一个机制来完成新产品的开发工作。

（5）整合角色——它的唯一功能是促进各事业部或职能部门之间的迅速整合，这是一种全职专任工作。这种整合角色是独立于被整合的次级单位或事业部。它配置了一位独立的专家，这位专家一般是对如何连接部门之间的需要有很多经验的高级管理者，他工作的职责就是协调部门或事业部的决策过程，以便获得来自于合作的综合利益。

2. 组织的协调机制

根据整合的含义，整合机制可以理解为协调机制，也就是建立在组织分工与协调之上的制度。组织机制的基本类型有以下几种：相互适应，自行调整；直接指挥，直接控制；工作过程标准化；工作成果标准化；技艺（知识）标准化；共同的价值观等。

（1）相互适应，自行调整——这是一种自我控制的方式。组织成员直接通过非正式的、平等的沟通达到协调，相互之间不存在指挥与被指挥的关系，也没有来自外部的干预。这种机制适合于最简单的组织结构。

当组织的人员构成十分复杂、工作事务事先不能全部规范化时，也会采用这种协调机制，组织成员边工作、边相互适应和相互协调。

（2）直接指挥，直接控制——这是一种组织的所有活动都按照一个人的决策和指令行事的方式。

（3）工作过程标准化——这是指组织通过预先制定的工作标准来协调生产经营活动。一旦出现问题，管理人员就根据这个标准来检查和调整，这样的组织成员在执行标准的同时，就形成了某种程度的协调。

（4）工作成果标准化——这是指组织通过预先制定的工作成果标准，实现组织中各种活动的协调。这种协调只规定最终目标，不限定达到目标的途径、方法、手段以及过程。

（5）技艺（知识）标准化——这是组织对其成员所应有的技艺、知识加以标准化。这种标准化协调机制主要是依靠组织成员在任职前就接受的必要的、标准化的训练，成为具有标准化知识和技能的人才。在实际工作中，他们便可以根据自己的知识和技艺相互协调与配合。这是一种超前的间接协调机制。

（6）共同的价值观——这是指组织内全体成员要对组织的战略、目标、宗旨、方针有共同的认识和共同的价值观念，充分了解组织的处境和自己的工作在全局中的地位和作用，相互信任、彼此团结，具有使命感，组织的协调和控制达到高度完美的状态。

上述这六种协调机制的关系是：组织结构简单时，只需要相互适应、自行调整的协调机制；组织扩大后要某人单独执行控制工作时，便产生了直接指挥、直接控制机制；当工作变得更加复杂时，协调机制便趋向标准化；在工作任务相当复杂时，便需要采用标准化或技艺（知识）的标准化；在工作极其复杂、难以标准化时，往往又自行转回到相互适应调整这种简单而又最灵活的协调机制上来。

要说明的一点是，这不是一种简单的循环，而是一种螺旋形上升的过程。在实际工作中，组织会根据不同任务的侧重点，混合使用这些协调机制。

（五）组织结构的战略意义

组织结构实质上是讨论这样一个问题：集权和分权。集权就是指企业高层管理人员拥有重要的决策权力。在战略管理中，集权可以使企业高层管理人员比较容易地控制和协调企业的生产经营活动，以期达到企业的预期目标。

分权就是指将权力分配给各事业部、职能部门以及较低层次的管理人员。在战略管理中，通过分权，企业可以降低内部的管理成本，减少沟通协调的问题。同样，较低层次的管理人员也会因为拥有一定的权力而责任心大增，有利于企业的管理。

组织结构所扮演的角色是：提供给管理者可以协调不同职能部门的各种活动，并充分利用其技术与能力的手段。当然，组织结构是跟随着战略的，只有当组织结构与拟定的实施战略保持一致时，该战略才可能顺利实施。战略一旦发生变化，则其组织结构也要作出相应的改变。比如说，当企业用总成本领先战略替代区分战略时，其组织结构也必须转变，可以采用职能结构。

二、组织文化与战略匹配

组织的效益不仅取决于精心设计的组织结构，还取决于组织文化的设计。如果把组织结构看成是硬模式的话，那么组织文化就是组织运行所必需的软模式。

（一）组织文化的概念、特征与类型

（1）组织文化的概念。所谓组织文化，就是在一定的历史条件下，通过社会实践形成的，并为组织全体成员所共同遵守的哲学、意识形态、价值观、职业道德、行为规范以及准则的总和。

（2）组织文化的特征。威廉斯（Williams）等人在 1989 年提出了组织文化的 6 个特征：文化是通过学习而获得的，文化既是输入也是输出，文化在一定程度上是无意识的，文化以历史为基础，文化是共同持有和遵守的，文化是由不同成分组成的。

（3）组织文化的类型。不存在两个完全相同的组织文化，即便是在构成要素上一致。查尔斯汉迪在其著作中提出了一个比较和对照不同组织文化的方法，他将文化类型从理论上分成四种：权力导向型、角色导向型、任务导向型和人员导向型。[1]

（二）两岸企业合作建立卓越的组织文化

经过不断的实践证明，一个真正有效的组织战略，加上一个浓厚的组织文化，可以决定组织的成败。因此，两岸企业合作成功关键在于建立起一个卓越的组织文化。

曾经有人指出，一个浓厚的组织文化有助于组织实施新的经营战略，也有助于组织达到卓越的管理水平。对于日本式管理的研究表明，高水平

---

[1] 关于这方面的详细论述请参照王玉等编写的教材《企业分析》，上海人民出版社 2003 年版，第 245 ~ 248 页。

的实现和组织成功的部分原因是有一个浓厚的组织文化，它有利于员工积极地投入精力，全身心地保持工作的稳定性以及相互之间的坦诚沟通。

著名管理学家汤姆·彼德斯和沃特曼在其所著的《追求卓越》一书中阐述了组织文化和追求卓越之间的关系：优秀企业不坚持遵守规章，而是要将工作做好；它们找出顾客的需求，并保证顾客的需求得到满足；企业鼓励员工发挥创造性并承担风险；它们把员工看成是一项关键的资源，并鼓励与员工保持良好的关系；管理人员总是与工人保持接触，企业坚持做自身最善于做的事情。

两位作者列举了他们认为代表成功组织文化的主要特征，这些特征包括：

（1）喜欢行动。这些组织认为没有必要总是循规蹈矩，它们信奉“勇于尝试”，“干、试、改”。

（2）贴近顾客。顾客被认为是最重要的，组织不仅要为顾客提供它们所需要的并能满足他们要求的产品和服务，同时还可以从顾客那里学到许多东西来充实自身。

（3）自主权和创业精神。这些组织鼓励员工要勇于创新和勇于承担风险，充分发挥员工的创造性，并给予员工一定的自主权和自由度。

（4）通过员工提高生产力。一些优秀的组织总是把人当作最关键的资源。它们鼓励良好的劳资关系，并承认它们的员工就是企业。

（5）价值观驱使。这些组织认为，它们的成功是与它们的哲学和价值观联系在一起的，各个层次的管理人员都会花相当多的时间到处察看工作的进展情况。

（6）只做自己擅长的事情。优秀企业将其精力和资源集中在它们精通的业务上。它们不会在自己不精通的业务上浪费时间和精力。

（三）组织文化与战略的匹配

组织文化是成功实施组织战略的重要支持。组织在选择和创建组织文化时必须以战略对文化的要求为出发点，综合考虑战略的类型、行业的特点、管理的风格、产品和服务的特性等各种因素，选择有助于战略实施的文化类型。一般来讲，两岸企业的合作，根据自身特点选择类型是最佳的。下面介绍几种与战略类型相匹配的组织文化供参考：进攻型战略的组织文化、防守型战略的组织文化与撤退型战略的组织文化。

（1）进攻型战略的组织文化。实施进攻型战略的组织主要通过技术开发、产品开发、新市场开拓、扩大生产等战略掌握市场等竞争的主动权，努力提高市场的占有率。与此相适应的组织文化应当以"持续创新"为核心，营造一种有利于创新的尊重个性、鼓励开拓、不怕失败的宽松环境和氛围。

（2）防守型战略的组织文化。实施防守型战略的组织为应付竞争对手的挑战，规避激烈的市场竞争，投入的资源仅用于维持现有的竞争地位，希望取得稳定增长，以守为攻。与此相适应的组织文化应坚持稳重、严谨，注意管理细节的工作作风，提倡遵守纪律、循规蹈矩、审慎行事、勤勉敬业，强调严格控制和高度规范化、秩序化和标准化。

（3）撤退型战略的组织文化。实施撤退型战略的组织常常在竞争中处于不利地位，或者其产品处于衰退期而严重滞销，或者财务状况恶化等。此时，组织不得不牺牲一定的眼前利益来对付严重的竞争威胁。与此相适应的组织文化应当既能在组织内营造人心安定、士气不减的氛围，又能继续保持良好的公共关系和组织形象，避免带来长期负面影响。

总之，两岸合作企业根据自身建设和合作伙伴的情况，灵活选择相应的组织文化与战略相配合，才能不断挖掘合作潜力，创造共同提高的氛围，使合作走向成功，并提高企业竞争能力。

三、人力资源与战略匹配

对人力资源的管理不仅要考虑两岸合作当前的需要，更主要的是要用战略的眼光来考虑合作的长远规划和需要。所以，两岸建立战略性人力资源管理的框架要包括：制定人力资源计划、人员供需配置、员工技能开发、员工绩效评价体系、员工薪酬管理等内容。

（1）制定人力资源计划。制定人力资源计划就是根据企业目标，在合适的时候把合适的人员安排在合适的位置上。这一过程被看作是对人力资源的审计。制定人力资源的目的有三个：①确保企业能够吸引和保持其所需要的人力资源数量和质量；②确保企业在人员配置方面能够善用人力资源，以达到最佳的经济效益；③确保企业有能力处理人员过剩或不足的问题。

（2）人员供需配置。人员供需配置是人力资源战略性框架的核心内容。包括针对当前业务和潜在业务发展掌握人力资源的实际需求及未来需求，了解现有人员的开发使用情况，正确评价环境变化和预期的未来事件，确定和调整现有人员的岗位，对未来可能的岗位空缺作出合理的人员安排。

（3）员工技能开发。员工技能开发是指针对实现组织发展和业务目标的需要，提高和改善组织群体和个人能力的方法。员工技能开发必须紧紧围绕组织业务过程，找出组织群体和个人在竞争力和经营业绩上所存在的技能方面的差距，在分析原因的基础上结合个人发展需要，寻找改善的措施和方法，通过实施管理获得改善的结果。

（4）员工绩效评价体系。员工绩效评价体系的建立和管理是经理人员明确绩效目标与标准，提高员工工作绩效的重要手段，同时也是薪酬、晋升、停职、培训、调动和其他行动的决定性依据。因此，必须要建立一套系统的评价体系和管理模式，以提高绩效的有效性和实际使用价值。

（5）员工薪酬管理。员工薪酬管理是吸引、留住和激励员工，为组织创造最佳绩效的重要手段。同时，良好的薪酬管理能充分利用好组织有限的财力资源，有利于组织在人力资源的竞争中处于优势地位。

人力资源管理的目的在于合理地使用人力资源，最大限度地提高人力资源的使用效率。因此，在人力资源的使用过程中，要体现出量才为本这样一个宗旨。具体表现为：人适其事、事得其人、人尽其才、事尽其功。

在人力资源管理的过程中，如何运用有效的管理手段来实施管理也是非常关键的一个问题，它关系到人员积极性和创造性发挥的问题。下放适当的权力和责任、要求对自我进行提升以及团队合作精神都是可以运用的方法。

人力资源与战略的关系是相辅相成的，人力资源战略是组织的一个相当重要的职能战略，它是使人力资源管理与组织战略相互配合和支持的重要手段。制定和实施人力资源战略，能使人力资源管理的各项活动之间相互配合，形成一个有机的体系，同时成为实现合作组织实现战略的有效保障。

四、控制系统与战略匹配

控制系统指的是监控组织战略的实施过程，及时纠正战略实施过程中所产生的偏差，确保战略的有效实施。控制系统用绩效来比较组织的现状和组织应达到的状态，一旦组织的绩效差于可接受的范围，控制系统可以为其提供调整的机制。

有效的控制系统体现在三个主要特征：（1）必须有足够的弹性，让管理者在遇到偶发事件时可以作必要的应答；（2）必须提供正确的资讯，以便掌握组织绩效的真相；（3）必须适时提供资讯，避免过时的资讯给决策带来负面影响。

此外，财务控制在企业中最为重要。财务控制就是用于监控和评估组织经营绩效的衡量指标。也就是对流入组织和流出组织的财务资源进行控制。经常用于财务控制的手段有；预算、财务审计、财务报表和比率分析。

非财务控制是组织控制系统的补充。非财务控制可以弥补财务控制指标的不足。非财务性指标如质量，不仅解释了目前的销售水平，还可以用于预测未来的销售水平。又如，生产率指标，可以对成本进行控制。这些非财务性指标同样也可以影响到获利水平。因而非财务性指标主要被用作业绩的相关指标，以提高员工的工作质量和生产率水平，从而产生更高的利润。

（一）平衡计分卡法

平衡计分卡法是近年来颇为流行的一种控制方法。这里的平衡指的是财务与非财务、经营性与非经营性、领先与落后、行动导向与监督性措施的关系。

由卡普兰和诺顿设计的平衡计分卡法是被用来表达那些多样的、相互联系的目标，这些目标是组织在生产能力基础上的竞争和在生产技术创新的竞争中必须达到的，并不仅仅是有形资产。该方法的优点在于：

（1）可以在一个报告中集中许多看起来毫不相关的业务活动；

（2）迫使高层管理部门综合考虑各种衡量标准，避免出现以牺牲一项目标为代价来实现另一目标的次优情形；

（3）平衡计分卡把任务和决策转化成目标和指标，它有四个组成部分：财务、客户、内部经营以及学习与成长。

①财务部分。财务业绩指标能反映组织的策略、业绩对净利润的提高是否有帮助。典型的财务目标是和获利能力联系在一起的。获利能力指标有：营业收入、资本报酬率等，甚至更新的一些指标如经济附加价值等，另外财务目标可以是销售增长的快慢或产生的现金流量。

②客户部分。管理者确定营业单位将要面对竞争性客户和市场份额，并计算营业单位在这个目标范围内的业绩情况。典型的客户方面包括几个被很好地阐述和执行组织战略的核心结果指标。

核心结果指标有：客户满意程度、客户保持程度、新客户的获得、客户获利能力情况以及在目标范围内的市场份额和会计份额。这些核心指标通常在各种类型的组织中都会出现。但是，为了适合不同的决策，指标应该根据经营单位预计能快速增长和可获利的目标客户群而制定。

③内部经营过程部分。在这里，经营单位要确认组织必须做好的关键的内部过程。可以用价值链的方法来确认关键的经营过程。

关键的内部经营过程可以使经营单位传达在目标市场中吸引和保持客户所需的价值观念；满足持股人对更好的财务收益的期望。

内部经营过程指标着重在那些对客户的满意程度和达到组织财务目标有最大反应的内部经营上。

④学习与成长部分。这部分确立了组织必须建立长期成长和进步的基础结构，客户部分和内部经营过程部分确立了现在和未来成功的关键因素。仅凭目前的技术和生产能力，组织是不能达到它们的客户和内部经营过程

的长期目标的，同时，激烈的全球化竞争也要求组织不断提高他们对客户指标的支付价值能力。

学习和成长来自于三个主要的资源：人员、信息系统和组织程序。平衡计分卡上的财务目标、客户目标和内部经营过程目标常显示出现有人员、系统和程序的生产能力与事先突破性业绩目标所要求的生产能力之间的巨大差距。为了弥补这些差距，组织必须投资于培训员工，提高信息技术和信息系统，设计程序和管理日常工作，这些目标在平衡计分卡的学习和成长方面是相互关联的。

（二）精益生产控制系统

精益生产的关键出发点是价值。价值只能由最终客户来确定；而价值也只有在具有特定价格、能在特定时间内满足客户需求的特定产品和服务来表达时才有意义。

价值是由生产者创造的。从客户的立场来看，这是生产者之所以存在的理由。然而，由于许多原因，生产者很难确切地定义价值。实际上，精益生产的思想来自日本丰田的管理和控制。精益生产是与浪费一词相对而言的，丰田管理者大野耐一是一个最痛恨浪费的人。他指出了七种浪费现象：残次品、无需求商品的超量生产、等待进一步处理或消耗的商品库存、不必要的工序、人员的不必要调动、商品的不必要运输，以及等待（员工在生产线上等待加工设备完成加工任务，或者等待上道工序完成工作）。

精益生产思想通过及时反馈把浪费转化为价值的努力，也提供了一种使工作做得比较令人满意的方法。而且，与当前盛行的改制的做法相反，精益思想提供了创造新工作的方法，而不是以提高效率为名，简单地裁员。精益思想原理由以下几部分组成：适时生产（JIT）、看板方式、拉动生产以及尽善尽美的原理。

1. 适/及时生产（JIT）原则

JIT 生产（见图 5 - 11）建立在三项原则基础上：消除浪费、全面质量管理和全员参与。

（1）消除浪费——凡是对顾客不产生附加值的活动都属于浪费，都应该被取消。大野耐一提出杜绝七种浪费。

（2）全面质量管理——这项原则的根本目的是防患于未然，把问题扼杀在摇篮里，预防问题的发生。

（3）全员参与——调动所有人的积极性和创造性，把人看成是最宝贵的资源，同时给员工提供适当的合作、接受教育和培训的机会。

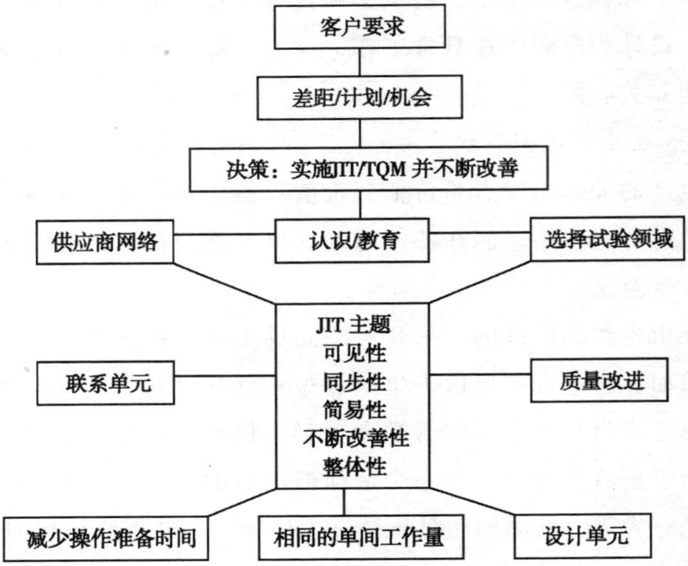

图5－11　JIT成功的循环

2. 适/及时生产（JIT）的工作原理

适时生产假定质量是可以严格控制的。它消除了生产过程中所有的差异。这就意味着任何环节一旦发生问题，就必须把生产线停下来解决这些问题。适时生产使用若干手段来平衡生产。

（1）看板方式——看板系统属于统计技术，是适时生产不可分割的一部分。这一技术可以用来把生产过程中在制品存量减少至最低程度，但是，这个存量不会少到中断生产过程。达到看板的合适规模和形式是一个反复验误的过程。

（2）拉动生产——开发看板库存控制系统，机器之间的连接以及追求相同的车间工作量，为把传统的推动式生产转换成拉动式生产系统提供了机制。推动系统关心的是储存大量的零部件；而拉动系统只是在需要的时候才购进零部件。这一概念与看板系统紧密相连，因为它犹如一个信号装置，它告诉上游的供应商什么时候需要供应零部件。

适时生产尤其是为了消除生产过程中“移动”和“排队”时间。材料在工作地点之间的移动或从车间运到在制品缓冲区都属于非增值活动。顾客不愿意支付超出某种最低移动限度的费用。适时生产通过把机器组合起来以适合一个产品或部件的生产流程，尽量减少移动次数和距离。将机器连接成一条流畅的线路，既消除了工作点之间缓冲库存空间，也消除了缓冲库存的必要性。从这一点上讲，适时生产的目标是在生产过程中实现原料的不断流动，而不是无库存。

（3）尽善尽美——当各种组织开始精确地确定价值、识别出整个价值流，使得为特定产品创造价值的各个步骤连续流动起来，并且让用户从企业拉动价值时，奇迹就开始出现了。它表现为，在提供出一个比以往都更接近用户真正需要的产品时，人们也在无止境地不断减少付出的努力、时间、场地、成本和错误。突然之间，尽善尽美，这个精益思想的原则看起来就不像是一种胡思乱想了。因为尽善尽美最重要的驱动力是透明度。事实上，在精益系统中的每个人，从分包商、第一层供应商、组装厂、批发商、用户到员工，都可以看到所有的事，因而易于发现创造价值的较好方法。而且，员工作出的改善几乎立刻就可以得到积极的反馈。这正是精益工作的关键特征，也是对不断努力寻求改善的强有力促动。❶

（三）控制系统与战略匹配

不同的战略类型要有不同的控制系统与之匹配，以达到最佳的控制效果。在控制系统的四个层次上，要配以相适应的战略。

对于公司层次的控制而言，主要涉及企业的总体战略和长远发展战略；

---

❶［美］大卫·尼克森、尼克·马尤、帕特里西·E·穆迪著，陈立荣、陈立梅译：《本田动力》，中国建材工业出版社、科文（香港）出版有限公司 1999 年版，第 162 ~ 196 页。

对于事业部层次的控制而言，既可能涉及高层战略，也会涉及职能战略；对于职能层次的控制而言，主要是执行具体的职能战略；对于基层层次控制而言，它是最基本的实施单位。

五、对变革的管理

战略变革是指组织从目前的状态转变成未来理想的情景而增加的竞争优势活动。战略变革是组织发展的客观规律，是任何组织都不可避免的。

战略变革的过程包括以下几个阶段：分析当前形势，分析环境因素以及战略变革的选择和实施监控与管理。

（一）分析当前的形势

这一阶段主要是要确定发生变革的原因，确定采取变革的缓急程度，同时还要确定利用变革所提供的机会的方式，明确所采取的变革模式以及由此而带来的影响。

（二）分析环境因素

环境因素可以分成任务因素和非任务因素。任务因素与具体的变革内容有关，一般包括：设计和实施变革所需要的数据的数量；进行变革的速度；可用于管理变革的资源的可获得性；组织确保变革被接受和实施的决心；人们对变革可能会产生的反应。

非任务因素与变革没有直接的关系，而且往往不会随着时间的推移而改变，其中包括：现行对参与变革的行为规范；变革动因和变革对象之间的关系；推动变革的人的风格。

（三）战略变革的实施监控与管理

监控有助于及早发现和处理没有预见到的问题，确认战略变革是否能够顺利实施，并以此为借鉴，为今后的战略变革创造条件。

关于战略变革的管理可以按照以下程序来进行：对战略变革的力量分析、战略变革的动因分析、战略变革的阻力分析以及战略变革的策略选择。

1. 战略变革的力量分析

战略变革的力量分析可以分为两类：一类是外部力量；一类是内部力

量。外部力量包括市场、技术和环境的变化。这些变化通常是组织所不能控制的。而内部力量往往来自变化的过程和人员的问题。过程的力量包括制定决策、沟通交往和人际关系。这些过程中的任何问题都可能产生变革的力量。

2. 战略变革的动因分析

战略管理的一个重要原则是集中优势，即将组织的战略重点和有关活动集中在能发挥组织核心竞争力的方面。因此，丧失战略核心是组织最主要的变革动因。具体表现在：目标选择上的错误，（1）错误的战略目标是使组织追求了非战略性发展目标。（2）不了解自身产品的真实盈利能力。造成这种状况的根源是这些组织没能建立起收集和处理成本信息的系统，缺乏正确的利润信息，可能会出现销售越多亏损越多的局面。（3）目前的财务实力已经不足以支持目前的战略及发展目标。（4）竞争压力，主要表现为更强大的竞争对手的出现，并且威胁到组织现有的市场地位和产业地位。（5）高级管理人员的超前意识，由于感觉到环境变化的可能以及对组织的挑战，因而提出了变革的要求。（6）组织内部出现了较明显的组织矛盾。内部矛盾主要表现为命令渠道不畅通或者反常的信息流动；组织内部出现公开对立的权势较量，以至于正常的指挥无法发挥作用；组织资源的分配不再根据战略计划，而是根据权势地位等。（7）其他环境因素的变化。如产业关键技术的突破，先进管理方式的引进以及政府规定的改变等。

确定变革的需要来自信息，信息是认识变革力量大小的依据。通过信息可以显示外部和内部的力量，帮助确定变革的时机选择。战略变革时机有三种选择：提前性变革、反应性变革和危机性变革。

组织一旦决定要进行战略变革，就要进一步考虑如何进行变革。为此，需要对问题进行分析，找出症状以及发现问题的实质。并通过分析判断，建立新的战略方案。

3. 战略变革的阻力分析

毫无疑问，变革肯定会遇到阻力，关键是如何克服这些阻力。战略变革的阻力可以分成两类：一类是影响战略的惯性力量；另一类是对变革有意识的阻力。

（1）影响变革的惯性力量——这些力量可以从管理部门的偏好、管理风格和组织文化三方面来分析。管理部门的偏好是指已有的战略和组织结构会造成一种惯性力量，导致对现状产生满足感，对变革的必要性和可接受的变革性缺乏明确的认识。而管理者的管理风格是指已有的管理风格以及建立起来的关系方面的成果会形成一种惯性力量，导致员工抵制扭曲一些有利于战略变革的信息，造成对变革的犹豫不决和变革动力的转移。组织文化是指已有的价值观和信念也会形成一种惯性力量，导致只重视现有的任务和关系，忽视正在变化的环境形势，抵制或扭曲有利于战略变革的信息。

（2）对变革的阻力分析——对变革有意识的阻力来自以下三个方面：①认识上的差别造成的阻力。一些人对战略变革的动因、方式存在异议，他们往往采取到处游说的方法来阻止最初的变革，从而使变革夭折。②承受能力上的阻力。一些人对变革缺乏承受能力，他们往往通过制造推迟变革的理由或转变变革的方向，给变革制造人为的障碍。③出于个人或团体利益造成的阻力。由于变革会带来一些个人或团体利益上的损失，所以这些个人或团体会人为地制造阻力。

4. 战略变革的策略选择

为了减少变革的阻力，必须正确选择变革的策略。一般在选择变革策略时要考虑的主要因素有：战略方案的变革幅度和时间限制；选择的变革时机和当时组织面临的危机程度；实施变革阻力的状况；领导者的能力等。

符合上述分析的情况下，选择合适的变革方案。与此同时，要考虑变革与战略的匹配。例如，美国学者黛布拉·E. 迈耶森教授对此进行了15年的研究，观察了数百位专业人士如何处理这类问题，她发现这些专业人士大都通过悄无声息的工作，采取自下而上的方式推进变革。黛布拉·E. 迈耶森教授总结了经理们平和地推进企业变革的四种渐进方式。

第一种方式被称为“潜移默化的自我表达”，是以着装、办公室格调、行为方式的变化传达出某种信息，使公司员工逐渐地领会并模仿，从而渐渐地改变旧的工作氛围。第二种叫“语言柔术”，借用别人的言辞行为达到自己的目的。第三种，“权变的机会主义”，是指经理们要善于寻找和利用各种机会进行变革，无论推行的变革是短期就可见效的还是具有长期影响力的。第四种就是要善于建立战略同盟，与其他人形成合力，以便有力地推进变革。温和的变革者知道如何因时因地制宜使用这几种方法，灵活地掌握分寸，以真正地改变现状。

综上所述，以开放的思维，认可那些想改变现状的人，并委以重任，通过他们来实现对于公司的改革，通过合作让企业提升竞争能力，这就是一种高明的经营艺术。

第六章　两岸产业在知识创造领域的合作与管理

进入21世纪以来，知识经济时代特征表现得相当明显，这一时代变化速度加快。企业与时代并存，企业的创新改变时代。企业的创新依存于企业战略和知识管理水平。两岸产业合作可通过连接知识供应链上下不同环节，根据需求来设计在创造领域的发展计划，从而提高总体创新能力和竞争力。

因此，本章的目的是一个关于两岸产业在创造战略和知识管理领域合作的研究，提出两岸在高端领域合作的可能性。

第一节　世界范围知识管理的背景与两岸知识领域合作之探析

进入21世纪，全球性产业变革因知识与信息技术的革命性变化如波涛汹涌澎湃而来。而产业变革的核心战略就是制造战略的转变，这种制造战略重点是知性资产和数字通信带来的划时代创造革命。主要表现在以下几个方面：

（1）企业的创造化改变——知识化、信息化和创造化；

（2）社会的创造化改变——网络系统创造化、社会意识形态创造化；

（3）国家的创造化改变——对应创造化时代将国家制造战略转变为创造战略。

新的时代特征正基于以上三个方面在急速变化着，企业要与时代共存共荣，企业创新改变时代，时代也改变企业促使其不断创新。企业创新更依存于企业创造战略和知识创新型的管理。新世纪是一个创造的世纪，企业和国家更应重视创造新的价值。与此同时，消费者的需求也正向高度化、个性化和多样化转变。为适应这种不断变化的需求，创造新价值的管理是重要的。此外，整个社会的就业观也正在发生重大变化——由于年轻一代的知识化，他们更喜欢在保证独立个性的创新型企业就业，在这样的企业年轻人更有成就感，更能激发创造热情。而创造化时代来临正是年轻有为的一代有创造性知识的青年推动的。如今在一个“变化”是唯一不变之因素的经济环境中，知识无疑是企业获得持续竞争优势的源泉。

一、两岸企业的创造化合作——工业化、信息化、知识化与创造化

中国经过30年的改革开放正处于从传统农业社会向工业化社会快速转变之中。与此同时，中国的工业化与西方发达国家工业化有些不同，它是伴随着信息技术的急速进步开始的工业化，可以说是工业化与信息化同步推进，而且信息化快速推动工业化。特别是，这种变化还影响到社会的各个领域，进而影响消费者的消费模式发生剧烈变动。构筑适于这种商务模式的企业制造模式要求必须从根本变革，以适应这种高度化、专业化的业务要求。

（一）知识化与信息化领域的合作

目前，针对这种高度化和专业化的业务变革，世界各国企业正在调整生产方式和生产工艺，这种调整必须包含企业知识化、信息化和创造化的生产与经营，其主要表现为以下方面。

1. 在日益复杂的全球市场中需求导向的创新需求

在日益复杂的全球市场里，产生创新和定制产品以及服务的能力已经很快变成了企业成功与否的决定性因素。这样的变化在很多领域中出现，例如知识和信息、职业和教育以及顾客的需求，等等。

2. 信息和知识成为促进产品和服务发展的新动力

如今我们正在进入“知识社会”，知识已经变成事业成功的决定性因

素之一。企业活动越来越多地依靠知识。随着原材料和空间的意义的逐渐减弱，信息和知识已经在产品和服务的发展中获得了关键地位。

为了创新，现在的知识需要不断地获取和融合。然而，全世界可用的知识和信息的主体是不断增长的，同时知识和信息更新的速度越来越快。与组织和技术的创新相关联，两种类型的信息和知识的利用已经在围绕知识的争论中越来越得到重视。

其一是利用外部的知识——新技术的发展和超级大型公司的扩大已经使得外部潜在的信息和知识更容易被创新组织所利用。然而，为了能够充分利用可用资源的优势，组织和个人不得不学习如何处理那些通过互联网和其他现代化手段或者是社会组织传送的海量信息和知识。

其二是利用隐含的知识——关于知识管理争论的另一个焦点是隐含知识的利用。当知识在创新的组织中出现时，这类知识有特殊的意义。虽然在组织中存在，但是这类知识并不一定能得到。

明确的知识和不明确的知识之间的区别可以列举如下：一方面，信息和知识在编码方面是显而易见的，因此它适合被技术手段代替，比如说局域网或者以往的文件形式。另一方面，在组织成员之中能发现一些知识的类型。这种隐含的知识源于个人的经验，因此不可能立刻得到。

尽管通过全球范围的信息和通信技术使得数据更容易获取，但是中小型企业仍然面对一些可用信息的选择和处理问题。除了通常技术型的明确的知识管理，充分利用企业劳动力资源中的隐含知识成了逐渐受到重视的问题。例如，为什么日本企业在隐性知识的创造方面非常成功？原因很复杂。正如世界各地的制造商向日本学习制造技术一样，任何想具备知识竞争力的企业，也必须向日本学习知识创新技术。日本无论是在科学还是工程上，都致力于在组织、技术和社会层面解决知识管理的问题。

3. 职业和教育的新动向

迄今为止，信息和知识的利用问题已经从知识的角度开始讨论。然而，当考虑竞争发展的时候，知识和信息的利用也变成职业和教育的主题。处理不断增长的信息和知识浪潮的需求已经真正变成了职业、教育和培训的一个首要的挑战。然而，除了这些与知识相关联的潮流，对职业市场的分析也出现了大量与全球化和技术化创新紧密联系的特点：

（1）服务因素的扩大；

（2）有朝着逐渐增多的小型企业发展的趋势；

（3）工作性质具有多重性，生活和工作不断地进行集成；

（4）工作性质不断受到动态变化的制约，终身学习成为一条规范；

（5）学习和工作的过程逐渐集成为一个整体；

（6）多重文化的竞争更为必要。

所有的这些趋势与教育和培训紧密相关。在此基础上，教育需求的特征能够被更加精确地描述。但是，一方面教育和培训的市场已经在很长时间内成为一个卖方市场，另一方面相关的教育和培训还没有意识到基于客户的需求进行市场定位。因此，我们面对着一个日益变宽的鸿沟。鸿沟的一边是想充分利用知识来满足生产创新产品的需求，鸿沟的另一边是提供和传授信息和知识的解决议案。两岸在知识领域里合作的目标就应放在减小这个鸿沟上。

4. 客户需求的新动向

在整个市场中对教育和培训的重新定位并不只是针对客户而言，在全球市场中，客户的个性化需求越来越明显。所以，面向客户需求的组织改革需要更专门和实在的信息。但这不仅对个人，而且对整个市场都是适用的。全球化意味着来自不同市场的具体信息越来越多，其中一部分是地区或国家范围内的信息。将客户和生产一起带进知识领域里是合作的另一个重要方面。

5. 根据需求来进行知识利用的合作

随着信息技术和知识经济的发展，雇用、培训和客户的需求应该被相互关联地考虑。它们使得全球范围内的经济变得更为复杂，从而变得更加难以控制和预测。两岸可以根据需求来进行知识利用的合作。

在当今知识爆炸的时代，创新知识的交流是一个很重要的问题。单独地来解决这个问题也几乎是不可能的。一种可能的解决方法是与边缘学科的参与者组成网络。两岸应寻求建立一个超级网络（云计算平台），以促进和支持客户导向的产品和服务的创新。

换言之，合作的策略是双重的：其一是将知识延伸领域的参与者联系在一起；其二是让它们的活动必须与客户需求导向一致。由这两点可知，通过合作以及对需求导向的知识应用研究，将促进两岸进一步的创新合作。

（二）工业化与创造化领域合作

考虑到21世纪既是工业化创造新产品的时代，又是一个重视创造新价值的创造化时代。消费者的需求常常是个性化和多样化的。顺应这种不断发展的需求，创造新价值的管理也变得重要。下面对日本野村总合研究所关于创造战略的研究中提出的有关4个创造构想进行分析以供两岸合作企业作有价值的参考❶：

1. 有关个人创造、群体创造与企业创造

创造有两种方式，一是凭借个人能力水平进行独创；二是在独创基础上和其他人结成创造小组进行群体创造，再进一步发展到企业创造。在群体和企业中这两种形式的创造要有相应的管理机制。

2. 创造过程

创造过程可分为四个阶段：提出假说、建立模型、概念化、引起共鸣。这四个阶段反映了人类智慧性创造活动的必要性。

3. IGKP 模式

群体创造是把有相同创意观念的人（Icea Generation，IG）、有绝妙想法的创意人（Idea Killer，IK）以及善于发起创意的人（Idea Promoter，IP）组合在一起的一种模式。为了创造 IG 比 IK 处于优先位置的状况，加强培育 IG 和 IP，同时使 IK 相对弱化是重要的。两岸企业合作最重要的是把两边具有 IGKP 的人才组合起来，加强培养使之成为合作的骨干力量。

4. 建立合作的创新体系

作为知识性创造活动，最重要的是建立支持构想和创想的体系——创

❶ ［日］野村总合研究所：《创造的战略》，野村总合研究所情报开发部 1990 年版，第 11～18 页。

新体系。在本研究中，提出两岸共同合作建立起这种创新体系的概念和基本机能，强化在今后的研究和开发中合作的必要性。

今天，把正在进行信息化和工业化的企业进一步地转变成具有创造化的企业，已经变得越来越重要。两岸合作应该追求把员工个人创想和组织创想结合产生创意、共感、共鸣的优势，转变为适合于创造的企业战略、组织、人事、信息管理的经营。在创造化经营中，创想战略、个创性组织、创赏人事以及创想信息交流这四个方面是关键。与前面所说的创造过程的四个阶段相结合，形成16种有效的管理技术。

创想战略是让员工燃起自我实现的欲望并以此作为梦想，构筑可能的创造化梦想行动、经营性的变动设计、实验意向、统合共鸣这四种管理技术是重要的。

个创性组织中假说创想组织、异说诱发组织、突出可能性组织、共鸣的整合这四种管理技术是重要的。

创赏人事是对创造的个人给予高度评价和良好的待遇的人事、热心评价的人事、重视文件的人事、IGKP最适配置的人事、共鸣交流技术的有效。

创想信息交流是根据顾客信息共享、重视自由议论、纯化假说、沟通共鸣的技术知识，假说与假说相互碰撞、假说和异说对立、从融合之中产生创造的管理技术。❶

进入21世纪以来，社会正向创造化迈进。随着改革开放的进一步深化，产业结构调整和环境保护的压力越来越大，加之全球性竞争加剧，两岸在过去成长、进化并想通过合作在新世纪成为优秀企业，期待它们在合作的实践中活用创造方法和创造管理技术实现创造化的经营。

二、大陆产业结构调整与两岸合作企业创造活动的展开

以世界性经济危机为背景，中国采取以扩大内需来稳定增长的宏观经

---

❶ ［日］野村总合研究所编：《创造战略》，野村总合研究所情报开发部1990年版，第3～10页。

济政策。从政策对企业影响的角度看，各个行业受内需扩大影响会带来好的发展势头，各企业也在积极调整生产经营模式。与此同时，大陆地区一系列的雾霾天昭示增长带来的后遗症——环境污染的严重性。保护环境与产业结构调整的双重压力迫使改革刻不容缓。这就说明了中国经济的增长速度要受到一定的影响并可能会放缓，因此，中央提出“促改革、稳增长，调结构”以此来扩大内需促进就业。

在此情况下，随着大陆消费市场的变化，特别是消费者对电子商务大量使用以及相应而来的产品定制增加，势必改变传统的制造理念。消费者更要求个性化和服务化，企业也可以通过满足顾客特定的需求来获取增值收益。然而，这就要求企业从单纯的制造转变为创造与制造相结合。目前许多传统的工业生产战略阻止了企业在竞争环境改变时的反应能力。传统的成本—收益关系发生了变化，消费者在产品的质量、服务、多样性或者功能上提出了相关的高标准，即当想让一件产品在市场中被区分开来时，供货商不得不去适应价格以外的要求。

那些希望在这些条件下成功运行的公司，不得不同时从费用和独特性出发来制定对策。显然，这与传统的战略相抵触。而独特性、环保、费用导向和焦点战略，这些规则将成为未来企业的运作基础。因此，今后企业创造力会成为竞争能力提升的不二法宝。从世界性的制造业的竞争来看，制造战略和创造战略必须同时获得，否则，难以让企业长盛不衰。

多背景竞争战略的成功实践基于批量制造和信息管理的新技术提供的可能性。现在成熟的生产技术使新的批量制造技术（计算机集成制造和柔性制造系统）减少在范围广泛的变量（柔性）与生产费用（生产力）之间的交换。更为重要的，新 IT 技术提供商品和服务的定制与高效生产的组合。在许多例子中，完成背景竞争策略的先决条件是：消费者、生产者、供货商都卷入了电子网络。依据这个背景，电子商务成为决定性的角色。

恰恰这个挑战和创造战略与新生产技术相结合是批量定制的目标，这也给两岸合作提供了新的契机。批量定制是为一个广大而又相联系的市场提供商品与服务的生产，它确实满足匹配于个性化并具有某种产品特征的需求（独特性选择），并且在费用方面，也符合那些标准的成批生产的商品（成本选择）。在个性化处理过程中所收集到的信息，被用来与每个顾客建立持久的个人联系。可以通过多种方法来实现批量定制，但这些方法必须融合个性化的选择，同时保持成本的选择。

从战略的观点来看，批量定制意味着通过定制产生独特性，也不例外地产生创造力。今天批量定制与电子商务的结合提供了新的商务模式和生产战略。研究表明，追求批量定制的公司成功地融合了多种不同的重要任务。它们建立一个经整合过的信息流——不仅覆盖某项交易，而且使用在实现顾客特定要求的过程中采集到的信息来提高它们的知识基础。这些特性可以用信息循环模型来描述（见图 6－1）。

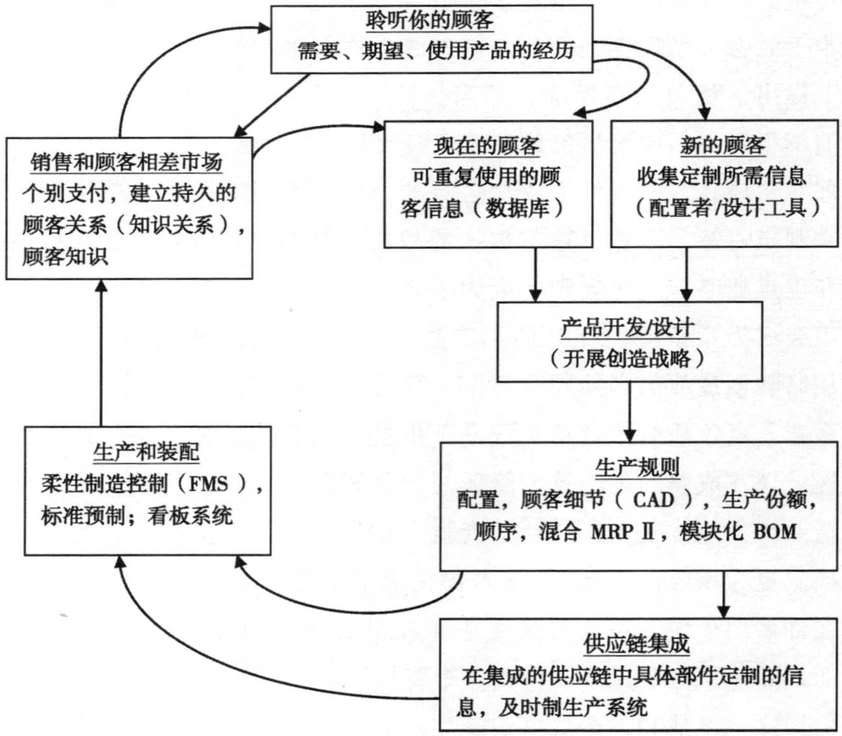

图 6－1　批量定制与制造的信息循环

该模型要处在实施和监控批量定制概念的管理人员的指导之下。像价值链模型一样，它还能提供学术研究进入更深的研究领域，并通过综合下列一些可辨认的任务将研究结构化。

1. 聆听你的顾客

信息流通开始于每个顾客的个性化需求。每个批量定制规划的中心必须是顾客群体对产品需求的信息。尽管批量定制的主要意思是批量定制者不必满足顾客的每个愿望（那将会是处于最初价格的传统的定制），但是，聆听未来的顾客的想法，对于设计一套具有产品变化和个性化选择的产品是非常重要的。一方面它为定制提供充分的使用可能性；另一方面它需要尽可能简单地降低产品的复杂性。

2. 配置

这里主要工作是将用户的愿望转化为有形的产品。这是任何批量定制过程中最重要的环节之一。区分新老顾客是十分重要的。对于新顾客来说，首要的是建立一份关于他们需求和希望的概要资料存入档案库，这份档案将会转化为有关产品的详细说明。在这个阶段，新的技术譬如搜索引擎能提供帮助。为了对固定的顾客进行配置，必须要使用已有的顾客档案资料。老的配置也许仍在使用，但顾客们却想要一些变化。第二批及其以后的销售都要尽可能简单（节省成本和时间）。这是使顾客优先建立信任的最主要的方法。Manbel/Johnson（1999）所作的研究表明，屏幕设计很有可能影响网站用户。这些发现有助于建立所谓“完全信任”的网站。在网站上，配置顾客要求的设计，让顾客先付钱，然后等待，再后就是希望，保证定制的产品合乎顾客的要求。

3. 产品开发/设计

根据顾客自己的设计生产产品或者根据顾客提出的要求由开发团队来发挥创造力，为顾客量身设计产品。在这一过程中，把产品研发和设计模型给顾客看并且与顾客讨论，如果顾客满意就可进入制造规划。

4. 制造规划

常常在步骤2和3中，配置在生产计划中得到检查，以满足顾客发送的具体日期。当订货后，它将转化为具体的制造任务。接着是行程安排。生产任务被转化为可靠的进程单位，由此供货商才能在一些部件的定制中集成起来。注意一旦订货完毕，设计和配置过程就不能再退回进行修改了。在一个成功的批量定制的概念中，消耗时间和费用的反复设计和配置必须减少。

5. 生产和供应链集成

直至这一点，批量定制过程还仅仅是在信息层次上。现在，生产和制造活动开始了。在阶段化的生产设计中，命令必须得到执行。在这个步骤中，信息管理必须注意：在合适的时间、合适的地点对合适的工作作出合适的解释的命令。在更高级的批量定制的概念中，外部的供应商可以集成到定制过程中去。其结果扩展了个性化程度的经济可行性，生产过程的加快，专业化和更快的反馈效果以及柔性制造可引致成本上的节省。同样，在这个过程中信息还是居于中心地位的。在生产厂家之间对顾客特定信息进行传递要集成信息流和共享的应用。

“批量定制需要一个由合作双方彼此关联的独立生产单元组成的动态网络。每个模块都是一个有代表性的特定进程或任务，就好像制造一个给定的汽车零部件，一种独特的焊接方法，或是进行信用检查。根据每个顾客的需求，这些模块相互影响，生产产品和提供服务的方法和时间时常改变。”Pine，Victor，Boynton 对模块化的描述既是针对内部生产过程，也包括外部供货商和销售商。根据特定的顾客订单，“合适”的过程模块被融入顾客特定的价值链中。正像我们在前面讨论和展示的那样，处于这条供应链两边的外部合作者的角色补充了批量定制的独特性和价值选择等类似的东西。

批量定制提供了大量新的机会，同时也面临着极大的挑战。将顾客融入生产过程是定制生产中的显著特征，也是创造战略实施的关键所在。因此知识创造如何反应在创造战略之中，并且让知识嵌入产品结构中去，这也是一种生产史中从来没有的考验。

知识创造和批量定制必须被放在两岸企业合作战略中的重要方面来考

虑，这样才能迎接新的竞争挑战。同样，在知识创造和知识管理领域要有突破性合作，涉及一些敏感的产业（如台湾在电子领域领先的更小的电子芯片，以及重型装备的研发合作）。它们不仅仅为一些合作提供浅层的创新和单独的度量，也为更深层次合作提供机会。合作不仅要求两岸产业关联，还要包括顾客和供应商等整个供应链的集成和运转，这样才能显现创造和制造合作所带来的优势，在大陆产业结构调整过程加强合作并在未来竞争中能够寻找更多的发展机会。

第二节 与创造战略一致的知识领域合作——模型和假设

进入21世纪以来，系统论强烈影响关于过程的管理方式，从市场和客户开始，设法诠释了依照何种程序将原材料加工成为投放市场的最终产品。如今，人们不再关心单一的生产过程，而是关注相互交错的过程。事实上，没有任何过程是一成不变的，它们将不断地发展和变化。制定一个有竞争力的过程需要从整体上进行考虑。随着不确定性的增加，会出现各种各样的新问题。弗里乔夫·卡普拉（Fritjof Capra）是一位美国的系统论学者，他号召企业在工作模式和价值观念上进行转变。根据他的理论，维持而非盲目扩张，合作而非敌对，强调质量而非数量以及最终建立合作伙伴关系而非统治与被统治关系才是竞争中最有利的优势。而这种优势正是任何希望在充满了不确定性因素和激烈竞争的市场中生存下来的企业所必需的。

在西方国家，中小型企业正在建立合作的关系（包括战略性生产合作）。从全局上理解，建立合作关系将会促进建立亲密伙伴关系，促进达成相互信任以及技术共享。而这将有助于整个组织在最低的风险下运行并且具有很强的竞争力。亚琛大学控制论教授克劳斯·享尼希（Klaus Henning）将这一观点归结在新模式的三个论点中：

（1）平衡各种竞争关系；

（2）拓宽思路，学会在交织的进程中作全局考虑；

（3）要从长期利益出发制定发展方针，而不是只看到局部利益。[1]

因此，为了从竞争中胜出，两岸产业必须在知识创造领域内找到进一步加深合作的方法、技术与模式，提高其区域整体竞争力。通过对上述问题的思考，两岸通过共享知识和技术建立战略性合作关系，并尽力在知识领域合作来提高竞争力也许能提供解决方法。

随着信息技术和知识经济的不断发展，雇佣、培训和客户的需求应该被相互关联地加以考虑。虽然说这样一来会使得区域范围内的经济变得更为复杂，从而变得更难以控制和预测，但掌控得好可以为企业在未来占领市场的制高点赢得机会。

两岸创新知识的交流在这种知识变化很快的年代成为一个很重要的研究课题，单独一方来解决都是不可能的。解决办法是合作优势互补，共同交流，两岸要寻求建立一个超级网络，以促进和支持企业以客户为导向的产品和服务的创新和大数据的处理。换言之，本研究的策略是双重的：将两岸知识延伸领域的参与者联系在一起；它们的活动必须与企业和客户需求导向一致。由这两点性质可知通过合作以及需求导向的知识应用，促进两岸进一步的融合。其模型如下：

图6－2说明了我们在知识市场上的观点，它展示了“沿着知识供应链进行合作的新模式”：知识延伸领域通过超级组织化的网络系统合作将整个区域有用的信息和知识转化为企业创造、定制和制造产品与服务。三组参与者都包含在这个超级组织化网络系统的知识转化进程中：

（1）供给信息和知识服务——信息和知识服务提供商（IKSP），如研究所、大学、出版社、软件开发商或者基于云模式的网络数据处理系统的代理服务。

（2）教育与培训机构——ETI，如公立和私立的教育机构以及所有咨询机构，它们位于供应链的中间，它们实际上在知识管理中占据着重要的

[1] 郑力、［德］Frank Possel-Doelden 编著：《合作制造方法、技术与应用》，清华大学出版社2003年版，第5、366页。

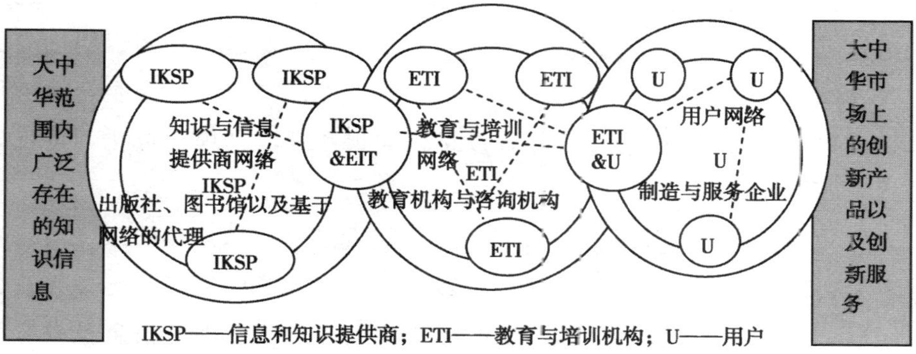

图 6－2　与知识供应链一致的合作模式

战略位置——它们是知识的供应商和需求者之间的连接纽带。

（3）用户——用户（U），如生产与服务的企业，位于该供应链的需求方，寻求发展创新产品和服务。

沿着知识链进行合作的上述模式中，参与的三方有着紧密连接的关系。在德国联邦科研与教育部（SENEKA）针对与上述模型一致的模型的测试表明了该模型怎样对知识和组织网络进行管理的，两个焦点都涉及组织及技术方面的内容：（1）对知识的管理与专业知识的传递并不是同步的，它也涉及对结构的建立、过程及能力的处理，这些都与基于经验的隐含知识的利用有关。（2）网络的管理包含了怎样形成和建立社会网络以及怎样在技术上支持它的问题。

依照该模式的理论背景，在知识市场中的当前位置可以通过以下假定再现它的特征：

（1）把系统作为整体，在知识市场中各组之间的合作和集成的程度是不高的。整个协作程度和综合组间及组内的知识市场的参与者是不发达的。各阶段的知识转化的潜在同步性并没有开发出来，并且在系统中仍然存在着大量的知识冗余。

（2）在供应链的供给方，在信息和知识服务提供方面缺少客户个性化的编辑及咨询功能，因此它们的产品和服务是孤立的，很难鉴别和使用。

(3) 在供应链的中间阶段，教育市场展示了一个压倒性的供给服务。无论如何，这些服务是面向供应商而非需求者，就像信息和知识提供商的位置。作为一个知识供给链的中心成员，教育工作者有责任为企业捆绑信息以及知识、联结每个企业，并且以转化知识和学习进程为催化剂增强职工技能。

(4) 在供应链的需求方，我们面对的位置是，在信息供给服务与教育管理间缺乏适当的联系界面，以此来转化对这个问题的识别，选择并获得与用户有关的知识。没有巨额开支，用户将无法访问众多的信息及教育服务。缺少导向、帮助、清晰的界面、面向任务的结构、评估工具，不能把观点向概念化上进行转化等，这些缺陷阻止了深入使用内部和外部的知识以及获取世界范围内存在的信息。❶

这些假设能够指导该模型更好地运作。在实践中如何让上述模式工作得更理想，需要进一步深化知识，建立更完善的网络系统来达到目标。在下两节中我们将详细加以讨论。

第三节　两岸合作建立云计算平台支撑创造战略的实施

云计算是基于互联网的相关服务的增加、使用和交付模式，通常涉及通过互联网来提供动态易扩展且经常是虚拟化的资源。云是网络的一种比喻说法。过去在图中往往用云来表示电信网，后来也用来表示互联网和底层基础设施。

云计算概念在范围上分为广义和狭义。狭义云计算指 IT 基础设施的交付和使用模式，指通过网络以按需、易扩展的方式获得所需资源；广义云计算指服务的交付和使用模式，指通过网络以按需、易扩展的方式获得所需服务。它意味着计算能力也可作为一种商品通过互联网进行流通。

根据美国国家标准与技术研究院（NIST）定义：云计算是一种按使用

❶ ［日］野中郁次郎："知识创新型管理"，载《哈佛商业评论》1991 年 11/12 月号。

量付费的模式，这种模式提供可用的、便捷的、按需的网络访问，进入可配置的计算资源共享池（资源包括网络，服务器，存储，应用软件，服务），这些资源能够被快速提供，只需投入很少的管理工作，或与服务供应商进行很少的交互。

云计算是继20世纪80年代大型计算机到客户端—服务器的大转变之后的又一种巨变。云计算（Cloud Computing）是分布式计算（Distributed Computing）、并行计算（Parallel Computing）、效用计算（Utility Computing）、网络存储（Network Storage Technologies）、虚拟化（Virtualization）、负载均衡（Load Balance）等传统计算机和网络技术发展融合的产物。通过使计算分布在大量的分布式计算机上，而非本地计算机或远程服务器中，企业数据中心的运行将与互联网更相似。这使得企业能够将资源切换到所需要的应用上，根据需求访问计算机和存储系统。好比是从古老的单台发电机模式转向了电厂集中供电的模式。它意味着计算能力也可以作为一种商品进行流通，就像煤气、水电一样，取用方便，费用低廉。最大的不同在于，它是通过互联网进行传输的。[1]

“云计算”概念现在被大量运用到生产环境中，国内的“阿里云”、“百度云”与云谷公司的XenSystem，以及在国外已经非常成熟的Intel和IBM，各种“云计算”的应用服务范围正日渐扩大，今后对企业和社会的影响力难以估量。

尽管如此，但云计算平台由于正处于建设发展之中，对其概念与功能的理解有所差异。围绕着上面模型的扩展和为知识创造服务，两岸应就未来的云计算平台构建进行广泛深入合作，因为创造和制造需要处理大量的数据，为两岸在知识领域合作提供一个大型数据处理平台势在必行。在这方面，台湾在硬件方面世界领先，而大陆在软件方面有大量人才，双方合作可优势互补，在核心技术开发方面进行通力合作（包括编程模式；海量数据分布存储技术；海量数据挖掘与管理技术；虚拟化技术；云计算平台

[1] 云计算背景与内容介绍：http//www. baidu. com，2014年2月12日访问。

管理技术）。建立一个功能齐全、数据处理正确快捷的云计算平台，在实践中，应为企业创造和制造提供如下功能。

1. 快速而准确地进行大数据传输与处理

大数据（big data），或称海量资料，指的是所涉及的资料量规模巨大到无法通过目前主流软件工具，在合理时间内达到撷取、管理、处理，并整理成为帮助企业经营决策更积极目的的资讯。在维克托·迈尔—舍恩伯格及肯尼斯·库克耶编写的《大数据时代》中大数据指不用随机分析法（抽样调查）这样的捷径，而采用所有数据的方法。大数据的4V特点：Volume（大量）、Velocity（高速）、Variety（多样）、Value（价值）。

从技术上看，大数据与云计算的关系就像一枚硬币的正反面一样密不可分。大数据必然无法用单台的计算机进行处理，必须采用分布式计算架构。它的特色在于对海量数据的挖掘，但它必须依托云计算的分布式处理、分布式数据库、云存储和/或虚拟化技术。两岸企业创造和制造所涉及的研发、设计以及制造等的数据处理量大且要求传输快速而准确。因此，只有云计算平台才能提供支持，大数据处理将是知识合作越来越多的关注焦点。

2. 强区域设计

在云计算平台的设计中必须考虑到区域的优先权问题，它展示在大中华区域的企业网络和它们围绕的云平台的结合将区域发展作为支撑，并在未来向全球扩展工作的功能。

3. 云平台管理趋向职业化

基于现实经验的考虑，为了进一步提高今后两岸产业向虚拟化、知识化合作运作，一些管理应该被职业化，尤其是如今的高级经济管理人才和技术人才还不够专业。因此，两岸打造云计算管理平台同时建立一个新的虚拟企业的联盟，以从一个更高的角度去处理分配和运营。如图6-3所示。虚拟企业联盟和云平台将是未来企业合作的核心组织。它的功能已不再仅仅是合作生产的中介，而是创造与服务的深化。

4. 虚拟研究所

网络参与者的个体开发。未来的企业创造和制造是包括企业员工、顾

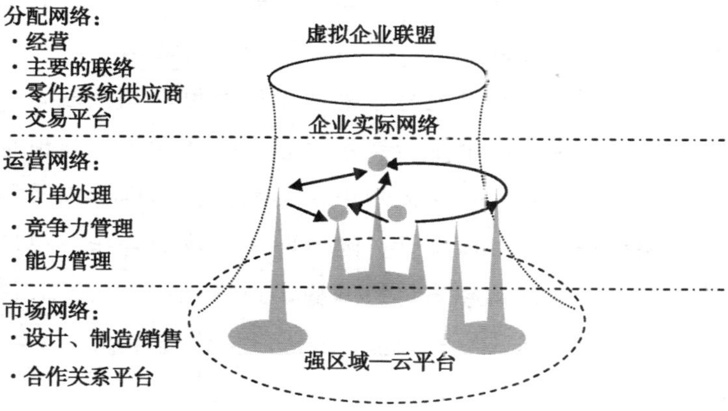

图 6－3　云平台与虚拟企业联盟的发展

客、企业研发人员以及供应商一起在网络系统中工作。他们必须在一个被信息技术和知识管理进程所支配的越来越复杂的企业现实中工作作准备。充分的培训措施使企业将知识应用到将要或者已经发展的组织中去。

5. 知识管理与创新管理

知识管理为创造战略提供定制信息、概念化产品、制造方法与手段的开发。创新管理为不同级别的改革进程（如整个企业的、局部区域的以及企业与客户之间的接口）受到新形式的产品和服务的支持。客户不断地集成到创新过程中，在这种环境下创新管理将起关键作用。

结　论

两岸在创造和知识管理领域的合作就是促进参与者进行面向需求能力的创新，以及推动虚假联盟传送的结果。正因为如此，不同类型的各种信息和知识将通过各种措施来得到应用，包括知识管理、高级别合作以及按需制造等高层次的创造和制造战略的规划与研究，创造学习型组织。方法、服务和技能只要有需求就可以通过合作创造出来。知识型产业的关键是要将参与者集成到一个灵活、多变、适应性强的网络系统的服务中。通过参与者的联网（使用者、教育管理者、研究所以及信息服务提供者）——云计算平台，共同协作的显著影响可以体现出来，并且有关联的工作组之间的协作也会进一步得到加强。

云计算和大数据处理平台就是未来两岸产业可以相互联系、工作和一块学习的一个平台，也是一个基于技术信息交换和管理的虚拟企业联盟的平台。不但如此，它还是一个支持知识密集型创新和创造以及制造的复杂而能力多样的网络平台。可以预计，随着两岸产业的合作向更广泛更深入的领域发展，大中华地区的经济将持续稳定地增长，给两岸人民带来更多的福祉，促进两岸经济和政治的融合，推进一体化进程。

第七章　区域经济整合与经济一体化实践

近几年来，全球经济中一个值得注意的倾向是朝着区域经济整合方向加速推进，并出现不同程度的区域整合。所谓区域经济整合，指的是一个地理区域内的国家或地区为降低关税并最终取消关税和非关税壁垒，达到国家（地区）间商品、服务和生产要素的自由流动而达成的协议或协定。过去几年中，区域性的协议出现前所未有的增长。世界贸易组织（WTO）要求其成员向其通报相关的成员方所参加的任何区域贸易协定。到2002年，WTO的几乎所有成员方都向该机构通报参加了一个或更多的区域贸易协定。1948～1994年，通报到关税与贸易总协定（GATT）或其后续者WTO的区域贸易协定有124个。自从1995年WTO的建立，又新达成100多个区域贸易协定，包括关于商品或服务贸易的协定。与此发展相适应，大中华地区也在进行经济整合，包括大陆与台湾地区签署ECFA协定和大陆与香港特别行政区签署CIPA协定，这些协定旨在加快大华区域经济整合的步伐和整合水平，实现区域经济的一体化。

与国际贸易理论，尤其是比较优势理论的预测一致，人们相信，旨在促进区域内更为自由的贸易的那些协定可以使所有成员的国家或地区从贸易中得到更大的利益。正如我们所知道的，从关贸总协定（GATT）到其后继者世界贸易组织（WTO）都在寻求降低关税壁垒。与此同时，这些WTO的成员也通过加入区域协定来进一步降低关税壁垒。在目前所有区域型组织中，没有哪个地方的区域整合比欧洲更为成功。因此，两岸要想进一步推动经济合作水平，必须有进行经济整合的决心，迈向更高程度的整合水平，实现大中华区域经济一体化。那么，如何进行进一步的整合？有哪些影响因素必须清除呢？整合的好处有哪些呢？下面，我们从理论分析开始，并吸收其他区域整合的成功经验，提出大中华区域经济整合的思路和看法。

第一节　国际贸易和投资的相关理论

从马可·波罗穿越荒野探索未知的东方世界，到欧洲共同体以及北美（美、加、墨）自由贸易区的建立等，尽管时代在不断变迁，但是，有关国际自由贸易的争论、疑问、成本和收益等众多问题从来没有发生过任何根本性的变化。问题的核心仍然在于——作为卖方，一个国家和企业通过提供本国生产的产品，满足另一个国家买方的需要，它们将获得哪些收益，需要承担哪些风险？

有关国际贸易和投资的原因和方式一直在探讨，尽管理论和理论家们会随着时间的推移来来往往，但是以下几个最基本的问题却一直主宰着整个学术界：

（1）国家为什么需要进行贸易？

（2）是国家在进行贸易还是企业或公司在进行贸易？

（3）形成一个国家、行业和公司、企业竞争力的基本要素是否来自这个国家的某些内在因素或者要素禀赋？这些要素是否会随着时间与环境的变化而变化？

（4）企业和国家战略能否从商业利益的角度出发，对这些竞争能力的来源加以控制和管理？

（5）经济全球化和区域化的好处有哪些？又有哪些坏处？

的确，人们希望通过国际贸易改善一个国家的劳动生产率和人民的福利水平。在这里，我们需要从理论到实践来理解相关的问题。

一、国际贸易理论概述

贸易之所以能够发展到今天我们所看到的各种形式，从经济发展史的角度来看，这反映了以下三个基本事件：封建主义社会的崩溃，重商主义哲学的出现以及资本主义国家诞生推动大机器生产所带来为过剩产品寻找市场所推动的自由贸易。封建主义的农业经济是一个自给自足的社会经济形式，在这个社会里，所有的需求还远未达到可以通过内部交换得以满足，因而不需要进行贸易。中国一直到清朝末期所发生的鸦片战争打开国门前，封建王朝就一直如此。尽管按照我们今天的观点来看，当时的需要还远未达到生活水平的“充足”，但是我们必须意识到，封建社会所谓的自给自足仅仅是狭义上的满足，因为他们实际上为自己提供的物品种类是非常有限的。他们的需要仅仅局限于食品和房屋，所有劳动力都致力于满足这些最基本的生活需求。随着商业和手工业的出现，市场进入了人们的视野，旅游者开始在远离自己家园的地区交换产品，在这个时候人们开始感受到贸易的魅力。

在工业革命之前的几个世纪里，国际商业活动在很大程度上是在政府的授权下进行的。因此，贸易的目的也就是政府的目的。早在1500年，欧洲人就已经通过贸易获得了巨大的利益：为了创建自己的殖民地体系，欧洲的单一民族国家不断扩张自己的势力范围。为维持和扩大他们对殖民地财产的控制，欧洲国家需要动用自己的军队、舰队以及他们所掌握的资源。他们需要的是财富，财富是强国之本。因此，贸易完全是为了满足增加政府财政收入的目的，这种贸易方式使他们以最小的代价获得了最大的利益，但是却严重伤害了被压迫的贸易伙伴的利益。尽管殖民主义体系总是与对这些被压迫社会的剥削联系在一起，却和欧洲国家之间进行的商品交换同步发展起来，从而形成了所谓的重商主义及其理论体系。

重商主义把通过贸易进行的商品交换与财富的积累结合在一起。由于政府控制着商业的运行模式，因此，一切商业活动以货币（金银）的积累为最终目的。所以政府会想方设法采取控制进口的政策和手段。由于通过出口可以获得更多的金币，因此人们认为跨越国界进行的贸易——出口——有利于本国经济的发展。政府对许多商品的进口实施进口关税和出口补贴以及直接限制进口的政策，从而实现出口收益的最大化，并弥补进口成本。政府通过法律把携带金币和银币出国规定为非法活动，即使这些货币是用于购买本国生产所必不可少的进口商品也毫不例外。这是一种单向的贸易，是一种在欲望和权利驱使下的贸易。

毫无疑问，重商主义的前提是既定的社会阶级结构和社会产品的分配形式。随着工业革命为人们带来了机器化大生产所特有的规模经济效益、成本的降低以及各种商品供给的增加，它们对殖民地和贸易伙伴的剥削也宣告寿终正寝。然而，政府仍然需要通过自己的权力和地位对贸易施加影响和控制。这必然引起国家间有关贸易的争议，自然引来了对相关政府政策的批评。这就产生了古典贸易理论，并随着世界贸易的不断扩大，理论也从小树长成了参天大树（见图7-1）。

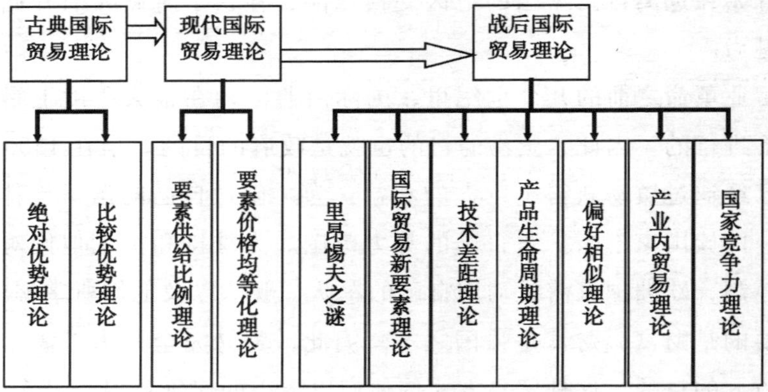

图7-1 国际贸易理论体系的形成与发展

（一）古典国际贸易理论

国家为什么进行贸易是一个很难回答的问题。从18世纪后半叶以来，学者们不仅需要理解国际贸易的创新和收益，而且还希望能够解释：在同样的贸易中，为什么有些国家的发展速度快，创造的财富多，而有的国家则相反。回顾重商主义之后的贸易理论的发展道路，尽管这些理论在形式上过于简化，条件上过于苛刻，但是它们却反映了过去两个多世纪以来各种贸易理论发展的方向和思路，同时也暗含着当代贸易理论发展趋势的雏形：人们越来越多地把关注点从国家层面转移到公司层面，从生产成本转移到市场总体，从完全市场转移到不完全市场。下面我们逐一介绍相关理论内容。

1. 绝对优势理论

这一理论的代表人物就是被称为当代经济学之父的亚当·斯密于1776年出版的名著《国富论》中的相关论述，其基本思想是每一个国家都应该生产具有绝对优势的产品，去交换本国必需的但自己生产又处于绝对不利地位的产品，从而使本国的土地、劳动和资本得到最有效的利用，以此来提高本国的劳动生产率，增加本国的社会财富。

虽然亚当·斯密的著作对于有关贸易与生产的经济理论的发展具有重要的指导意义，但是它却没有回答有关贸易的某些基础性问题。首先，斯密的理论建立在一个国家拥有生产的绝对优势的基础之上，但是却没有解释哪些原因形成了这种生产的绝对优势。其次，如果一个国家在任何一种产品中都不具有绝对优势，那么这个国家是否还能够进行贸易或者说是否愿意进行贸易？这是斯密没有回答的问题，大卫·李嘉图在此基础上给予了回答，这就是比较优势理论。

2. 比较优势理论

大卫·李嘉图在1819年完成的著作《政治经济与赋税原理》一书中，对亚当·斯密提出的基本理论作了进一步的发展。比较优势理论的基本思想是，在国际分工中，如果两国生产力不等，甲国生产任何一种商品的成本均低于乙国，处于绝对优势；而乙国的劳动生产率在任何商品的生产中均低于甲国，处于绝对劣势，这时两国仍存在进行贸易的可能性。即遵循“两利相权取其重，两害相权取其轻”的原则。如果一个国家在本国生产一种产品的机会成本低于在其他国家生产该产品的机会成本，则这个国家具有生产该产品的比较优势。

在很大程度上，古典的国际贸易理论有助于解释生产和贸易在世界经济中的运行方式。与其他所有经济理论一样，人们也经常指责这些理论缺乏现实性或者过时了，但是，我们必须意识到，理论的最终目的是对复杂的现实状况进行简化，以便于我们可以从中发现符合逻辑的最基本要素。

古典的国际贸易理论几个方面的简化为我们更好地理解国际商务提供了新的手段：一是劳动分工。斯密使用前工业社会的劳动小时数对工业社会增加产出的方式进行了解释，他的理论直至今天仍然是指导我们思考和分析问题的基本原则。他把工人的分工进一步扩展到了国家之间的分工。二是比较优势。大卫·李嘉图对斯密的理论又作了进一步扩展，第一次向人们揭示了一个没有任何明显优势的国家，仍然可以在它最擅长的产品方面进行专业化生产，并通过贸易获得这个国家不能生产的产品。三是贸易收益。比较优势理论指出，一个国家可以通过国际贸易改善这个国家居民的整体福利水平。国家完全可以在超越其自身生产可能性曲线外进行消费。到目前为止，这仍是所有国家为实现国际贸易的扩大和自由化而不懈努力的基本指导思想，并推动贸易理论不断发展。

（二）现代国际贸易理论（要素禀赋理论又称为“H－O”理论）

国际贸易理论在20世纪的上半叶发生了巨大的变化。由瑞典经济学家艾利·赫克歇尔提出并由他以前的学生伯第尔·俄林作了进一步扩展的理论——要素禀赋理论（factor proportions theoty），到目前为止仍是国际贸易领域被人们所广泛接受的理论。其理论体系通过四方面的假设：要素禀赋理论假设世界上只有两个国家两种产品和两种要素，就是所谓的2×2×2假设；生产资料市场和产品市场都是完全竞争的市场；随着产品产量的增加会出现收益递减现象；两个国家都采用相同的技术进行生产。由此形成的理论有两部分构成。

（1）要素供给比例理论——商品价格的国际绝对差异是国际贸易的直接原因；各国商品价格比例不同是国际贸易产生的必要条件；各国商品价格比例不同是由要素价格比例不同决定的；要素价格比例不同是由要素供给比例不同决定的；一国出口的是本国丰富要素所生产的商品，进口的是本国稀缺要素所生产的商品。

（2）要素价格均等化理论——在自由贸易条件下，国际间的商品流动不仅会使各国商品价格均等化，而且会使各国的生产要素价格趋于均等化。

尽管该理论有许多假设，从此以后，贸易理论的变化在很大程度上可以说是随着现实世界的变化，导致上述假设中的一个或若干个条件不再成立的前提下，对贸易的变化形式进行分析和研究，并形成了若干战后国际贸易理论的发展。

（三）战后国际贸易理论

20 世纪 50 年代，作为对经济与商业理论进行的最著名的检验，就是经济学家里昂惕夫对美国进口和出口商品的要素禀赋构成进行解释。发现了美国经济与“H－O”理论并不相符，这导致了里昂惕夫之谜（或者称为悖论）。关于这一谜题的解释促进了一系列战后贸易理论的形成和发展。

1. 里昂惕夫之谜

美国经济学家里昂惕夫 1953 年用投入—产出模型对美国 20 世纪 40 年代和 50 年代的对外贸易情况进行分析，考察了美国出口产品的资本—劳动比和美国进口替代产品中的资本—劳动比，发现美国参加国际分工是建立在劳动密集型专业分工基础之上的（出口产品中的资本—劳动比低于进口替代产品）。这一结果恰与俄林的要素赋予论相悖，引起了经济学界和国际贸易界的巨大争议。学术界对此进行了探讨和解释。

对里昂惕夫之谜的解释如下：劳动力不同质；要素密集度逆转；存在关税及贸易壁垒；自然资源稀缺等；并由此产生了其他的贸易理论。

2. 国际贸易新要素理论

（1）人力资本理论——它认为人力资本是劳动力与资本结合而形成的一种新的生产要素。人们通过对劳动力进行投资，可以提高其素质，从而影响一国参与国际分工的比较优势。

（2）研究与开发（R&D）理论——它认为研究与开发也是一种生产要素。一个国家在研究与开发中投入的资金越多，其生产产品的知识和技术密集度就越高。

（3）信息要素理论——它认为信息是可以创造价值并能进行交换的无形资源，是现代生产要素的组成部分，占有信息便会产生贸易；信息本身同时又是可以交换的商品，且是一种无限的资源，占据信息意味着比较优势的改变，可以促进一国贸易格局的变化。

3. 技术差距理论

技术差距理论由美国经济学家波斯纳1961年在《国际贸易和技术变化》一文中首次提出。该理论是以科学发明、技术创新的推广过程来解释国际贸易的发生和发展。先进国家利用对新产品的技术控制，保持领先地位，在国际贸易中获得比较利益。随着新技术向国外转移，其他国家开始模仿生产并不断加以扩大，创新国的比较优势逐步丧失，出口下降，以至最终退出出口。

4. 产品生命周期理论

美国学者弗农和威尔士将产品生命周期（产生、成长、成熟、衰退）理论运用到国际贸易理论分析中，他们把产品生命周期划分为美国对某一种新产品具有出口垄断、外国生产者开始生产、外国产品在出口市场进行竞争和美国进口四个阶段。这一理论成为第二次世界大战后解释工业制成品贸易的著名理论。

5. 偏好相似理论

该理论的主要观点：

（1）产品的出口建立在国内需求的基础之上，每个国家都存在一个代表性的需求水平，表明一国平均的收入水平。与这种收入水平相应的代表性消费品是各国消费品产业发展的主导。企业生产的产品只有符合大多数消费者的需要，其生产才容易达到规模经济，从而有助于企业获得较高的利润率。

（2）两个国家的需求结构越相似，贸易量就越大。就某个国家而言，由于收入水平的差异，其需求水平也必然有差异。因此一国专门生产某一个代表性需求层次上的商品，就意味着它不能满足本国其他收入水平消费者对同类产品的消费。国际贸易可以解决各国生产者在某个层次产品的生产上达到规模经济和满足不同收入消费者消费需要的矛盾。即各国可以专门生产本国代表性需求产品，并出口这种产品，同时分别从不同的国家进口其他国家生产的产品，用来满足本国其他收入层次消费者的需要。

6. 产业内贸易理论

该理论认为，同类产品（第二产业内的产品）之间的国际贸易量增加，一国一方面出口工业产品，另一方面大量进口相似工业品，又称双向贸易。其主要原因是产量达到一定水平 Q_B 以后，LAC 上升，所以不是继续提高生产而是从国外进口将变得更为有利（见图 7-2）。

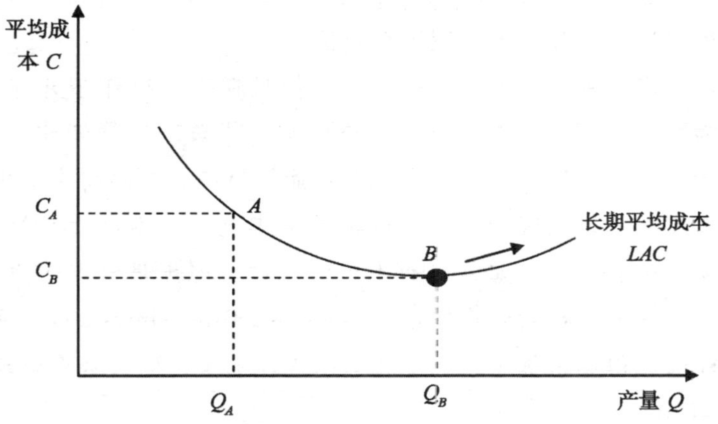

图 7-2　规模经济平均成本曲线

7. 国家竞争力理论

该理论由哈佛商学院的迈克尔·波特提出，也被称为波特的钻石理论（Porter's Diamond），主要研究一个国家为什么能在某一领域取得领先地位。

波特强调，创新是提高竞争力的源泉。这与我们在过去 30 多年中的亲身体会完全一致：人们越来越把重点放在行业和产品上。承认国家的作用“越来越重要”对于很多人来说，意味着他们开始重新认识到政府的积极作用，以及从国家层面上分析行业在促进国际竞争力方面的作用。波特把要素条件视为一种成本构成，把需求条件视为公司行为的原动力，同时他还把所有这些条件和竞争能力联系在一起。因而我们可以说，他的理论涵盖了各种古典观点中的一切要素，包括古典生产要素理论、要素禀赋理论、产品周期理论和不完全竞争理论。通过这种方式，他向我们展示了公司在

21世纪所面临的挑战和机会。[1]

二、国际投资理论概述

贸易是指一个国家把自己生产的商品和服务出售给其他国家的消费者。实际上，无论是国内贸易还是国际贸易，贸易的对象都是生产者和消费者而不是国家。因此，任何企业都必须进入市场，并拉近与消费者的距离。一个生产性企业一方面可以利用自己的竞争优势取得发展和获得利润，另一方面也可以通过国际投资实现这个目标。

从理论上讲，进行投资似乎很容易，但是在实际操作中并非是一帆风顺的，因为有许多障碍可能阻止直接进行国际投资。尽管如此，我们通过在另一个国家进行生产等方法，完全有可能绕过所有的障碍来实现。

国际投资之所以出现的根本原因在于资本这一要素的流动性。虽然许多传统贸易理论假设生产要素具有不可流动性，但正是资本的流动性才使我们能够跨越国界进行对外直接投资（Foreing Direct Investment，FDI），只要在那里能够获得竞争优势，资本就会出现在那里，而且必将出现在那里。

（一）FDI理论

FDI关于企业行为理论的含义很简单。这些理论从三个相互补充的视角探讨FDI现象。一些理论试图解释在其他两种选择（出口和许可证）也是可能的情况下，为什么一个企业会选择直接投资作为进入外国市场的一种手段；另外一些理论试图解释为什么相同行业的企业常常在相同的时间进行FDI，为什么某些特定地点比其他地点更易被选做FDI的目标？这些理论试图解释所有观察到的FDI流动的模式；第三种理论观点，被称之为折中范例（eclectic paradigm），试图把上述两种观点结合起来对FDI进行单一的整体解释。

1. 为什么进行FDI

一个企业或公司之所以跨越国界进行发展，其目的在于寻求利润和进

---

[1] ［美］迈克尔·波特著，李明轩、邱如美译，郑风田校：《国家竞争优势》，华夏出版社2002年版，第66～122页。

一步发展的机遇。因此作为寻求者的公司通过 FDI 可以获得如下优势：

（1）寻找资源——毫无疑问，进行 FDI 的主要目的在于为自己的生产寻求稀缺性自然资源。例如，跨国公司对中东的石油投资，就是建立永久性生产机构，其目的在于获得核心性的经营资源。

（2）寻求要素优势——进行生产所必需的自然资源通常需要与生产所在国的其他内在优势结合在一起才能发挥作用。在古典贸易理论中，追求低成本劳动力的动机促使公司把生产转移到具有要素优势的地方。

（3）寻求知识——公司也可以收购其他国家的企业，以获得这些企业所拥有的技术或竞争能力。另一方面也可以把公司建立在特定行业的聚集区，如意大利米兰的制鞋工业和美国加利福尼亚硅谷的半导体工业就是这样。

（4）寻求安全性——为了获得政治上的稳定性和安全性，公司需要不断在国际间转移自己的经营。例如，根据《北美贸易协定》，在美国、加拿大和墨西哥本国的大力支持下，进入墨西哥的 FDI 显著增加。

（5）寻找市场——毫无疑问，这绝对不是一个无足轻重的动机，获得并维护市场对于跨国公司来说具有非常重要的意义。根据林德原理，公司可以在国内市场学习经验，并在国际市场中动用这些经验，而波特也认为，国内市场的特性对国际竞争能力具有指导意义。因此，进入国外市场是绝对必要的。

与此同时，公司还可以利用市场的不完全竞争性获得能力，实现利润最大化：

（6）市场进入的不完全性——许多发展中国家一直通过限制竞争性产品对本国产业进行保护，从而允许国内缺乏竞争力的小公司得以不断发展——这就是进口替代政策。因此跨国公司需要在这些国家建立自己的生产机构，以进入这些国家的市场，只有这样才能有效地逃避关税制约。

（7）要素流动的不完全性——对于各种比较优势的来源，跨国公司可以加以利用，这些来源包括低成本的资源或者要素——它们通常处于不发达国家或对劳动力和资本加以限制的国家。因此，资本的流动性与低成本劳动力的非流动性相互结合是过去30年中国成为跨国公司直接投资地区的最突出特点。

（8）管理的不完全性——跨国公司是否能成功地利用或者说管理这些不完全性，仍然依赖于它们获得这种优势的能力。国际市场优势或者市场能力的含义与国内市场并没有什么大的区别：成本优势、规模经济、范围经济、产品差异化、资金来源和能力、管理或营销技能以及知识。

所有上述条件构成了一个公司进行FDI获得竞争能力的关键。为了正确理解国际投资的复杂性与国际投资成本，跨国公司必须认识到这些要素常常会采取不同的表现形式。

2. FDI的模式

同一行业的企业常常在差不多相同的时间进行对外直接投资。这些企业还有一种针对某些特定地区直接进行投资活动的明显倾向。原因有以下几方面。

（1）战略行为——一种解释FDI模式理论是基于这样的观点：FDI的流量是全球市场企业之间战略竞争的反映。这一论点的最早形式由F. T. 尼可尔波克尔（F. T. Knickerbocker）提出，他从寡头垄断行业考察了FDI与竞争的关系。寡头之间可以相互模仿，模仿的行为导致FDI。对美国企业的一些研究表明，以寡头垄断行业为基础的企业的确会效仿彼此的FDI。尼可尔波克尔的理论可以延伸到包括多点式竞争的概念。当两个或更多的企业在不同地区、不同国家的市场或不同行业相互遭遇时就会出现多点竞争。经济理论指出：就像棋类选手移动棋子，寻找优势一样，企业也会试图在不同的市场追赶彼此的行动，以图控制对方。由此产生的利润来补贴在其他市场的竞争性进攻，并以此获得优势地位。

（2）产品生命周期——这一论点来自弗农的产品生命周期理论。他的理论也解释了FDI的跨时模式。弗农提出，在很多情况下，在国外设立机构，生产产品在当地市场消费或输出到其他市场，常常由在本国市场开发该产品的那家企业或几家企业进行。企业在它们所开发的产品生命周期的特定阶段进行FDI。因此，一旦国外市场大到足以支持在当地生产时，FDI

就会发生。这限制了该理论的解释能力和它对商业的效用，因为它不能确定何时到国外投资是有利的。

(3) 折中范例（the eclectic paradigm）——该理论一直受到英国经济学家约翰·邓宁（John Dunning）的支持。邓宁指出，除了上述讨论的各种因素之外，地域特有优势在解释 FDI 的理由以及方向也起着相当重要的作用。所谓地域特有优势，邓宁指的是利用与特定外国地点相联系的资源禀赋或资产而产生的优势，企业发现值得把这些资产与自己的独有资产结合起来。邓宁接受国际化理论的观点，认为企业很难把自己独有的能力和技术许可出去。因此，他提出，要把地域特有的资产或资源禀赋与企业自己独有的能力结合起来，常常需要进行 FDI。因此，邓宁的理论似乎是对上述要点的有用补充，它帮助解释了地域因素是如何影响 FDI 方向的。

综上所述，关于企业进行 FDI 行为的理论含义说来比较简单。首先，约翰·邓宁所提出的地域特有优势论点的确有助于解释 FDI 的方向。但是，地域特有优势论点并没有解释企业为什么更愿意选择 FDI，而不是许可证或出口。无论是从解释还是从商业的角度，也许最有用的理论是那些把焦点放在出口和许可证的限制上的理论。

其次是许可证的限制导致 FDI 的企业是一些技术含量不高且又不能很好地加以保护的项目投资；企业需要牢牢控制一家外国实体以使其在该国市场份额和利润最大化；企业技术和能力不适宜授予许可证的企业如麦当劳等。

最后，应该注意到，从企业的角度来看，产品生命周期理论和尼克尔波克尔关于 FDI 的理论往往用处不大，因为这些理论是描述性而非分析性的。他们在描述 FDI 的历史演变方面做得很好，但在确定 FDI、许可证以及出口的相对可能性的影响因素方面却做得不足。这些理论都忽略了许可证作为 FDI 替换选择的问题。

（二）政府政策

东道国对于 FDI 的态度在决定在什么地方建立生产机构、在什么地方进行 FDI 方面应该是一个重要变量。在其他条件相同的情况下，在对 FDI

采取许可政策的国家投资比在限制FDI的国家投资显然更为有利。

不过，问题常常并不是这么直截了当的。尽管近几年朝着自由市场的观点迈进了，仍然有许多国家对FDI采取相当实用的观点。在这种情况下，一个考虑进行FDI的企业常常必须与国家政府谈判具体的投资条款。这种谈判集中在两大问题上。如果东道国政府试图吸引FDI，中心问题可能是东道国政府准备向企业提供哪些鼓励措施以及企业要承诺什么作为交换。如果东道国政府对FDI的好处还不确定，并可能限制进入的话，则中心问题可能是企业必须做出什么样的让步以使投资能够进行。

任何谈判协定的结果都在很大程度上取决于双方讨价还价的能力上。任何一方的讨价还价能力又取决于三个主要因素：(1) 各方对另一方所提及条件的评估；(2) 各方可比较选择的数量；(3) 各方的时间范围。

对于同东道国谈判投资的企业来说，当东道国政府对企业所提供的条件评价很高时，企业可比较的选择量较大，企业有较长时间进行谈判时，该企业的讨价还价能力就强。反之亦然。

综上所述，贸易理论与投资理论分析了区域经济整合的必要性，只有推动区域经济整合，才能加快贸易与投资自由化，才能实现多赢的结果。

第二节　区域经济整合水平

区域经济整合的几种水平在理论上是可能的，如图7-3所示。从最小的整合到最大的整合，它们分别是自由贸易区、关税同盟、共同市场和经济同盟以及完全的政治同盟。

一、自由贸易区

在自由贸易区，成员国之间所有的商品和服务贸易的壁垒都被消除了。在一个理论上理想的自由贸易区不允许任何歧视性的关税、配额、补贴或行政阻碍来扭曲成员国之间的贸易，但允许每一个国家决定自己同非成员国的贸易政策。例如，对非成员国产品收取的关税，各成员国可能都不一

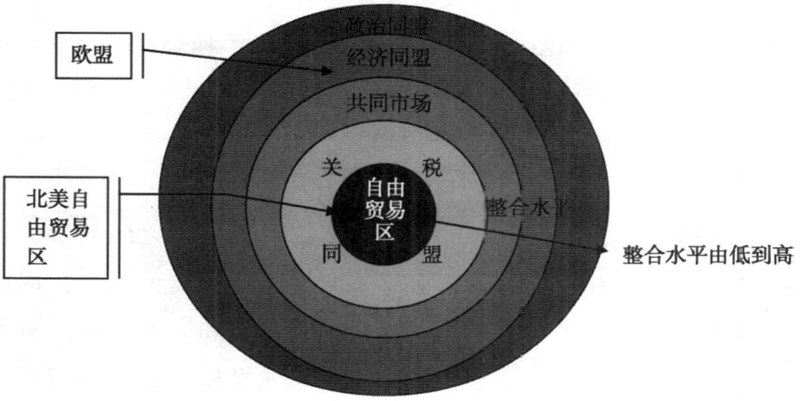

图 7－3 区域经济整合水平

样。自由贸易区协定是区域经济整合最常见的形式，几乎占区域性协定的 90％。

世界上最持久的自由贸易区是欧洲自由贸易协会（EFTA）。它创建于 1960 年，目前有 4 个成员国——挪威、冰岛、列支敦士登和瑞士——比 1995 年的 7 个减少了（1996 年 1 月 1 日，3 个 EFTA 成员国奥地利、芬兰和瑞典，加入了欧盟）。EFTA 是由那些最初决定不成为欧洲共同体（EU 前身）一部分的西欧国家创建的。最早的成员有奥地利、英国、丹麦、芬兰和瑞典，现在它们都是欧盟的成员。EFTA 强调工业品的自由贸易，农业不在此列，允许每个成员国决定自己的资助水平。成员国也可以自主决定对来自 EFTA 以外的商品的保护等级。其他的自由贸易区还有北美自由贸易区（NAFTA）。

二、关税同盟

关税同盟使各成员国朝着完全经济和政治整合迈进了一步。关税同盟是要消除成员国之间的贸易壁垒，采取共同的对外贸易政策。确定共同对外贸易政策需要行政管理机构监管同非成员国的贸易关系。加入关税同盟的多数国家甚至希望今后有更大的经济整合能力。欧盟就是从关税同盟开始，现在已经走得更远。其他的关税同盟还有现在的安第斯公约国（玻利维亚、哥伦比亚、厄瓜多尔和秘鲁间的条约）。安第斯公约旨在确立成员国之间的自由贸易，并对从外面进口的产品课以5% ~20%的共同关税。

三、共同市场

像关税同盟一样，理论上理想的共同市场对成员国之间的贸易是没有障碍的，并有共同的对外贸易政策。但不同于关税同盟的是，共同市场允许生产要素在成员国之间自由流动。这样，劳动力和资本就可以自由流动了。因为对于资本的流入、流出或跨境流动，成员国之间没有限制。建立一个共同市场需要在财政、货币和就业政策上有相当程度的协调与合作，达到这种程度的合作是非常困难的。数年来，欧盟的职能一直是共同市场，尽管现在它已经超越了这个阶段。南锥体（MERCOSUR）是由巴西、阿根廷、巴拉圭和乌拉圭组成的南美组织，希望最终确立为共同市场。

四、经济同盟与政治同盟

经济同盟甚至需要比共同市场更密切的经济整合与合作。同共同市场类似，经济同盟包括成员国之间产品和生产要素的自由流动，并采取共同的对外贸易政策。一个完全的经济同盟还要求有共同的货币、成员国税率的协调一致以及共同的货币政策和财政政策。这种高度的整合需要一个协调的行政系统并在主权方面为该行政系统作出一些让步。欧盟（EU）是一个经济同盟，尽管是不完善的同盟，因为并非所有的成员国都采用了欧盟的统一货币欧元，而且各国间税率也还存在差异。

朝着经济同盟发展就产生了如何把协调的行政体系向成员国的人们解释清楚这样一个问题。答案是通过政治同盟。欧盟已经朝着至少是部分政治同盟迈进了。20世纪70年代末以后，欧洲议会就由欧盟国家的公民投票直接选举产生，欧洲议会现在在欧盟起着更为重要的作用。此外，部长会议（欧盟的管理和决策机构）是由每个成员国的政府大臣组成的。加拿大和美国提供了程度更为密切的政治同盟的例子；这两国都是由独立的州

组合成一个单一的国家。最终，欧盟可能会发展成一个类似的联邦结构。❶

第三节　区域经济整合与一体化的观点

人们对区域经济整合与一体化持有各种不同的观点。问题的焦点主要集中在三个方面：（1）贸易的产生和转化；（2）经济一体化对进口产品价格、竞争、规模经济和要素生产率的影响；（3）地区主义与国家主义相比所具有的优势。由此也产生了两种截然不同的观点：支持一体化和反对一体化。下面我们就此进行探讨和分析。

一、问题的焦点

（一）贸易的产生与转化

经济家雅格布·文纳（Jacob Viner）首先正式分析了经济一体化的成本和收益。从古典国际贸易理论中我们看到国家参与自由贸易可以获得双赢的结果。但真正的问题在于，如果把自由贸易限制在个别国家集团的内部，还能获得同样的利益吗？文纳以关税同盟为例对这个理论进行了检验。他的分析结果表明，在集团内部的成员国之间进行自由贸易，但对非成员国设置共同的贸易壁垒，既可能产生积极的影响，也有可能带来消极的影响。

我们可以用一个更为简单的例子来说明文纳的观点：1986 年，西班牙正式加入了欧盟，成为欧盟的成员国。在此之前，西班牙与其他非成员国，如美国、加拿大和日本一样和欧盟进行贸易，适用共同的外部关税。从西班牙和美国进口的农产品采用同样的关税，比如 20% 的关税，在此期间，美国生产的小麦的成本低于西班牙。在这种情况下，美国向欧洲联盟成员国出口的小麦价格为 3 美元/蒲式耳，再加上 20% 的关税 0.60 美元，最后

❶ ［美］迈克尔·R. 钦科陶、伊尔卡·A. 隆凯宁、迈克尔·H. 莫菲特著，刘寅龙、张红玲、孙秀伟译：《国际商务》，机械工业出版社 2004 年版，第 108～128 页。

的总价格为3.60美元/蒲式耳。西班牙同期的小麦出口价格为3.20美元/蒲式耳，再加上20%的关税0.64美元，最终对欧盟消费者出售的总价格变为3.84美元/蒲式耳。因此，西班牙小麦的出口价格明显高于美国，其市场竞争能力削弱。

但是，西班牙自从加入欧盟成为内部成员国之后，就不再适用共同的外部关税政策。西班牙可以享受欧盟内部的优惠政策，西班牙可以按3.20美元/蒲式耳的价格向其他成员国出口小麦，而美国出口的小麦价格仍然是3.60美元/蒲式耳。这样，贸易流因此而发生了逆转，西班牙成为欧盟成员国主要的小麦出口地，西班牙出口额明显增加，这种现象我们称之为贸易创造（trade creation）。关税的下降促进了西班牙对欧盟的贸易额。由于美国处于欧盟之外，其产品仍然适用较高的关税，因此导致美国对欧盟的出口下降。在这种情况下，贸易竞争能力从一个国家转移到另一个国家，我们称之为贸易转换（trade diversion）。

尽管贸易创造有助于促进贸易活动的自由化，从而使欧盟的消费者获得更低的产品价格，但贸易转换也可能带来不利的影响。实际上，贸易转换在本质上对于贸易具有一种消极的影响，因为它使竞争优势从低成本生产者向高成本生产者转移。西班牙的农民和欧盟消费者可以共同分享西班牙加入欧盟所带来的收益。在这种情况下，最主要的成本是关税收入的减少和美国及其出口国销售额下降所带来的损失。

从非成员国的角度来看，关税同盟的形成和扩大具有明显的消极作用。而最大的受害者是那些必须通过国际贸易重建成本的国家。从发展中国家来看，只有在贸易创造的收益超过贸易转换的成本的情况下，关税同盟的形成才具有积极的意义。

（二）经济一体化对进口产品价格、竞争、规模经济和要素生产率的影响

关于进口价格的降低，我们举一个例子来说明：假如一个小国对进口产品征收关税，由于卖方必须通过提高价格以抵销关税的成本，因此，出口产品的最终价格将高于原来的价格。而商品价格的提高反过来又会降低

对进口产品的需求。但是，如果一个集团对进口产品统一征收关税，那么对进口产品的需求量将会出现大幅度的下降。在这种情况下，出口国就不得不降低出口产品的价格。进口产品的价格能否降低取决于这个集团与出口国之间的相对市场影响力。最终的结果很有可能会导致集团内部各成员国贸易地位的改善。但是，各成员国由此而获得的收益，将在很大程度上被出口国贸易地位恶化所带来的损失所抵消。此外，与自由贸易所创造的双赢条件不同，贸易集团所带来的结果很可能是一方受益而另一方受损。

再者，一体化增加了市场规模经营，从而导致在某一种产品或服务的创造过程中垄断程度的降低。这是因为市场的扩大将会导致竞争对手的不断增加，从而实现生产效率的提高和对消费者价格的降低。此外，各成员国内部之间进行的竞争将促使那些生产率低的国家采取措施，提高本国的劳动生产率。

许多作业，如汽车和钢铁业，必须通过大规模生产才能实现规模效益。因此，从经济学的角度来看，一些采取贸易保护主义的小国并不适合从事这些行业。但对贸易集团却形成了扩大的市场，为大规模生产提供了可能性。通过大规模生产，可以获得规模经济所带来的单位成本下降的好处。在不断扩大的市场上，我们把生产规模扩大所带来的单位成本降低现象称为内部规模经济。

在共同市场上，还存在外部规模经济现象。由于共同市场允许生产要素自由进行跨国界的流动，因此，企业可以获得成本更低的资本、熟练程度更高的劳动力和更先进的技术。这些要素有助于改善企业产品和服务的质量或降低产品的成本，或兼而有之。

在生产要素可以自由流动的前提下，很可能会导致共同市场总体财富的增加。其中原因很简单：生产要素的流动性可以使劳动力和资本从生产效率低的地区流向生产效率高的地区。除了要素流动性所带来的经济收益之外，还可以获得其他很多无法量化的收益。生产力的自由流动可以改善各种文化层次之间的沟通，反过来又强化了跨文化相互理解和包容。随着劳动力的流动，他们的思想、技能和伦理道德观念也会发生相应的变化。

但也要看到，要素的流动性并不一定会保证共同市场的所有成员国都受益。例如，一个较为贫穷落后的国家很有可能因此而失去自己最需要的资本，而相对富裕的国家则可能会获得更多的机会。要素流动性的另一个缺点是所谓的人才外流现象。要素的流动性会使人才可以寻找更好的发展机会，在这种条件下，一个相对贫穷的国家有可能会失去自己最宝贵的人才资源。

（三）地区主义和国家主义

经济学家们提出了很多非常具有说服力的论点，支持不同层次的经济一体化。但是，在根深蒂固的国家主义者面前，他们却很难把自己的观点转变为现实。对于经济一体化来说，最困难的问题在于，每一个成员国都不愿意失去自己的自我决策能力，或者说主权的部分让渡。一体化在本质上要求成员国在一定程度上放弃本国的决策能力，这在国家主义中的确有很大难度，要走的路还很长。[1]

二、区域整合的两种观点

正是由于上述的焦点问题，区域经济整合的理由既有经济上的也有政治上的。大多数达到区域经济整合的尝试都是有争议的，而且存在着缺陷。对此，我们来考察对区域整合支持和反对的理由。

（一）支持区域整合的理由

关于支持区域整合的理由主要有以下两个方面——经济方面和政治方面。

1. 支持整合的经济理由

区域整合的经济理由相对比较复杂。我们在前面看到，国际贸易理论如何预测不受限制的自由贸易的好处。与此同时外国直接投资（FDI）如何能把技术、销售和管理知识转移到东道国。考虑到知识在刺激经济增长

[1] ［美］Scott J. Callan，Janet. M. Thomas. *Environmental Economics & Management*，清华大学出版社 2006 年版，第 3 ~ 12 页。

方面的核心作用，国家向 FDI 开放同样能刺激经济增长。总之，经济学理论指出，自由贸易和投资是正和博弈，所有参加国都会从中得到好处。

正是基于此，理论上的设想是国家间商品、服务及生产要素的自由流动不存在任何障碍。不过，正如我们看到的，可能会出现政府干预国际贸易和 FDI 的情况。因为政府赞同部分或全部干预，所以不受限制的自由贸易和 FDI 只是一种理想，现实情况比较复杂。虽然 WTO 把世界朝着自由贸易体系推进了一大步，但还没有取得完全的成功。在一个存在许多国家或许多政治意识形态的世界里，很难让所有的国家都同意遵守一套共同的规则。在这种背景下，区域经济整合可以被看作是为了从贸易和投资的自由流动中获得额外的收益的一种努力，这种收益在像 WTO 这样的国际协定之下是不可能取得的。在有限数量的相邻国家或地区间建立自由贸易和投资体系要比在整个世界这个共同体建立这种体系容易得多。合作与政策协调问题在很大程度上是想要达成协议的国家数量的因变量。参与的国家越多，必须调和的观点数量就越大，达成协议的难度也就越大。因此，希望从自由贸易和投资中得到好处这种愿望就使得各国去尝试区域经济整合。

2. 支持整合的政治理由

区域经济整合的政治理由在大多数试图建立自由贸易区、关税同盟等的尝试中也显得突出起来。把相邻国家的经济联系在一起，使得它们越来越相互依赖，刺激了政治合作，降低了国家之间发生暴力冲突的可能性。此外，通过把它们的经济结合在一起，这些国家可以提高自己在世界上的政治力量。

这些考虑因素导致了 1957 年欧洲共同体（EC）的建立（EC 是 EU 的前身）。欧洲在 20 世纪前半叶遭受到两次世界大战的破坏，两次都是单一民族国家的野心膨胀所引起的。那些谋求联合的欧洲的人们一直希望不要在欧洲再发生战争。许多欧洲人也相信，第二次世界大战后使得欧洲单一民族的国家不再强大到足以在世界市场和世界政治中不被打败。在许多 EC 创建国的心里都强烈地感到，需要有一个联合的欧洲与世界的强国抗衡。

（二）反对区域经济整合的理由

虽然近些年来，赞成区域自由贸易协定的浪潮不断高涨，但一些经济学家担心，区域整合的好处被过分地夸大了，而成本却常常被忽略。他们指出，区域整合的好处是由贸易创造的程度，而不是贸易转移的程度所决定的。

在理论上，WTO 的法则应该保证自由贸易协定不会导致贸易转移。这些法规规定，只有在其成员国不设立比从前贸易区以外的国家所实施的更高的关税或更多的限制情况下，才允许自由贸易区的形成。不过，正如我们前面所论述的，WTO 由于没有涉及一系列非关税壁垒，结果会出现受到很高关税壁垒保护免于受到外来竞争的区域贸易集团。在这样的情况下，贸易转移作用就超过了贸易创造作用。按照关注此种可能的人士的观点，防止这种可能性的唯一方法是增加 WTO 的作用范围，使之涵盖非关税壁垒。但目前没有迹象表明这会很快实现，所以区域经济整合会导致贸易转移的风险仍然存在。[1]

第四节　来自欧洲的区域经济整合与一体化的经验

一、欧洲联盟简介

欧洲联盟（European Union，简称欧盟 EU）是由欧洲共同体发展而来的，总部设在比利时首都布鲁塞尔法律大街 200 号一座十字形的大厦内。欧盟的主要组织机构有：

欧洲理事会——欧盟首脑会议，由欧盟成员国国家元首或政府首脑及欧盟委员会主席组成，负责确定大政方针，每半年举行一次例会，必要时召开特别首脑会议。

欧盟理事会——部长理事会，是欧洲联盟的决策机构，拥有欧洲联盟的绝大部分立法权。

欧盟委员会——欧盟的常设执行机构，负责实施欧共体条约和理事会

---

[1] “10 + 1”背景与内容介绍：http//www. baidu. com. 2014 年 2 月 12 日访问。

作出的决定，向理事会和欧洲议会提出报告和立法动议，处理欧盟日常事务，代表欧盟对外联系及负责经贸方面的谈判。

部长会议——对欧洲联盟的行动具有最终决定权。部长会议共设 87 个投票权。这些投票权根据各成员国的规模分配给各国代表，根据《单一欧洲法案》中的一些重要条款，部长会议享有法权。部长会议主席每半年在各成员国之间轮换一次。

欧洲议会——在欧盟内部执行监督、咨询的机构，有部分决定权并可以三分之二多数弹劾委员会，迫其集体辞职。

欧洲法院——设在卢森堡，是欧盟的仲裁机构，负责审理和裁决在执行欧洲联盟条约和有关规定中发生的各种争执。

欧洲审计院——设在卢森堡，负责欧盟的审计和财政管理。

图 7－4 总结了欧盟的机构设置及其决策程序。

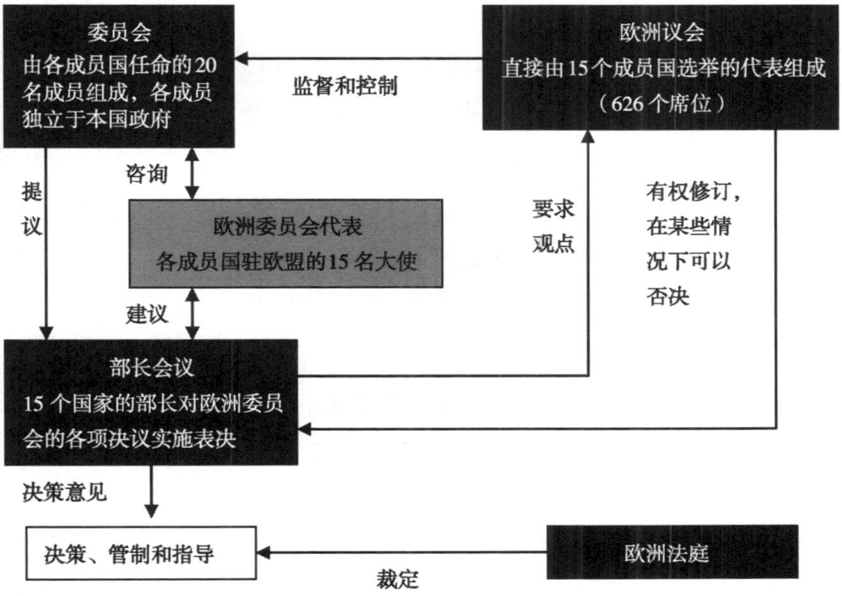

图 7－4　欧盟的组织机构与决策程序

资料来源："My How You've Growm", The Economist, January 25, 1992, pp. 31～32.

二、欧盟的区域经济整合与一体化进程

欧洲走向合作的第一步是在 1948 年建立的欧洲经济合作组织（OEEC），其目的主要是协助实施美国提出的“马歇尔计划”。1952 年，6 个国家（德国、法国、意大利、比利时、荷兰和卢森堡）共同组建了欧洲煤炭与钢铁委员会（ECSC）。这个委员会的目标是在成员国之间建立煤炭、钢铁和矿产资源方面的共同市场，从而使这些基础性行业马上得到恢复，增加这一地区在这些产品方面的生产能力。在这种情况下，深层次的合作已经整装待发。

1957 年，根据《罗马条约》正式成立欧洲经济共同体（EEC）。1967 年，ECSC、EEC 以及欧洲原子能委员会（EURATOM）合并形成了欧洲共同体（EC）。但《罗马条约》在总体上并没有具体的规定，因此一体化的概念还很模糊。这个以合作为基调的条约是建立在商品、服务、劳动力和资本自由流动的前提之上。这“四大自由”对于一个地区的经济繁荣具有重要的意义。1992 年白皮书正式确认了影响“四大自由”全面实施的障碍，并建议采取有力措施消除这些障碍。随着《单一欧洲法案》的通过，白皮书建议于 1987 年正式实施。在此之后，这些建议和期望于 1991 年 12 月的马斯特里赫特峰会上得到了实现，这次会议通过了多项议案。1992 年又取得了进一步进展，这一年重点放在经济与货币联盟（EMU）以及相应的政治联盟方面。与此同时，由欧洲委员会的全部 12 个成员国在 1993 年签订《马斯特里赫特条约》。

《马斯特里赫特条约》亦称《欧洲联盟条约》。1991 年 12 月 9 ~ 10 日，第 46 届欧共体首脑会议在荷兰马斯特里赫特举行。经过两天激烈辩论，终于通过并草签《欧洲经济与货币联盟条约》和《政治联盟条约》，即《马斯特里赫特条约》。1992 年 2 月 7 日，欧共体 12 国外长和财政部长正式签订该条约。条约于 1993 年 1 月 1 日起生效，这一条约是对《罗马条约》的修订，它为欧共体建立政治联盟和经济与货币联盟确立了目标与步骤，该条约的签署标志着欧共体一体化建设进入一个新的阶段，《经济与货币联

盟条约》的目标是：要在密切协调成员国经济政策和实现欧洲内部统一市场的基础上，形成共同的经济政策。具体内容是：统一货币，制定统一的货币兑换率，建立一个制定和执行欧共体政策的欧洲中央银行体系。《政治联盟条约》是一项重大飞跃，1990 年 4 月由法国总统密特朗，德国总理科尔共同提出。目标是：实行共同的外交、防务，进一步扩大欧共体超国家机构的权力，扩大欧洲议会的权力，使其由原来的咨询和监督机构变成部分的权力机构。1999 年 1 月 1 日，欧盟各成员国开始启动欧洲统一货币进程，欧洲单一货币欧元宣告诞生。尽管人们对欧元提出了很多批评甚至反对，但欧盟并没有因此而停止实施单一货币政策的步伐。即使 2010 年欧洲债务危机引发欧元能否继续存在的争议，但欧洲经济一体化步伐加快是不可阻挡的，这次危机也预示欧洲经济一体化真正实现，今后势必要推进政治一体化的进程。

第五节　对欧盟区域经济整合与一体化的评价

法国著名作家维克多·雨果说过这样一段话："总有一天，到那时……所有的欧洲国家，无须丢掉你们各自的特点和闪光的个性，都将紧紧地融合在一个高一级的整体里；到那时，你们将构筑欧洲的友爱关系……"

雨果的话正符合对欧盟的评价，欧盟是两个政治要素的产物：（1）两次世界大战对西欧国家的破坏和希望持久和平的愿望；（2）欧洲国家希望在世界政治和经济舞台上保持自己力量的愿望。此外，许多欧洲人意识到各国之间密切的经济合作可能带来的好处。对于欧洲来说，一体化所带来的"四大自由"最重要的意义在于发展该地区的经济。它明确了欧洲继续发展所需要的资源和动力，将为其成员国带来如下的好处：

（1）各成员国将受益于取消边境巡逻和海关检查所减少的交易成本。

（2）通过生产设施与地点的集中实现规模经济，以促进经济的进一步发展。

（3）欧盟内部竞争加剧有利于欧洲市场的进一步繁荣。

（4）统一货币后将大大减少汇率风险和兑换成本，使企业获得更大的益处。经济学家们估计，统一后的欧洲市场将推动欧洲国家的进一步改革，导致国家竞争能力提升并获得经济增长，与此同时，还能创造更多的就业机会。

对于非成员国的企业来说，欧洲一体化为它们创造的机会取决于这些企业在欧盟中的地位。特别是对那些已经在欧洲市场上进行生产和经营的企业，它们将获得巨大的利益。因为它们可以在欧洲联盟的各成员国内进行自由的扩张，产品可以自由地在各成员国之间往来，在一个无国界的欧洲市场上，企业可以有更多的机会接触更广泛的消费者。此外，资本的自由流动允许企业可以在整个欧洲地区自由购买其他国家的有价证券、筹集资金以及扩大投资并招募优秀的员工。因此，企业可以在生产和营销方面充分利用这种新经济形势获得更大的规模经济。

欧洲一体化后形成了一个欧洲经济堡垒。因此，对于没有在欧洲市场上进行投资生产的外国企业来说，其产品可能很难进入欧洲市场。但与此相关，非成员国的企业可以通过 FDI 在欧洲地区生产，从而成为内部一员，这无疑会促进非成员国企业采取直接投资的形式打入欧洲市场，可以预料 FDI 数量在欧盟会持续增加，给欧盟带来更多的就业机会，使欧盟走出危机实现增长。

第八章　大中华区域经济整合与一体化的构想

中华民族现在是再次变革的时候了，是把所承担经济增长的义务与资源的平衡表总计一下的时候了，是重新明确什么是我们存亡攸关的利益的时候了，是决定我们如何来保护国家未来发展的利益的时候了。

当然，即使就这个根本目的来说，也有一个矛盾，在人类经验中从来没有一个无变革的世界，而变革就意味着不稳定。因此，各种安全政策都试图不断去稳定那些不稳定的局势；它们在原则上必须力求概括，在运用上务求对各种变化局势具有灵活性和适应性。“过去太平盛世中那一套教条，在风雨飘摇的今天已经不合时宜。现在的局面是困难重重，我们必须随机应变。由于处境改变，我们的思想和行动也必须改变。我们必须解放自己。”❶

当今至少有十个和平的革命冲击着我们的国家和我们的世界。这十个和平革命，个个都令人目瞪口呆，个个都影响巨大。它们构成了我们时代的基本议程，构成了我们未来要完成的事业，构成中国梦。

第一是人口革命；第二是农业革命；第三是信息和能源革命；第四是生活水平和食品安全的革命；第五是在国家安全方面的武器发展革命；第六是国家发展战略和企业发展战略的革命；第七是铲除腐败的革命；第八是民主革命；第九是国家和平统一的革命；第十是培养民主制下官僚政治家的革命。

---

❶　摘自美国总统亚伯拉罕·林肯的讲话。

要完成上述使命，实现中华民族的伟大复兴，两岸必须以经济合作为突破口，实现大中华区域经济整合并加快推动全面一体化进程。

第一节 亚洲的经济一体化趋势

亚洲的经济一体化与欧洲和北美完全不同，欧洲和北美的一体化协议在很大程度上可以说是受政治动机的影响。但是在亚洲，却是市场的力量推动着政治家们走向正规的一体化。日本过去一直以来作为这个地区的主导力量，似乎应该在这个过程中发挥引导性作用，但无论是日本本国还是其他亚洲国家都不愿意日本这样做。日本在 20 世纪 30 ~ 40 年代提出的“大东亚共荣圈概念”让亚洲人对它心存疑虑。此外，考虑到经济和政治方面的差异，未来地区性集团的成员国数量也不可能与欧洲联盟相比，但是亚洲国家对一体化的兴趣却从未因此削弱。

首先，欧洲和美洲市场对亚洲生产商来说具有重要意义，因此，它们需要建立某种形式的组织与欧美集团相抗衡。

其次，考虑到该地区采取的现在的框架，例如东南亚国家联盟（简称东盟 ASEAN)。另外，亚太经合组织（APEC）以及“10 + 1”与“10 + 3”等组织作为整合亚太经济自由化的开端也出现了。由此也会进一步推动大中华区域的经济整合步伐。下面我们简要地加以介绍，以此说明大中华区域一体化的重要性。

一、东盟与亚太经合组织的建立

（一）东南亚国家联盟（ASEAN）

东南亚国家联盟（ASEAN）形成于 1967 年。直至 1991 年，东盟还没有建立真正的组织框架，各国之间主要通过相互沟通与磋商达成共识。1991 年 10 月，东盟成员国（文莱、印度尼西亚、马来西亚、菲律宾、新加坡、泰国、越南以及 1997 年加入的缅甸和老挝）宣布建立关税同盟，也就是东南亚国家自由贸易区（ASEAN Free Trade Area，AFTA)，该贸易区于 2003 年正式成立。马来西亚政府一直提倡建立东亚国家经济集团（East Asia Economic Group，EAEG），集团成员国和地区包括中国香港地区、日本、韩国和中国台湾地区。这项建议显然是非常明智的；没有日本以及其他经济快速发展的亚洲国家和地区的参与，该项地区所建立的任何集团或组织都不可能具有真正的意义。但日本政府当时对上述几个地区性组织的态度相当冷淡。因为真正能够使日本企业受益的是全球自由贸易，而不是地区性贸易。导致地区主义倾向产生的根本原因也正是日本政府所采取的这种消极态度，因为日本并不愿意真正为地区性自由贸易的建立提供必要的条件，如互惠条件。如果其他贸易集团拒绝接纳日本的话，唯一可以采取的方式是在亚洲及太平洋地区建立一种更为正规的贸易安排。

（二）亚太经济与合作组织（APEC）

APEC 是在澳大利亚的建议下于 1990 年建立的。它目前有成员 18 个，包括一些经济强国：美国、日本和中国。生产总值占世界的一半以上，世界贸易的 40%。APEC 表述的目标是：鉴于太平洋各成员方经济上越来越相互依赖，应促进多边合作。美国支持 APEC 也是因为它相信，对防止在亚洲出现建立任何可能把它排除在外的组织的动向，这也许是个切实可行的战略。

1993 年 11 月，当 APEC 成员的首脑会议在美国西雅图首次碰头时，各国对 APEC 的兴趣大大提高了。会前的争论主要集中在 APEC 未来可能的角色上，一种观点是：APEC 应该承诺建立自由贸易区，这一行动将把太平洋边缘从地理上的表达转变为世界最大的自由贸易区。另一种观点是：APEC 除了说些大话和为到会的领导人提供大量上镜的机会之外不会有什么别的东西。结果正像这种观点所说的，APEC 会议除了参会方含糊不清的许诺要为更大的经济整合而密切合作并广泛地降低贸易壁垒之外，没有产生什么结果。不过，有意义的是，成员方并没有排除未来进一步合作的可能性。

1994 年 11 月，在印尼的雅加达，各方首脑再次碰头，这一次他们同意采取更多的具体步骤，而且会议最后的共同声明正式承诺 APEC 的工业成员方到2010年要消除其贸易与投资壁垒，到2020年发展中国家也要这样做。尽管进展的速度很慢，APEC还是值得关注的，因为如果它最终将自己转变为一个自由贸易区的话，它将可能是世界上最大的自由贸易区。

但遗憾的是，由于中国的崛起，美国和日本等国开始对中国提防，使APEC要达到的目标越来越遥远。并相反提出TPP（跨太平洋经济合作协定）将中国排除在外，这显然不利于亚太地区经济的发展。为此中国加快了与东盟国家的合作，促进贸易自由化向实质性发展。为扩大双方的经贸交往，时任中国国务院总理朱镕基1999年在马尼拉召开的第三次中国—东盟领导人会议上提出，中国愿加强与东盟自由贸易区的联系。这一提议得到东盟国家的积极回应。2000年11月，朱镕基在新加坡举行的第四次中国—东盟领导人会议上，首次提出建立中国—东盟自由贸易区的构想，并建议在中国—东盟经济贸易合作联合委员会框架下成立中国—东盟经济合作专家组，就中国与东盟建立自由贸易关系的可行性进行研究。

二、中国与东盟国家“10+1”自贸区启动

2001年3月，中国—东盟经济合作专家组在中国—东盟经济贸易合作联合委员会框架下正式成立。专家组围绕中国加入世界贸易组织的影响及中国与东盟建立自由贸易关系两个议题进行了充分研究，认为中国—东盟建立自由贸易区对东盟和中国是双赢的决定，建议中国和东盟用10年时间建立自由贸易区。这一建议经过中国—东盟高官会和经济部长会的认可后，于2001年11月在文莱举行的第五次中国—东盟领导人会议上正式宣布。

（一）中国与东盟“10+1”发展进程

2001年11月，中国与东盟各国签署《南海各方行为宣言》，在当年“10+1”领导人会议上，中国拿出更为充实的议案，终于与东盟达成了自贸区共识。“10+1”宣布十年内建成自由贸易区的目标。

2002年11月，第六次中国—东盟领导人会议在柬埔寨首都金边举行，朱镕基总理和东盟10国领导人签署《中国与东盟全面经济合作框架协议》，决定到2010年建成中国—东盟自由贸易区。这标志着中国—东盟建

立自由贸易区的进程正式启动。

《中国与东盟全面经济合作框架协议》提出了中国与东盟加强和增进各缔约方之间的经济、贸易和投资合作；促进货物和服务贸易，逐步实现货物和服务贸易自由化，并创造透明、自由和便利的投资机制；为各缔约方之间更紧密的经济合作开辟新领域等全面经济合作的目标。

2004 年 11 月，中国—东盟签署《货物贸易协议》，规定自 2005 年 7 月起，除 2004 年已实施降税的早期收获产品和少量敏感产品外，双方将对其他约 7 000个税目的产品实施降税。

2007 年 1 月，双方又签署自贸区《服务贸易协议》，已于当年 7 月顺利实施。中国—东盟自贸区的建设使双方业已密切的经贸合作关系得到了进一步加强，也对亚洲及世界的经济发展作出了积极的贡献。

中国—东盟自由贸易区涵盖 19 亿人口，GDP 接近 6 万亿美元，贸易额达 4. 5 万亿美元，是世界上由发展中国家组成的最大的自由贸易区。

2009 年 8 月 15 日，《中国—东盟自由贸易区投资协议》签署，标志主要谈判结束。2010 年 1 月 1 日，拥有 19 亿人口、GDP 接近 6 万亿美元、世界最大的自由贸易区——中国—东盟自由贸易区正式建立。2010 年 1 月 7 日，在广西南宁举行的中国—东盟自由贸易区建成庆祝仪式上，中国—东盟 18 个合作项目正式签约，签约金额 48. 96 亿美元。由此，我们看到，东盟—中国自由贸易区的发展一方面面临着有利的发展机遇，另一方面也存在诸多主客观上的障碍和干扰，值得双方予以关注。

（二）中国与东盟“10 + 1”发展的有利前景

中国与东盟之间的经贸关系正面临着进一步发展的机遇，对双方的有利发展条件是以下几个。

（1）中国加入 WTO 为双方存在的贸易投资等制度扫清了障碍。按照加入 WTO 的承诺，中国近年来大幅度降低了关税，减少并取消非关税壁垒。另外，中国的市场进一步开放，尤其是服务贸易领域的开放将为包括东盟在内的国外投资者提供广阔的商机。依据中国与东盟 WTO 成员方的谈判承诺，对东盟产品的关税水平在 5 年之内削减 34% ~47%，快于中国关税平均削减的速度。

（2）2010年1月1日东盟自由贸易区的启动为中国与东盟自由贸易区的建立打下了良好的基础。东盟自由贸易区的加快建设无疑为中国—东盟自由贸易区提供了经验与参照，进而为双方经贸关系的发展提供了制度性保障。

（3）东盟与中国已就南沙问题达成协议，尽管有越南、菲律宾等国的干扰，中国为了给该地区的和平发展创造稳定的周边环境，努力与东盟国家沟通，坚持搁置争议、共同开发资源的主张不改变，正在释放最大善意妥善处理争议问题，为推动该地区经济合作提供向前发展的动力。

（4）美国发生“9·11”事件以及随后的战争，加之2008年的金融危机和2010年欧洲债务危机，导致美国、欧盟甚至是全球经济陷入衰退，东盟对美国及欧盟的经济依赖度和对外贸易量也相应滑落。而此时中国经济却持续保持稳定的增长，无疑给东盟国家带来新的机遇，随着中国同东盟国家的贸易量的增加，势必会推动亚洲区域新的经济增长。

（三）中国与东盟“10+1”发展的阻碍

与发展的有利机遇相反，双方发展也面临着许多阻碍和难题需要解决，主要有以下几个方面。

（1）由于中国的快速崛起，加之南海诸岛的争议问题，在美国和日本等势力的鼓吹下，导致所谓的“中国威胁论”抬头。东盟国家虽然在文化上和中国有着很深的渊源，但由于政治上的原因，东盟国家在历史上一直对中国心存芥蒂，而且担心中国的强大会在经济、军事上给它们造成威胁。

20世纪末以来，中国在贸易和投资两方面发展迅猛，特别是吸收外资保持了较快的发展规模；尤其近年来，中国对东盟的贸易量不断增加。例如，2013年实际使用外资金额1 175.86亿美元，来自东盟的投资为71.6亿美元。与此同时，中国对东盟的投资为300亿美元。中国对东盟的影响日益增加。一方面，许多原在东盟成员国内部的外资企业纷纷将业务转向中国；另一方面，面对中国经济的日益强大、吸收外资的增多以及大量价廉物美的中国商品涌入本地市场，东盟成员国内部以及周边许多国家感到竞争的压力。与此同时，由于中国在南海主权方面的要求以及中日在东海方面的对立，美国和日本利用这一时机进一步推动“中国威胁论”等言论扩展，宣称中国经济和军事的崛起将对该区域内的其他国家造成威胁，强大的中国很有可能将会在该地区称霸，直接影响到地区的政治和经济格局，东盟国家应联合起来予以对抗。越南和菲律宾等国在美国和日本的怂恿下开始对中国发难，特别是菲律宾不断地挑衅中国，导致中国与东盟国家的关系发生了微妙的变化，对中国产生不利的影响。

（2）东盟内部成员国间的摩擦和矛盾也日益加剧。归结起来，东盟内部成员国间的矛盾主要体现在三个方面。

①历史积怨和领土主权争端。东盟成员国内部的领土争端一直存在，历史上越南入侵过柬埔寨，至今两国关系貌合神离。近期，马来西亚与印尼出现了关于西巴丹岛和利吉丹岛的主权争执，马来西亚与新加坡出现了关于白礁岛的争执，印尼与菲律宾也发生了有关岛屿主权的争执，这些都反映出东盟内部尚缺乏地区整合的大局观念。

②成员国内部政局不稳。东盟许多国家都是党派林立、纷争不断，有的国家军人政府当政，有的国家内阁变换频繁。另外，有些国家的反政府武装及恐怖分子活动猖獗，加上近来以美国为首的西方国家对反恐战争的刻意扩大及对穆斯林传统的敌视，造成东盟国家内部民族情绪高涨。政局的不稳定直接影响到外来直接投资，阻碍经贸活动的正常进行，客观上对区域内经济的发展以及未来自贸区的整体发展产生了不利影响。

③民族宗教差异。东盟内部宗教信仰不同，马来西亚、印尼和文莱是传统的伊斯兰教国家，泰国和柬埔寨则尊奉佛教，菲律宾大部分国民信奉天主教，而越南和老挝则是社会主义体制。近年来，随着伊斯兰宗教激进势力的抬头及伊斯兰国家与欧美等西方国家的矛盾不断激化，不同宗教信仰间冲突时有发生。

（3）东盟成员国经济发展水平的差异和经贸结构的雷同化。东盟的10个成员国中，既有新兴的工业化国家如新加坡，又有越南、缅甸、老挝、柬埔寨等世界上最不发达的国家，经济发展水平和阶段存在巨大差异。新加坡的人均 GDP 目前已近 3 万美元，而越、老、缅、柬四国还不到 400 美元，人均 GDP 相差约 70 倍，远远高于欧盟内部的 16 倍和北美自由贸易区内部的 30 倍的差距水平。东盟国家内部经济发展的不平衡不利于成员国间经济政策的协调。

经济优势的互补性是区域经济实现整合的先决条件，经济优势的非均质分布决定了区域经济一体化的贸易创造效应的大小，而东盟国家在经济发展的比较优势方面互补性并不明显。东盟成员国大都推行出口导向战略，出口产品多以劳动密集型产品为主，近年来又大都转向下游的电子信息产品，东盟国家在国内经济结构和出口产品结构上呈现出雷同化的特征。亚洲经济危机中暴露出来的东盟国家产业结构单一化的状况并没有得到根本性的纠正，劳动密集型产业科技投入不足、生产率低下的弊病并没有根除。

从区内贸易上看，1999 年，东盟成员国内部的相互出口额为 819.29 亿美元，占东盟全部出口额的 22.2%，而同期欧盟和北美自由贸易区的内部出口额占其总出口额的比重分别为 54.6% 和 62.6%。由此看出，与欧盟和北美自由贸易区相比，东盟尚处在一个较低的发展阶段。经济和贸易结构的雷同化限制了东盟内部各成员国贸易创造效应的发挥。

另外，东盟内部市场的相对狭小加重了其对外部市场的依赖。东盟 10 国的总人口为 5.3 亿，1998 年的国内生产总值约为 7 370亿美元，经济总量和人均占有量都不大，经济发展程度相对较低，内部市场潜力较小。20 世纪 70～80 年代，东盟国家主要是为日本生产下游的电子产品，出口方面主要依赖日本市场。90 年代，随着日本经济的衰退和美国新经济的兴起，东盟国家的出口又开始严重依赖美国市场。1998 年金融危机以后，对美国市场的依赖性日益加强。2000 年下半年以来，美国国内需求趋于疲软，经常项目逆差开始逐渐减少，其消极影响也波及东盟国家，特别是“9·11”事件发生后，再加之 2008 年美国的金融危机和 2010 年欧洲债务危机，导致美国、欧盟甚至是全球经济陷入衰退，东盟的经济和对外贸易也相应滑落。内部市场的狭小限制了东盟未来的发展空间，而对外部市场的依赖则严重削弱了东盟抵御外部冲击的能力，一旦主要的出口地区发生市场萎缩和剧烈价格波动，就会对集团内各成员国国内经济的稳定构成巨大威胁，增加了未来经济发展的不确定性。

（4）东盟内部缺少核心的经济力量和协调机制，主导权纷争激烈。现实情况表明，区域经济合作离不开核心经济力量的协调和引导。1995 年墨西哥发生严重金融危机时，正是因为美国的全力注资解救才使得危机没有波及其他的美洲国家。区域内核心国家的职能在于协调成员国政策、稳定区域内部经济发展。而东盟成员国中这种核心国家目前尚不存在，中坚力量的缺乏降低了东盟各成员国之间的凝聚力。在 1997 年的金融风暴中，东盟各国出于对自身利益的考虑，竞相贬值该国货币，造成危机在各个国家中迅速蔓延，东盟内部缺乏核心力量和共同应对机制的弊端暴露无遗。

对于东盟成员国来讲，争夺主导权的斗争始终没有停止。印尼无论从人口还是领土面积上讲，都是第一大国，但是其经济实力的相对不足无疑影响了其大国地位和形象。多年来，印尼政府积极扩大对外交往，做“东盟龙头老大”的梦想始终没有动摇，只是目前国内纷乱的政局和不太景气的经济形势使其力不从心。马来西亚对东盟秘书处设在印尼一直耿耿于怀，2002 年 10 月，马来西亚政府提出，“为更有效协调东盟成员国与中日韩三国在政治、经济、贸易、交通、科技等方面的合作”，建议在马设立“10 + 3”秘书处，期限为 5 年，马政府愿提供 1 000万美元作为基金。但大多数成员国认为“10 + 3”秘书处与东盟秘书处在功能上有所冲突，且“10 + 3”机制的许多事情完全可以交由东盟秘书处处理，另行设立“10 + 3”秘书处没有必要。作为最发达的成员国，新加坡力图在东盟中拥有最大的发言权，但因其历来与美国及以色列等国关系密切，且经常性的单边对外交往，故其在东盟中的主导地位很难形成。

总之，核心经济领导力量的缺乏以及内部成员争夺领导权的“斗争”将使得东盟自贸区以及中国—东盟自贸区的发展布满坎坷。

（5）东盟内部个别成员国与其他国家单独签署自由贸易协定问题。东盟自贸区主要是要求成员国相互降低关税和取消非关税壁垒，以使东盟各成员国享受到其他成员国共同的关税优惠，对各成员国与东盟外其他国家另行制定经贸政策并没有明确限制。近年来，东盟个别成员国不满足于当前东盟自贸区的进程，进而单边出动与周边国家进行自由贸易协定谈判。2002 年 1 月，新加坡和日本签署自由贸易协定，对双边贸易中 99% 的商品和新加坡对日出口中 94% 的商品予以免税，同时对农产品以外的进出口商品作了减免税规定。新加坡目前正积极与美国、欧盟、中国香港和台湾地区就建立双边自由贸易协定频频进行洽谈。另外，马来西亚总理马哈蒂尔 2002 年 12 月访问日本时，也表达了与日本建立双边自由贸易协定的愿望。客观上讲，东盟个别成员与区外其他国家签署自由贸易协定，极有可能破坏东盟整体的利益，使得未与东盟建立自贸协定的国家和地区的产品通过某种捷径进入东盟市场。同时，不排除“马太效应”的发生，如更多的东盟成员国相与效仿，东盟自贸区未来发展则会出现难以预料的变数。

（6）东盟成员国与中国台湾地区的经贸关系。长久以来，台湾地区一直是东盟的重要贸易伙伴，也是东盟地区重要的外资来源。根据东盟秘书处透露，2001 年台湾地区和东盟贸易额达到 400 亿美元，超过东盟和中国大陆的贸易额，台湾地区在东盟国家的投资超过 420 亿美元，而中国大陆在东盟的投资与之相比则微不足道，而且每年台湾地区自东盟引进的劳工多达 30 万人。尽管东盟在发展与中国的经济合作关系上，顾忌台湾问题，但与台湾的经贸合作仍然在不断扩大，双边“政府”成员及有关组织间的低调交往也一直未曾停止。对于台湾地区来说，东盟和中国大陆经济合作进程的加快，尤其是政府间的往来日益密切，必然对台湾地区造成极大刺激，促使台湾地区转变有关经济政策。而且受亚洲金融危机和“9 · 11”事件影响，以及 2008 年美国雷曼冲击和 2010 年欧洲债务危机的影响，台湾地区经济发展速度有所下降，同时为避免被区域经济合作“边缘化”，台湾地区积极推行“南下政策”，亟欲与周边建立“自由贸易协定”，特别是力图通过“特定途径”，与东盟建立自由贸易区。台湾地区已与新加坡初步就此事作了商讨，并决定与马来西亚、泰国和菲律宾尽快就有关问题进行协商。另外，东盟国家中，在台湾地区留过学的商界人士超过 4 万人，尤其是新加坡和马来西亚，其政界和商界中多有留学台湾人员，仅马来西亚就超过8 000人，不言而喻，这股力量将会对台湾地区发展和东盟的经贸关系产生重要的推动作用。目前台湾地区对外投资的一半在中国大陆，为了分散投资风险，台湾地区正考虑加强同周边地区的经贸往来。因此，预计今后几年内，东盟与台湾地区的经贸合作将会有一个较快的增长。

（7）美国、日本等发达国家的干预。目前从贸易额上看，东盟与中国的贸易水平已经超过美国、日本等与东盟的主要贸易量。中国对东盟出口的继续增多，特别是中国具有比较优势的中低档日用消费品以及某些机电产品，已经成为美国、日本、欧盟等国家和地区在东盟市场上强有力的竞争对手。中国与东盟国家的合作日益增强，使得美国、日本备感不安。美国“东盟贸易咨询理事会”2002年2月要求布什政府坚决阻止中国—东盟自贸区的建立，并要求美国政府尽快在5年内与东盟10国建立“美国—东盟自由贸易区”，与中国抗衡，维持其在东南亚地区的既有利益。特别是美国反恐战争结束与2014年从阿富汗撤军，并重返亚洲推行再平衡策略，加之最近日本的频频出击，加剧了中国与自贸区合作进程的阻碍。

（8）东盟区内贸易保护主义抬头。根据东盟自由贸易区协议的有关条款，2003年自贸区启动后，东盟中的马来西亚、泰国、印尼、新加坡、菲律宾及文莱等6个成员国，一旦发现该国的产品在自贸区市场中受到影响，进而导致相关领域及行业的亏损，该成员国可以采取紧急措施予以保护。2002年4月23日，马来西亚政府对来自中国大陆的自行车开展反倾销调查，2003年1月18日作出决定，即日起对来自中国深圳宝安自行车厂（国内唯一应诉企业）的自行车征收11.83%的反倾销税，对来自香港地区其他企业的自行车征收高达186.09%的反倾销税。这已初步反映出东盟—中国自由贸易区的建立不会顺水顺风。[1]

综上所述，亚洲地区经济一体化的进程还存在许多的变数，特别是美国和日本的干扰，加之该地区国家间的领土争议，要实现一体化目标现在

---

[1] ［美］迈克尔·P. 托达罗、斯蒂芬·C. 史密斯著，余向华、陈雪娟译：《发展经济学》，机械工业出版社2010年版，第2～21页。

看来还很遥远。尽管如此，中国—东盟国家的自贸易区推进仍然有其经济与政治意义。

（四）经济含义与政治意义

当前，在亚洲区域经济整合中，虽然不如欧盟发展那样顺利，消除彼此之间的隔阂还有漫长的路要走，但毕竟合作可以累积互信和善意，从贸易角度对双方经济发展利多弊少。使双方获得更大的“贸易创造”和“贸易转移”的效益。同时，由于这一地区快速投资增长，也会给各国经济发展和就业带来更多的益处。并使一些小国快速获得规模经济效益，推动亚洲经济快速发展。

从政治意义上讲，中国—东盟自由贸易区的建立，有助于中国和东盟全面、深入、快速发展睦邻友好关系，累积政治上的互信。对维护东亚乃至整个亚太地区的和平与稳定具有积极意义。从建立国际新秩序来看，建立中国—东盟自贸区，有助于发展中国家的团结合作。从提高东盟的国际地位来看，建立中国—东盟自贸区，有助于中国与东盟各国在国际社会事务中发挥更大的积极作用。

此外，对于中国来说，由于美国和日本等国家的干扰，对中国来说提出了更大的挑战，如何在国际事务处理中显示出大国的风范，提升中国的国际责任和地位也是一大考验。与此同时，如果在处理这些事务中能够累积经验，总结教训，也会为将来处理台湾问题打好国际基础。

总之，我们要清醒地认识到，要想完成中华民族伟大复兴这一宏伟目标，必须进一步增强自己的经济实力，努力掌控自己经济发展主动权，加速推进大中华区域经济一体化步伐，才能真正实现中华民族宏伟事业的梦想。

第二节　大中华区域经济整合与一体化构想

大中华区域经济整合有经济上的动机，更有政治上的动机。从世界范围内的区域经济整合的进程和经验上讲，大多数达到区域经济整合的尝试都是有争议的，而且存在着缺陷。尽管如此，从中华民族复兴的历史任务上讲，区域经济整合势在必行。本节我们将考察整合的经济与政治理由以及妨碍整合的几大障碍以及大中华区域一体化构想。

一、整合的经济理由

从经济角度来说，大中华区域经济整合的理由比较直接。我们从前面的贸易理论与贸易实践分析中可知，整合产生最直接的最有效的结果是生产和服务的扩大，以及直接投资的增加，并刺激一个国家向更自由和更开放的经济发展方向推进。基于此，理论上的设想是国家间或地区间商品、服务及生产要素的自由流动不存在任何障碍。不过现实上国家间的贸易和投资可能并不是我们所看到和想象的，可能出现政府干预的情况。因为政府赞同部分或全部干预，所以不受限制的自由贸易和 FDI 只能是一种理想。但是，在大中华地区进行经济整合却与国家间的不同，虽然有很多相似之处。毕竟两岸最终要走向统一，即使路漫漫其修远兮，中华民族将上下求索。两岸经济整合会带来如下好处。

（1）经济整合能够进一步扩大市场。当所有的市场都自由打开——中国台湾地区、香港特别行政区和澳门特别行政区加之大陆的广大市场，可为两岸中小企业发展带来机会。特别是那些必须利用规模经济生产的行业提供发展机会。因此，应该将两岸经济整合看做一种鼓励大中华地区间劳动力合理分工的机制，因为台湾地区、香港特别行政区和澳门特别行政区市场规模太小而无法依靠自己内部的劳动分工来获益。在缺乏整合的情况下，各个地区都难以为其区域内的产业提供足够大的本地区市场，难以通过发挥规模经济以降低生产成本。在这种情况下，正如我们已经看到的，进口替代的工业化通常会导致所建立的产业成本高、效率低。而且，在没有经济一体化的情况下，同样的产业（如纺织业和制鞋甚至汽车业）会在两岸更多地建立起来。每个产业都只能在低于最优生产能力的水平勉强运行，并会用针对其他地区的进口采取高关税和配额加以保护。这种产业的重复不仅会导致浪费稀缺的资源，也意味着与一体化的大市场下，只在一处生产时所产生的高产量、低成本、低价格相比，消费者被迫为产品支付更高的价格。

（2）支持两岸长期动态发展的理由还有标准的静态评价准则：贸易创造和贸易转移。当共同的对外壁垒和内部的自由贸易使生产从高成本的地区转移到低成本的地区时，就产生了贸易创造。例如，大陆成为台湾地区农业产品的主要销售地就是很好的例子。类似地，当对外关税壁垒的建立导致一个或多个地区生产和消费供给源从其他国家转向内部供给时，就产生了贸易转移。虽然这种转移可能会对资源配置产生负效果，但是考虑到规模经济、内部工作岗位的创造以及收入在一体化区域内的循环流动，静态的贸易转移可能转变为动态的贸易创造。正如我们所看到的，如果存在规模经济，动态贸易创造的可能性就会涌现出来，对两岸经济成长大有益处。

（3）经济整合可消除两岸间的贸易壁垒。通过消除壁垒可能建立起相互合作的产业战略，尤其是在可能存在规模经济的行业里，例如化肥、石油化工、重工业如钢铁、资本品和机械工具行业以及重型装备制造业、小农场机械设备制造业等。但是，通过将给定行业整体合理分工分别指定给各地区去运作的产业合作，虽然能够使资源合理配置，加快产业增长率，但这要求两岸间采取更紧密的经济合作以及最终形成的政治融合的形式，而这个阶段又会出现影响两岸所谓自身利益的问题。而到此，这些问题已经超过一个密切合作联盟的经济逻辑考虑的范围。然而，由于台湾地区狭小，无论进行闭关自守还是参与高度不平等的世界经济，都会继续遭受各种限制，在未来的数十年里，两岸基于长远利益的考虑对于建立某种形式的经济（还有政治）合作的兴趣可能会增加。

基于上述理由，希望从贸易与投资中得到好处的愿望以及为了实现中华民族伟大复兴的梦想会让两岸人民尝试区域经济整合。

二、整合的政治理由

区域经济整合的政治理由在两岸试图建立自由贸易区、关税同盟或经济同盟的尝试中也显得突出起来。当经济日益联系在一起，使得两岸越来越相互依赖，就会刺激政治谈判与合作，降低两岸间相互猜疑和发生摩擦的可能性。此外，通过把两岸经济整合在一起，可以提高两岸——中华民族在世界上的政治力量。

这些因素将不断推动两岸之间的政治融合，就像欧盟一样，欧洲在20世纪前半叶遭受到两次战争的破坏，两次战争都是由单一民族国家膨胀的野心所引起的。那些谋求联合的欧洲的人们一直希望不要在欧洲再发生一场战争。许多欧洲人也相信，第二次世界大战后，欧洲单一民族的国家不再强大到足以在世界市场和世界政治中不被打败。在许多 EC 创建国的心目中都强烈地感到，需要有一个联合的欧洲来与美国和俄国相抗衡。两岸的分离也是由于民族不团结造成的，加之政治上的腐败导致中华民族受外强的欺凌。因此，要想真正实现中华民族的复兴之梦，两岸必须携手并肩放下恩怨，为了民族的大义实现政治和解，推动政治谈判和民主化进程共同完成开篇所提出的十大革命，才能像欧洲一样在国际政治舞台上突显强大影响力。

三、整合的障碍

尽管支持两岸经济和政治整合的论点很有力，但整合并不容易实现。这主要是由两个原因造成的。

虽然经济整合使大多数人或集团获益，但它也有成本。当两岸作为一个整体通过区域经济整合获得相当的好处时，其中的某些人或群体可能会遭受损失。朝自由贸易体系发展不可避免要涉及一些方面的痛苦的调整。例如，两岸 ECFA 的签订和服务贸易协定的通过在台湾地区来自政党和不同民众的阻力是我们都知道的，并会继续反对扩大这一协定的范围。

整合的第一个障碍来自岛内民进党阻挠，同时也有国民党对台湾管理的担忧。对管理的担心是因为密切的经济合作要求在诸如货币、财政政策（如税收政策）和贸易政策等一些关键问题上放弃某种程度的控制权。这曾经是欧盟的主要绊脚石，但为达到欧洲的完全经济整合，欧洲实行统一货币势在必行，最后虽然英国反对并拒绝加入，但还是成功迈出共同货币这一步，但到政治整合还有一段路要走。与此相对来说，大陆和台湾地区以及香港特别行政区、澳门特别行政区最终也要首先实现货币统一，再走向政治统一。未来如何化解两岸整合的阻力，需要两岸政府与民间有识之士的智慧。

整合的第二个障碍来自法律方面，由于两岸的法律规则不同，无法实现统一的贸易规则和发生冲突时一致的法律解释程序。因此，整合法律使不同的司法解释同一化最为关键，否则会导致矛盾和误解。为此，两岸需在 WTO 精神下统一市场规则。按照国际司法和惯例改造相关的贸易法，特别是内地应该大力借鉴香港的法律，台湾也是如此，因为香港的法律最具国际性，统一法律规则后有利于贸易发展。

四、区域整合与一体化构想

只有通过经济上的整合我们才能谈得上实现经济的一体化。在一体化推进的过程当中，除了人民的期待，企业家赋有更重要的责任，当然政府部门，政治家具有更大的责任，企业家的责任就是不仅在推动政府方面作一些更积极的努力，而且企业家要很好地利用全球化背景的机会，在全中华地区配制资源，进行区域分工，包括研发、设计、生产销售形成一个更合理的价值链的分工体系，这是一个巨大的创造过程。

200 多年前，著名经济学之父亚当·斯密曾说的一个最简单的道理就是劳动分工使资源合理配置可以提高劳动生产率，自由贸易可提高国民财富。著名学者张维迎在谈到大中华区域一体化时说：“台湾的石郑容先生曾提出过一个概念，是世界上财富分配是非常有价值的，如果我们不能很好的利用大中华圈提供的优势，很可能我们在全世界的财富分配当中，只能处于价值边际最低的那一个部分，如果我们利用了大中华的流失，我们就有希望走到最高的那个地位。

“在这个过程当中，如果按照人均来算，我相信，台湾最大，香港和澳门次之，大陆随后，当然按照这样来讲，这个财富的收入可能大陆是最大的，为什么？企业家资源的开发，台湾的企业家是非常成熟的，至少比大陆的企业家要成熟得多，台湾的企业比大陆管理得更有效，更简单，台湾的高科技产业在世界上也很有地位，……我相信，如果台湾能够更早地向大陆开放，台湾地区在和韩国的比较当中就不会像现在这样处于一种劣势状态，再看香港，香港的企业家资源开创得也非常充分，像金融人才最多，香港的服务业也是最为发达的，在两岸当中香港的服务业最为发达，它们已经利用了一些机会，但要保持国际金融中心的地位，它们还有待对大陆的进一步开放，在大陆上海是在香港国际经营的地位，我们相信，如果能从大中华地区的角度来讲，对中国地区而言，中心不中心的意义不大，而且我们相信，如果香港和深圳的边关取消了，香港和深圳合起来，深圳可以成为一个国际的金融中心，也就是说，我们中国人领土上的一个最大的国际金融中心”。❶

因此，要实现大中华区域一体化构想，两岸可大体规划一个时间表，可从以下几方面着手来做：

（1）实现人员、资本、投资和生产的完全自由流动。

（2）推进大中华地区的单一法案进程。

（3）推进统一货币。首先实现固定汇率制度，进而再推进货币的统一。

（4）推进政治谈判，通过民主化进程，实现完全的统一。

此外，在推进两岸一体化的过程中，有些在学术上谈论的概念能不能再更广泛化，使两岸不同的社会与社会制度向一种“更良好”或者说“更人道”生活的方向持续提升？是什么构成了良好的生活，这个问题就像哲学一般古老，并随着世俗社会环境的不断变迁，一个人可能会定期亘新评价，并给出全新的回答。但是，至少有 3 个基本内容或者核心价值，对于理解两岸统一和中华民族的发展的内在含义，能够提供概念基础和实践指

❶ 引自张维迎在 2005 年 8 月 27～28 日召开的中国企业家论坛第二届深圳高峰会上的演讲稿。

导。这些核心价值是：生计、自尊和自由。

1. 生计：满足基本需要和自我发展的能力

任何人都会有某些基本的需要，否则就无法生活。这些支撑人类基本生活需要的物品包括：食物、住所、健康和保护。因此，两岸合作能够提高经济增长，不断提高收入水平，这些是两岸发展构筑人民良好生活的最基本条件，是必要条件，但不是充分条件。

2. 自尊：要作为一个人而存在

良好生活的第二个条件是自尊——一种不被他人作为实现其目的手段的价值感和自尊。所有人和社会都需要某些基本形式的自尊，不过名字不相同而已。比如：真性情、身份、尊严、尊敬、荣誉或者认同。自尊的性质和形式各异，会因社会的不同而不同，因文化的不同而不同。但是，随着发达国家的“现代化价值”的蔓延扩展，我们深深感到，当发展进入一个经济和技术更先进的社会时，我们的价值观特别是年青一代的价值观正在遭受文化迷失的严重冲击。这是因为，国家的繁荣已经成为价值最广泛的一个度量。由于物质价值的重要性，今天，价值与自尊越来越仅仅被赋予那些拥有经济财富与技术力量的国家——发达国家。

两岸统一是中华民族实现伟大复兴的重要一步，是中华民族获得世界尊重不可或缺的。

3. 自由：摆脱奴役获取自由并且能够自主进行选择

两岸一体化发展以及国家统一的最后一个核心价值是人民获得民主与自由。在此，自由应该从如下的意义上来理解：从疏离性的物质生活条件中解放出来，从来自自然、无知、他人、不幸、制度和教条化的信念（尤其是那种认为中华民族历史上缺乏民主经验，注定没有自由的信念。实际上这种论点不值得一驳）等的社会奴役中解放出来。自由涉及社会成员一起追求那些我们称之为发展的社会目标中，不断扩大的选择范围，同时尽量减少外部约束。经济学家 W. 阿瑟·刘易斯得出结论说：“经济增长的好处，不在于财富提高了快乐，而在于它扩大了人类的选择范围。”他正是强调经济增长与不受奴役的自由之间的关系。比起一直处于贫困状态，财富能够大大提高人们对物理环境的控制（比如食品、衣着和住所以及医疗）。它也赋予人们选择更多的休闲、拥有更多食品和服务的自由，或者摆脱对这些物质需求和选择的沉湎而去过一种精神生活的自由。人类自由的概念还应强调各种政治自由，包括民主、法治、言论自由、政治参与和机会均等。❶

综上所述，对两岸区域整合与一体化而言，未来的发展和特征如何，也将是所有其他国家的一个重要的关注点。不可能有两个未来中国——分裂的和统一的中国，未来只有一个——否则就没有中华民族的未来。

第三节　大中华区域整合与一体化的意义

对于大中华地区来说，经济一体化意味着两岸的资源，包括资本、人才、技术和产品全面自由流动，形成资源和人才在大中华地区的合理配置。对于大中华区域而言，上述“四个自由”最重要的意义在于发展该地区的经济。它明确了大中华区域继续发展所需要的资源和动力。

第一，一体化以后人员和货物的往来自由，两岸企业和人员将受益于取消边境和海关检查所减少的交易成本。

第二，通过生产设施与地点的集中实现规模经济，以促进经济进一步发展。

第三，大中华区域内市场将进一步繁荣，内需可迅速扩大。在这种条件下，两岸企业一方面加强合作，另一方面也加强竞争，这有利于企业的良性发展。如果两岸实现一体化，可大大节省时间成本和交易成本，扩大贸易和投资机会，这样可创造大量的就业机会。

第四，如果一体化能够推动货币实现统一，可以相信，同一种货币而不是同四种货币打交道会使企业和个人节省很多。这些节省来自更低的国

---

❶ ［美］查尔斯·W. L. 希尔著，曹海陵、刘萍译：《当代全球商务》，机械工业出版社 2007 年版，第 173 ~ 180 页。

际汇兑和套期保值费用。更重要的是，采用统一货币可以很容易进行价格的比较，这会增加竞争。因为消费者更容易到别处去购物，将进一步提高资源的配置效率。

第五，可刺激大中华地区单一法案的建立。从欧洲的单一法案设立的好处可知，欧洲单一法案的产生是源于 EC 成员国对共同体感到失望，他们认为共同体没能实现自己的承诺。到 20 世纪 80 年代初期，EC 远远没有达到消除成员国间自由贸易和自由投资障碍以及协调企业经营的技术和法规标准的目的。在 1982 年年末，欧洲委员会发现自己有 770 宗关于 EC 内部保护主义的案子要调查。此外，有大约 20 个对从汽车到温度计等各种商品确定共同技术标准的指导方案陷入僵局。许多公司把成员国之间技术、立法、管理以及税收标准的不一致看做 EC 的主要问题。国与国之间的“游戏规则”相差悬殊，这延缓了建立一个真正的单一内部市场的进程。在这一背景下，20 世纪 80 年代初期，EC 的许多企业界知名人士发起了结束 EC 的经济分裂的运动。结果 EC 设立了德洛尔委员会。在法国前财政部长兼 EC 委员会主席杰奎斯·德洛尔的领导下，这个委员会在 1985 年出台了一份讨论文件。该文件提出，所有妨碍单一市场建立的障碍都必须在 1992 年 12 月 31 日前消除。其结果就是单一欧洲法案的产生，该法案在 1987 年由成员国议会分别批准并成为 EC 法律。单一法案具有重大的意义，它使成员国从贸易与投资的自由流动中获得巨大收益。从欧洲的经验不难看出，如果两岸要统一市场，实行单一法案势在必行。

总之，一体化将为两岸统一打下良好的经济基础，同时可加深政治上的互信，不断累积善意，通过人民的融合最终实现家园的一统。

结论与展望

正如前面所指出的，两岸正处在经济日益融合的时代，利益实现的起点是研究当前问题并提出解决方案。而进一步的合作是实现共同利益的关键所在。利益实现的方法是使产业结构由被动调整转向主动积极参与，使两岸产业抓住这一时机通过企业间的合作，采用信息化手段实现新的结合并推动两岸产业结构升级。

总而言之，利益实现方法强调合作价值最大化。所谓利益实现方法就是利益不会碰巧产生，也不会自动出现，只有当新技术出现后通过利用它利益才会产生；在新技术情况下通过整合两岸资源，通过企业间合作才能真正获得利益的实现。利益实现是一个持续合作的过程，因此，两岸企业就必须对原来组织的思维方式和技术管理方式进行长期变革，同时应用信息技术与实体经济结合可以为两岸企业带来合作的长期利益。

知识经济的一个关键就是信息技术在经营转型中的多重应用。技术进步所带来的机会将会远远超过组织资源的能力，任何新的管理方法必须使得合作企业通过使用信息技术实现相关价值。实现价值的途径是，合作项目管理通过 IT 完成技术变化并与实体经济结合、完成创造过程。正如本书多次强调的，利益实现的途径是两岸产业间合作发展所需的必经之道。为什么这么说呢？为了理解这一观点，我们必须从风险与利益的角度来看。

一、今天面临的风险

今天，许多企业为转型而困扰，有一些企业在经济危机中失败，有一部分企业在此遭受挫折，它们陷入经营困境：偶尔成功，但经常失败。很多企业开始把资金和其他的稀缺资源转向房地产和金融投机这种赌博式的投资项目，风险莫测，对企业来说是不可取的。企业应代之以理性的方式，使风险与报酬相对应。必须评估风险，将风险降到企业可接受的程度，而不要盲目地赌运气。

二、未来的风险

由于中国正处在产业结构升级的压力之中，许多企业及组织都面临着非常紧迫的挑战。知识经济的出现，意味着技术能力变革方面的投资将持续增长，同时这种技术能力变革不仅对单个企业具有战略性意义，而且对整个行业甚至于整个产业也具有战略性意义。通过技术进步可以提高资源利用效率，可以改善原有的大量生产方式，其意义甚至超出了技术与经济方面的范畴。随着新经济类型的出现，技术能力变革对组织的生存至关重要。与此同时，消费革命和全球环境变化将导致环境友好型企业受到青睐。对两岸企业来说，它们所面临的只有两个选择：立即行动起来通过合作解决问题，实现双赢，或者在未来的竞争中成为牺牲品。

三、合作实现利益的回报

在企业发展的历程中，不断涌现出新的管理方法和技巧（如合作制造，财务组合管理方面的发展以及知识创造），通过运用这些新的方法和技术进行变革管理，企业能够提高成功率。早期的行动者可能在初期占据有利的市场位置，随后，其余的企业会奋起直追。同样，利益实现方法也是一种新的变革管理方法，企业通过采用本书论述的合作方法和技术，有助于使合作风险最小化。

利益理念摆脱了传统工业时代的技术能力概念。通过利益理念的引入，企业将摒弃单一的独立项目概念，而代之以组合投资计划概念。在此概念中，经营企业从经营系统角度出发来考虑全局利益，通过信息技术将整个供应链流程紧密地结合在一起。通过这种生产方式，企业可以消除许多经营风险，而这些风险在今天一直困扰着企业。因此，两岸企业通过增强合作的技术能力，可以发现许多新的机会；通过采用组合管理可以实现资源的合理利用，从而实现风险分散。

四、结论

正如我们所看到的，产业发展潮起潮落，同时技术应用还将持续发展，所有这些都带来了新的挑战。但尽管如此，我们仍坚持认为：合作所强调的价值概念将长期有效。事实上，对价值概念的认识正在不断深化。两岸企业通过合作提高价值链管理，虽然采用这种方法进行管理变革不是一件容易的事，但变有所值，坚持变革后就会获得丰厚的回报。

本书希望通过两岸产业合作的相关研究，提供实现经济一体化为目标的路径图，再辅之以必要的企业合作所带来的利益实现能力，长期坚持下去，两岸企业将逐步改进制造流程，提高投资和合作的成功率。抓住产业结构调整的机遇，提升竞争能力，这是两岸产业的愿望。同时，笔者也衷心地希望本书将对此愿望的实现有所裨益。

参考文献

[1] 郑力，[德] Frank Possel-Doelken. 合作制造方法、技术与应用 [M]. 北京：清华大学出版社，2003.

[2] [美] 杰拉尔德·温伯格. 系统化思维导论 [M]. 张佐，万起光，董菁，译. 北京：清华大学出版社，2003.

[3] [美] 本·斯泰尔，戴维·维克托，理查德·内尔森. 技术创新与经济绩效 [M]. 浦东新区科学技术局，译. 上海：上海人民出版社，2006.

[4] [日] 藤本隆宏. 能力构筑竞争 [M]. 许经明，李兆华，译. 北京：中信出版社，2007.

[5] 英国会计师公会. 企业分析 [M]. 上海：上海教育出版社，2003.

[6] [日] 门田安弘. TOYOTA 新丰田生产方式 [M]. 王瑞珠，译. 保定：河北大学出版社，2002.

[7] [英] 艾伦·哈里森，瑞莫克·万·胡可. 物流管理与战略 [M]. 方海萍，魏清江，译. 北京：电子工业出版社，2003.

[8] [美] 查尔斯·W. L. 希尔. 当代全球商务 [M]. 曹海陵，刘萍，译. 北京：机械工业出版社，2007.

[9] [美] 迈克尔·R. 钦科陶，伊尔卡·A. 隆凯宁，迈克尔·H. 莫菲特. 国际商务 [M]. 刘寅龙，张红玲，孙秀伟，译. 北京：机械工业出版社，2004.

[10] [德] 马克斯·韦伯. 新教伦理与资本主义精神 [M]. 彭强，黄晓京，译. 西安：陕西师范大学出版社，2002.

[11] 海峡两岸经济合作框架协议（ECFA）. [EB/OL]. [2014-02-12].

http//www.baidu.com.

[12] 张义龙.区域物流与经济资源最佳利用理论方法、技术与应用 [M].长春：吉林大学出版社，2010.

[13] [美] Eamonn Fingleton. Inpraise of Hardindustries [M].早川书房，1999.

[14] [美] 黛布拉·E.迈耶森.激进的变革，和平的方式 [J].哈佛商业评论，2001 (10).

[15] [美] 杰里米·夏皮罗.供应链建模 [M].陈光欣，孙国卓，译.北京：中信出版社，2005.

[16] [澳] 约翰·加托纳.供应链管理手册 [M].王海军，马士华，张翔等，译.北京：电子工业出版社，2004.

[17] [美] 迈克尔·库斯玛诺，[日] 延岗健太郎.超越精益思想 [M].高文海，译.北京：商务印书馆，2004.

[18] [美] 大卫·尼克森，尼克·马尤，帕特里西·E.穆迪.本田动力 [M].陈立荣，陈立梅，译.北京：中国建材工业出版社，科文（香港）出版有限公司，1999.

[19] [日] 野村综合研究所.创造战略 [M].野村总合研究所情报开发部，1990.

[20] [日] 野中郁次郎.知识创新型管理 [J].哈佛商业评论，1991 (11，12).

[21] [美] 迈克尔·波特.国家竞争优势 [M].李明轩，邱如美，译.郑凤田，校.北京：华夏出版社，2002.

[22] [美] Scott J. Callan，Janet. M. Thomas. Environmental Economics & Management [M].北京：清华大学出版社，2006.

[23] [美] 迈克尔·P.托达罗，斯蒂芬·C.史密斯.发展经济学 [M].余向华，陈雪娟，译.北京：机械工业出版社，2010.